本书获得以下项目资助：
国家社会科学基金(16BTJ029,20BTJ049)
浙江省一流学科A类(浙江工商大学统计学)

左截断数据下的统计推断

王江峰 著

浙江工商大学出版社
ZHEJIANG GONGSHANG UNIVERSITY PRESS
·杭州·

图书在版编目(CIP)数据

左截断数据下的统计推断 / 王江峰著. — 杭州 ：浙江工商大学出版社，2022.11

ISBN 978-7-5178-5190-5

Ⅰ. ①左… Ⅱ. ①王… Ⅲ. ①统计数据—统计分析 Ⅳ. ①C8

中国版本图书馆 CIP 数据核字(2022)第 212266 号

左截断数据下的统计推断

ZUOJIEDUAN SHUJU XIA DE TONGJI TUIDUAN

王江峰 著

责任编辑 吴岳婷
封面设计 望宸文化
责任校对 夏湘娣
责任印制 包建辉
出版发行 浙江工商大学出版社
(杭州市教工路 198 号 邮政编码 310012)
(E-mail:zjgsupress@163.com)
(网址:http://www.zjgsupress.com)
电话:0571-88904980,88831806(传真)
排　　版 杭州朝曦图文设计有限公司
印　　刷 杭州高腾印务有限公司
开　　本 710mm×1000mm 1/16
印　　张 8.75
字　　数 153 千
版 印 次 2022 年 11 月第 1 版 2022 年 11 月第 1 次印刷
书　　号 ISBN 978-7-5178-5190-5
定　　价 48.00 元

前　言

在数据分析中，我们常常会碰到生存数据问题，它们在生物学、医学（临床、流行病）、工程（可靠性）、保险精算学、公共卫生学、社会学和人口学、经济学等领域中具有重要应用。事件（死亡，疾病发生、发展和缓解，失效，状态持续）发生的时间（也叫寿命、存活时间或失效时间）统称生存时间。生存分析是一门针对生存时间有关的问题，提供相关的统计规律分析与推断方法的学科。

生存数据常见的数据类型包括：缺失数据、截断数据、删失数据以及截断和删失同时发生等数据类型。近几十年来，受到关注较多的是缺失数据和删失数据，而截断数据是在近二三十年来才受到统计学家们的关注，相关研究也非常活跃。常见截断数据类型包括两种：左截断（Left Truncation）和右截断（Right Truncation）。由于左截断数据在实际生活中更普遍，所以过去大部分文献都是研究左截断数据问题。经过这些年的研究，在处理左截断数据时，统计学家已提出了一套行之有效的方法并建立了相关的一些理论。

然而，过去对左截断数据问题的讨论大都局限于独立样本数据下，众所周知，生存分析中的许多数据经过检验显示它们并不是独立的。为此，在相依情况下讨论左截断数据的大样本推断问题有着十分深刻的理论和实际意义。且截至目前，还没有一本专门研究左截断数据下统计推断方面问题的专著。基于以上原因，本专著结合笔者近十年来关于左截断数据的研究成果，系统地介绍了这类数据的概念、推断方法以及一套关于非参数和线性模型方面的理论。

本书在左截断数据下，当观察样本为平稳的强混合相依时，研究了若干统计问题，具体涉及以下几个方面。第二章研究了非参数回归函数的稳健估计，主要从 M 估计和局部多项式 M 估计两种方法下，构建了非参数回归函数的稳健估计，克服了回归函数的 Nadaraya-Watson (NW)型估计在碰到异常值时不稳健的缺点，并建立了这些估计的渐近性结果，最后从数值模拟发现，我们提出的稳健估计在碰到异常值时的表现比 NW 估计都要稳健。在第三章中，着重研究了条件分位数的估计问题，提出了一种光滑的核估计方法和双核局部线性估计方法，并建立这些估计的一致收敛速度以及渐近正态性结果；最后通过模拟，研究了这些估计在有限样本下相合性和渐近正态性的表现效果。第四章主要研究了分位数回归方法，具体从三个方面进行了研究：针对非参数回归函数在左截断数据下提出了复合分位数回归方法，并建立了该估计的渐近正态性结果；结合分位数回归方法提出了条件分位数的局部线性估计，并得到了该估计的一个 Bahadur 型表达式，作为应用建立了该估计的渐近正态性结果；对线性回归模型，提出了系数的复合分位数回归估计，并建立了该估计的渐近正态性结果；最后结合复合分位数方法，构造了自适应加权的 LASSO 惩罚方法对变量进行选择，得到了这些估计量的渐近正态性和 Oracle 性质。

本书的编写自始至终得到浙江工商大学出版社的大力支持，研究生饶珍敏、陈定凯和王磊等也参与了本书的校对工作，在此向他们表示感谢！另外，还要特别感谢浙江省一流学科 A 类(浙江工商大学统计学)和国家社会科学基金(16BTJ029、20BTJ049)的资助。

由于作者水平有限，书中一定有不少的谬误，恳请同行及广大读者不吝赐教。

王江峰

2022 年 11 月于杭州

目　录

第1章　引　论

在生存分析中，我们常常要碰到截断或删失数据问题。在截断数据中，最常见的是左截断情况。这里举一个在生存分析中使用左截断数据的例子。比如想了解过去住过院的心脏病患者出院后在家里采取某种治疗方法的存活时间，假设开始研究的时间为患者心脏病发作的时间，只有那些顺利度过住院时期的病人才能被列入研究，而那些死于医院的病人则没有进入研究之列，因此观察不到任何数据，这类数据被左截断了。左截断数据在生存分析中的其他例子，可以参见 Klein 和 Moeschberger(1997)。

截断数据和删失数据比较容易混淆，事实上它们有很大的差别。在删失情况下，当生存时间 Y_i 被 C_i 右删失时，还能观察到 Y_i 的部分信息，即观察数据为 (Z_i, δ_i)，这里 $Z_i = \min(Y_i, C_i)$，$\delta_i = I(Y_i \leqslant C_i)$。而在左截断数据下，当变量被截断时，是不能观察到该变量的任何信息的。另外，在右删失情况下，概率测度未发生变化；而在左截断情况下，概率测度发生了变化，这就给左截断模型的研究带来了比较大的麻烦，主要体现在估计量的构造、结果的证明以及模拟研究上。删失数据在过去几十年里受到非常大的关注，而截断数据由于它的复杂性，受到的关注度相对较小。近十几年也有很多文献研究左截断数据，而这些文献大都是在独立样本情况下进行讨论的，可以参见 Woodroofe(1985)，Chao 和 Lo(1988)，Stute(1993)，Ould-Saïd 和 Lemdani(2006)以及 Lemdani 等(2009)。

上述文献涉及的生存数据，都是在独立样本下进行研究的。这种假设在某些情况下可能是合理的，比如生存分析中的数据来自一个互不相干的群体时。然而生存分析中的许多数据经过检验，显示它们并不是独立的。比如，从家庭成员中采取的样本数据、对同一个体反复地测量得到的样本数据，更常见的是随着时间记录获取的样本数据，还有集群内个体的寿命数据等，这些数据通常是具有相关性的，其他例子见 Kang 和 Koheler(1997)，Cai 等(2000)。最为常见的例子，如果样本是来自同一家医院的同类病人，由于主治医生群体以及医院的设备都一样，这些病人的生存时间显然是相关的。生存分析中具有相依特征的数据称为生存相依数据。由此可见，在左截断相依假设下研究一些统计问题有着十分深刻的理论和实际意义。近年来，有少数文献讨论了左截断相依数据问题，可以参见 Sun 和 Zhou(2001)，Liang 等(2009)，Ould-Saïd 等(2009)，Liang 和 de Uña-Álvarez (2010)以及 Liang 等(2015)。

1.1　回归函数估计方法介绍

在统计问题研究中，一个经典的问题就是研究因变量 Y 和协变量 X 的关系，这可以通过估计回归函数 $m(x) = E(Y \mid X = x)$ 来描述。在过去的几十年里，对回归函数估计问题的研究一直未曾间断过，学界提出许多估计方法，例如 Nadaraya-Watson(NW)核估计、光滑样条估计、回归样条估计以及局部多项式(LP)估计等方法，这些方法在拟合回归函数方面都显示了较好的结果。

设 $\{(X_i, Y_i), i = 1, \cdots, n\}$ 来自总体 (X, Y) 的独立同分布样本，Nadaraya(1964)和 Watson(1964)提出了回归函数的 NW 核估计如下：

$$m_n(x) = \frac{\sum_{i=1}^{n} Y_i K\left(\frac{X_i - x}{h_n}\right)}{\sum_{i=1}^{n} K\left(\frac{X_i - x}{h_n}\right)}, \tag{1.1.1}$$

这里 $K(\cdot)$ 是定义在 $\mathbb{R}$ 上的核函数，h_n 为窗宽，满足 $0 < h_n \to 0 (n \to \infty)$。

在非参数估计方法中，局部多项式方法一直非常受欢迎。相比 NW 核估计方法，该方法在偏移降低和边界点估计自动调整方面有一定优势。现在简单地介绍该方法。假设 $m(x)$ 在点 x 处存在连续的 $(p+1)$ 阶导数，这样 $m(z)$ 在 x 的邻域内可以用一个 p 次多项式逼近：

$$m(z) \approx m(x) + \cdots + m^{(p)}(x)(z - x)^p / p! := \beta_0 + \cdots + \beta_p (z - x)^p。$$

Fan 和 Gijbels(1996)构造出回归函数 $m(x)$ 及其导函数的 LP 估计，即寻找 β_i 使得下式达到最小：

$$\sum_{i=1}^{n} \left(Y_i - \sum_{j=0}^{p} \beta_j (X_i - x)^j\right)^2 K\left(\frac{X_i - x}{h_n}\right)。 \tag{1.1.2}$$

在过去二三十年里，有许多文献在各种场合下研究 LP 方法，见 Fan (1993)，Fan 和 Gijbels(1994)以及 Masry 和 Fan(1997)。虽然 LP 估计有许多优点，但是它并不稳健。例如，它容易受异常值的影响，还有当误差分布为重尾时，LP 估计的效果也不理想，见 Chen 和 Zhang(2009)。异常观察值经常发生在经济学、金融学以及其他领域，如何处理好这类数据就显得非常重要。为了克服不稳健的缺陷，自然需要稳健的 M 估计方法。

Härdle(1984)在完全数据下，构造回归函数 $m(x)$ 的 M 估计，为下式关于 θ 达到最小的解

$$\sum_{i=1}^{n} K\left(\frac{x-X_i}{h_n}\right)\rho(Y_i-\theta), \tag{1.1.3}$$

或者满足方程的解

$$\sum_{i=1}^{n} K\left(\frac{x-X_i}{h_n}\right)\psi(Y_i-\theta)=0, \tag{1.1.4}$$

其中 $\rho(\cdot)$ 是一个定义在 $\mathbb{R}$ 上的损失函数，$\psi(\cdot)$ 是其导数。过去有不少人研究了回归函数的 M 估计。比如，Chen 和 Zhang(2009)在相依数据下构造了回归函数的 M 估计。选择合适的 $\rho(\cdot)$ 和 $\psi(\cdot)$ 对于 M 估计非常重要。当取 $\rho(t)=t^2$ 或者 $\psi(t)=t$ 时，M 估计就变成了 NW 估计。许多关于 $\psi(\cdot)$ 选择的例子可以在 Huber(1981)的书中找到。

结合 LP 方法，Cleveland(1979)首次提出稳健的 LP 估计方法，后来有一些文献中对该方法进行了讨论。例如，Fan 和 Jiang(2000)在变窗宽下，构造了回归函数的局部线性 M 估计；Cai 和 Ould-Saïd(2003)在相依假设下研究了回归函数的局部线性 M 估计；Lin 等(2009)对相依空间过程，给出了局部线性 M 估计。Jiang 和 Mack(2001)构造了回归函数 $m(x)$ 及其导函数的局部稳健 LP 估计，即寻找 β_i 使得下式达到最小：

$$\sum_{i=1}^{n}\rho\left(Y_i-\sum_{j=0}^{p}\beta_j(X_i-x)^j\right)K\left(\frac{X_i-x}{h_n}\right)。 \tag{1.1.5}$$

1.2 条件分位数估计方法介绍

设 $F(\cdot,\cdot)$ 和 $f(\cdot,\cdot)$ 分别为 (X,Y) 的联合分布函数和密度函数，$f_X(x)$ 为 X 的密度函数。$F(y\mid x)=\mathbb{E}[I(Y<y)\mid X=x]$ 为给定 $X=x$ 下 Y 的条件分布函数，它也可以写为

$$F(y\mid x)=\frac{\int_{-\infty}^{y} f(x,t)dt}{v(x)}:=\frac{F_1(x,y)}{v(x)}。 \tag{1.2.1}$$

由 $F(y\mid x)$ 可以定义出对任意 $\tau\in(0,1)$，条件分位数函数 $Q_\tau(x)$ 如下：

$$Q_\tau(x)=\inf\{y:F(y\mid x)\geqslant\tau\}。 \tag{1.2.2}$$

众所周知，条件分位数可以很好地描述数据的特征(见 Chaudhuri 等(1997))。当碰到重尾误差分布和异常值的数据时，条件分位数表现非常稳健，尤其是条件中位数函数。在独立完整的样本数据下，许多学者研究

了这个问题，参见 Mehra 等(1991)，Chaudhuri(1991a，1991b)，Fan 等(1994)以及 Xiang(1996)。基于样本数据 $(X_i, Y_i), i = 1, \cdots, n$，Horváth 和 Yandell(1988)给出了 $F(y \mid x)$ 的核估计为

$$F_n^{(1)}(y \mid x) = \frac{\sum_{i=1}^{n} I(Y_i \leqslant y) K\left(\frac{x - X_i}{h_n}\right)}{\sum_{i=1}^{n} K\left(\frac{x - X_i}{h_n}\right)}, \tag{1.2.3}$$

这里 $F_n^{(1)}(y \mid x)$ 关于 y 单调不减且右连续，这样由定义(1.2.2)式，可以得到条件分位数函数 $Q_\tau(x)$ 的核估计为

$$Q_{\tau n}^{(1)}(x) = \inf\{y : F_n^{(1)}(y \mid x) \geqslant \tau\}。 \tag{1.2.4}$$

为了得到光滑的条件分布函数估计，注意到当窗宽 $d_n \to 0$ 时，有

$$\mathbb{E}\left\{\Omega\left(\frac{y - Y}{d_n}\right) \mid X = x\right\} \approx F(y \mid x),$$

其中 $\Omega(\cdot)$ 为某个分布函数。这样得到 $F(y \mid x)$ 的双核估计为

$$F_n^{(2)}(y \mid x) = \frac{\sum_{i=1}^{n} \Omega\left(\frac{y - Y_i}{d_n}\right) K\left(\frac{x - X_i}{h_n}\right)}{\sum_{i=1}^{n} K\left(\frac{x - X_i}{h_n}\right)}。 \tag{1.2.5}$$

因此，可以得到条件分位数函数 $Q_\tau(x)$ 的双核估计为

$$Q_{\tau n}^{(2)}(x) = \inf\{y : F_n^{(2)}(y \mid x) \geqslant \tau\}。 \tag{1.2.6}$$

如果 $F(y \mid x)$ 在点 x 处存在二阶偏导数，且在 (x, y) 处连续，设 $F^{10}(y \mid x) = \frac{\partial F(y \mid x)}{\partial x}$，这样 $F(y \mid z)$ 在 x 的邻域内可以用线性函数逼近：

$$F(y \mid z) \approx F(y \mid x) + F^{10}(y \mid x)(z - x) := a_0 + a_1(z - x)。$$

Yu 和 Jones(1998)通过下式关于 (a_0, a_1) 达到最小，提出了 $F(y \mid x)$ 及偏导数 $F^{10}(y \mid x)$ 的局部线性估计为

$$\sum_{i=1}^{n}\left(\Omega\left(\frac{y - Y_i}{d_n}\right) - a_0 - a_1(X_i - x)\right)^2 K\left(\frac{X_i - x}{h_n}\right)。 \tag{1.2.7}$$

设 $(\hat{a}_{0n}, \hat{a}_{1n})$ 为上式(1.2.7)达到最小的解，$F(y \mid x)$ 的局部线性估计为 $F_n^{(3)}(y \mid x) = \hat{a}_{0n}$。

由此得到条件分位数函数 $Q_\tau(x)$ 的局部线性估计为

$$Q_{\tau n}^{(3)}(x) = \inf\{y : F_n^{(3)}(y \mid x) \geqslant \tau\}。 \tag{1.2.8}$$

1.3 分位数回归方法介绍

回归分析具有悠久的历史，其中以经典的最小二乘回归(OLS)方法最

为广泛，它描述了自变量 X 对于因变量 Y 的均值影响。如果模型中的随机扰动项来自均值为零而且同方差的分布，那么回归系数的 OLS 估计为最佳线性无偏估计；如果进一步随机扰动项服从正态分布，那么回归系数的最小二乘法为最小方差无偏估计。

然而，在实际的经济生活中，上述这种假设常常不被满足，例如数据出现尖峰或厚尾的分布、存在显著的异方差等情况，这时的 OLS 估计将不再具有上述优良性且稳健性非常差；还有，大量的宝贵数据仅仅只能得到一条回归曲线，而一条曲线所能提供的信息毕竟是有限的，所以人们在使用回归分析时，也在不断地探索更新更好的方法，而条件更宽松、挖掘信息更丰富者，当属分位数回归方法。Koenker 和 Bassett(1978)首次提出了分位数回归(QR)的概念，把中位数回归推广到了一般的分位数回归。分位数回归相对于最小二乘回归应用的条件更为宽松，挖掘的信息更丰富，它不仅可以度量回归变量在分布中心的影响，而且还可以度量回归变量在分布上尾和下尾的影响，即捕捉整个条件分布的特征。特别当误差为非正态分布时，分位数回归估计量比最小二乘估计量更有效，因此它弥补了最小二乘回归的不足。近二三十年来，QR 方法得到了广泛的关注，其研究领域包括经济、医学、环境科学、生存分析以及动植物学等方面，见 Koenker 和 Zhao(1996)，Honda(2004)以及 Wang 等(2009)。

对任意 $\tau \in (0,1)$，条件分位数函数 $Q_\tau(x)$ 的定义(1.2.2)也可以等价于

$$\min_a E[\rho_\tau(Y-a) \mid X=x], \tag{1.3.1}$$

这里 $\rho_\tau(t) = t(\tau - I(t<0))$。

为了说明分位数回归方法的应用，现考虑下面的线性模型：

$$Y = \mathbf{X}^T\boldsymbol{\beta} + \varepsilon,$$

其中 $\mathbf{X} = (1, X_1, \cdots, X_p)^T$ 为协变量，$\boldsymbol{\beta} = (\beta_0, \beta_1, \cdots, \beta_p)^T$ 为参数，ε 为均值为 0 随机误差。

针对上面线性模型，给定 $\mathbf{X}=\mathbf{x}$ 下 Y 的条件分位数为

$$Q_{Y|X}(\tau \mid \mathbf{x}) = \mathbf{x}^T\boldsymbol{\beta} + F_\varepsilon^{-1}(\tau) = \mathbf{x}^T\boldsymbol{\beta}_\tau, \tag{1.3.2}$$

这里 $F_\varepsilon^{-1}(\tau)$ 为误差 ε 的 τ 分位数。于是，参数 $\boldsymbol{\beta}$ 的 QR 估计为

$$\hat{\boldsymbol{\beta}}_{\tau n} = \min_\beta \sum_{i=1}^n \rho_\tau(Y_i - \mathbf{X}_i^T\boldsymbol{\beta})。 \tag{1.3.3}$$

从上面估计的构造可以发现，用 QR 方法估计的效率会随 τ 取值的变化而波动。为此，Zou 和 Yuan(2008)提出了综合多处分位数的复合分位数回归(CQR)方法，并用它来估计线性回归模型的回归系数。CQR 方法一

方面继承了 QR 方法的稳健性，另一方面显著地改进了 QR 估计的效率。仍以线性模型为例，式(1.3.2)可以写成

$$Q_{Y|\mathbf{X}}(\tau \mid \mathbf{x}) = \mathbf{x}^T\boldsymbol{\beta} + F_\varepsilon^{-1}(\tau) = \mathbf{x}^T\boldsymbol{\beta} + b_\tau, \tag{1.3.4}$$

这里 $b_\tau = F_\varepsilon^{-1}(\tau)$。于是参数 $\boldsymbol{\beta}$ 的 CQR 估计如下：

$$\min_{\boldsymbol{\beta}, b_1, \cdots b_k} \sum_{k=1}^{q}\sum_{i=1}^{n} \rho_{\tau_k}(Y_i - \mathbf{X}_i^T\boldsymbol{\beta} - b_k), \tag{1.3.5}$$

其中 $\tau_k = k/(q+1)$，$k = 1,2,\cdots,q$。不难发现 $\tau_1,\cdots,\tau_q$ 是等距分点。

近年来，国内外关于 CQR 方法的研究非常热门。比如，Kai 等(2010)结合局部 LP 方法，提出了非参数回归函数的局部 CQR 估计；接着，Kai 等(2011)讨论了部分变系数线性回归模型，对变系数和常系数分别构造了 QR 和 CQR 估计。

1.4 左截断数据介绍

众所周知，右删失和左截断数据在可靠性和生存分析等领域经常遇到。这些数据也出现在天文学、经济学、流行病学和生物统计学中，参见 Breslo 和 Crowley (1974)，Woodroofe(1985)，Feigelson 和 Babu(1992)，Wang 等(1986)，Tsai 等(1987)。

设随机向量序列 $\{(X_k,Y_k,T_k),1\leqslant k\leqslant N\}$ 来自总体 (X,Y,T)，这里 T 为左截断变量，Y 具有连续的分布函数 $\widetilde{F}$。假设 T 和 (X,Y) 是相互独立的，且 T 的分布函数 G 是连续的。设 $F(\cdot,\cdot)$ 和 $f(\cdot,\cdot)$ 分别为 (X,Y) 的联合分布函数和概率密度。在左截断数据中，生存时间 Y_i 受左截断变量 T_i 的干扰，只有当 $Y_i \geqslant T_i$ 时，Y_i 和 T_i 才能观察到，而当 $Y_i < T_i$ 时，Y_i 和 T_i 都不能观察，$i = 1,2,\cdots,N$，这里 N 为原始样本的容量。由于左截断的发生，N 是未知的，n 为实际观察到的样本的容量，显然 $n\leqslant N$。设 $\theta = \mathbb{P}(Y \geqslant T)$ 为变量 Y 能观察到的概率。由于 $\theta = 0$ 意味着观察不到任何数据，因此假设 $\theta > 0$。由大数定律得 $\frac{n}{N}$ 依概率收敛到 θ。

为了方便起见，设 $(X_1,Y_1,T_1),\cdots,(X_n,Y_n,T_n)$ 为实际观察到的样本(即满足 $Y_i \geqslant T_i,1\leqslant i\leqslant n$)。记 $\mathbb{P}$ 表示关于 N 样本或没有左截断下的概率测度，条件概率测度 P 是关于 n 样本或左截断后的概率测度，$\mathbb{E}$ 和 E 分别表示对应概率测度 $\mathbb{P}$ 和 P 的数学期望。

对于任意分布函数 L，记 $a_L := \inf\{x: L(x) > 0\}$ 和 $b_L := \sup\{x: L(x) < 1\}$。由于 T 独立于 (X,Y)。因此 (X,Y) 的条件联合分布为

$$F^*(x,y) = P(X \leqslant x, Y \leqslant y) = \mathbb{P}(X \leqslant x, Y \leqslant y \mid Y \geqslant T)$$
$$= \theta^{-1}\int_{\mu\leqslant x}\int_{a_G\leqslant\omega\leqslant y} G(\omega)F(d\mu, d\omega),$$

这样得到条件联合概率密度为

$$f^*(x,y) := F^*(dx,dy) = \theta^{-1}G(y)f(x,y)。\qquad (1.4.1)$$

定义 $C(y) = \mathbb{P}(T \leqslant y \leqslant Y \mid Y \geqslant T) = \theta^{-1}G(y)[1-\widetilde{F}(y)]$，其经验估计为

$$C_n(y) = \frac{1}{n}\sum_{i=1}^{n} I(T_i \leqslant y \leqslant Y_i)。$$

沿用 Lynden-Bell(1971)的思想，分布函数 $\widetilde{F}$ 和 G 的极大似然估计分别为

$$1-\widetilde{F}_n(y) = \prod_{i:Y_i\leqslant y}\left(1-\frac{1}{nC_n(Y_i)}\right) \text{和}\ G_n(y) = \prod_{i:T_i>y}\left(1-\frac{1}{nC_n(T_i)}\right)。\qquad (1.4.2)$$

而 θ 的估计定义为 $\theta_n = G_n(y)[1-\widetilde{F}_n(y-)]/C_n(y)$（见 He 和 Yang (1998)），这里 $\widetilde{F}_n(y-)$ 为 $\widetilde{F}_n$ 在 y 处的左极限。He 和 Yang(1998)在独立样本下证明了 θ_n 不依赖于 y，它的值可以从任意满足 $C_n(y) \neq 0$ 的 y 中获得。

1.5 定义和基本引理

为了方便起见，在本书后面章节中，设 C 表示正常数，在不同之处可以表示不同的值。$U(x)$ 表示 x 的某邻域，$\|\cdot\|$ 为 Euclid 范数。所有的极限都是 n 趋近 ∞，除非特意说明。

本书大部分内容是研究左截断相依样本数据，这里的相依性就是下面的混合相依性。

定义 1.1 称随机变量序列 $\{\zeta_k, k \geqslant 1\}$ 为 α 混合序列，若混合系数

$$\alpha(n) :\overset{\text{def}}{=} \sup_{k\geqslant 1}\sup\{|P(AB)-P(A)P(B)| : A \in F_{n+k}^{\infty}, B \in F_1^k\} \to 0, n \to \infty$$

这里 $\mathcal{F}_a^b = \sigma\{\zeta_i, a \leqslant i \leqslant b\}$ 是由 $\zeta_a, \zeta_{a+1}, \cdots, \zeta_b$ 产生的 σ 代数。

在相依结构中，α 混合是相对弱的一种相依结构，并且已经证明具有众多实际应用背景。比如一些时间序列模型、Markov 过程以及连续时间扩散模型和随机波动模型均表现出 α 混合性。Gorodetskii(1977)和 Withers (1981)给出了一个线性过程为 α 混合序列的条件。事实上，在一些适当的条件下，线性自回归序列，甚至更一般的双线性时间序列也为 α 混合序列，

其混合系数以指数速度衰退，即 $\alpha(n)=O(\rho^n)(0<\rho<1)$，详细的介绍参见 Withers(1981)以及 Cai 和 Kim(2003)。

本书后面章节定理的证明，要用到下面的一些引理。

引理 1.1(Volkonskii 和 Rozanov(1959)) 设 $V_1,\cdots,V_m$ 是分别关于 σ－代数 $\mathcal{F}_{i_1}^{j_1},\cdots,\mathcal{F}_{i_m}^{j_m}$ 可测的 α 混合序列，其中 $1\leqslant i_1<j_1<\cdots<j_m\leqslant n, i_{l+1}-j_l\geqslant\omega\geqslant 1$，如果对 $l,j=1,2,\cdots,m$，$|V_j|\leqslant 1$，则

$$\left|E\left(\prod\nolimits_{j=1}^{m}V_j\right)-\prod\nolimits_{j=1}^{m}EV_j\right|\leqslant 16(m-1)\alpha(\omega),$$

这里 $\mathcal{F}_a^b=\sigma\{V_i,a\leqslant i\leqslant b\}$，$\alpha(\omega)$ 是混合系数。

引理 1.2(Hall 和 Heyde(1980)推论 A.2) 假设 X 和 Y 是随机变量，满足 $E|X|^p<\infty$，$E|Y|^q<\infty$，这里 $p,q>1,p^{-1}+q^{-1}<1$，则

$$|EXY\text{-}EXEY|\leqslant 8\|X\|_p\|Y\|_q\{\sup_{A\in\sigma(X),B\in\sigma(B)}|P(AB)-P(A)P(B)|\}^{1-p^{-1}-q^{-1}}。$$

引理 1.3(Liebscher(1996),引理 2.3) 假设 $\{X_k\}$ 为 α 混合序列，混合系数满足 $\alpha(k)<C_1k^{-\gamma},\gamma>1,C_1>0$，且 $\sup_{i,j=1,\cdots,n,i\neq j}|\mathrm{Cov}(X_i,X_j)|:=R^*(n)<+\infty$。此外，对于某个 $2\gamma/(1-\gamma)<l\leqslant\infty$ 有 $R_l(n)<\infty$，这里 $R_l(n)=\sup\limits_{1\leqslant i\leqslant n}(E|X_i|^l)^{1/l}$，$1\leqslant l<\infty$，则

$$\mathrm{Var}\left(\sum_{i=1}^{n}X_i\right)\leqslant n\{C_2(\gamma,l)(R_l(n))^{2l/(\gamma(l-2))}(R^*(n))^{1-l/(\gamma(l-2))}+R_2^2(n)\},$$

其中，$C_2(\gamma,l):=\dfrac{20\gamma-40\gamma/l}{\gamma-1-2\gamma/l}C_1^{1/\gamma}$。

引理 1.4(Liebscher(2001),命题 5.1) 假设随机变量序列 $\{X_k\}_{k\geqslant 1}$ 满足 $EX_i=0$ 和 $|X_i|\leqslant S<\infty\, a.s.$。设 $D_m=\max_{1\leqslant j\leqslant 2m}\mathrm{Var}\left(\sum\limits_{i=1}^{j}X_i\right)$，则对 $n,m\in\mathbb{N},0<m\leqslant n/2,\varepsilon>0$，有

$$P\left(\left|\sum_{i=1}^{n}X_i\right|>\varepsilon\right)\leqslant 4\exp\left\{-\frac{\varepsilon^2}{16}\left(nm^{-1}D_m+\frac{1}{3}\varepsilon Sm\right)^{-1}\right\}+32\,\frac{S}{\varepsilon}n\alpha(m)。$$

引理 1.5(Shao 和 Yu(1996),定理 4.1) 设 $\{X_n,n\geqslant 1\}$ 是随机变量 $EX_n=0$ 的 α 混合序列，混合系数为 $\{\alpha(j)\}$。假设对于 $C>0$ 和 $\gamma>0$ 有 $\alpha(n)\leqslant Cn^{-\gamma}$。对于 $2<p<q\leqslant\infty,2<\lambda\leqslant q$，如果 $\gamma\geqslant pq/[2(q-p)]$，则存在 $Q=Q(p,q,\lambda,\gamma,C)<\infty$ 使得

$$E\left|\sum_{i=1}^{n}X_i\right|^p\leqslant Qn^{p/2}\max_{1\leqslant i\leqslant n}\|X_i\|_q^p。$$

引理 1.6(Rockafellar(1970),定理 10.8) 设 C 为相对开凸集，设 $f_1,f_2,\cdots$ 是定义在 C 上的有限凸函数序列。假设序列 $\{f_n\}$ 在 C 的稠密子集上逐点收敛，即存在 C 的稠密子集 C'，使得对于每个 $x\in C'$，$f_1,f_2,\cdots$ 的

极限存在且有限，则对每一个 $x \in C$，极限函数 $f(x) = \lim\limits_{n\to\infty} f_n(x)$ 存在，且函数 $f(x)$ 在 C 上是有限凸函数。此外，序列 $f_1, f_2, \cdots$ 在 C 的每个有界闭子集上一致收敛到 f。

引理 1.7 设左截断数据 $(X_i, Y_i, T_i)_{i\geqslant 1}$ 为 α 混合序列，混合系数 $\alpha(n)$ 满足对于某个 $\gamma > 3$，$\alpha(n) = O(n^{-\gamma})$，则在条件 $a_G < a_{\tilde{F}}$ 和 $b_G < b_{\tilde{F}}$ 下，有

(1) $\sup\limits_{y\geqslant a_{\tilde{F}}} | G_n(y) - G(y) | = O((\log\log n/n)^{1/2}) a.s.$；

(2) $\theta_n - \theta = O((\log\log n/n)^{1/2}) a.s.$；

(3) $\sup\limits_{y\geqslant a_{\tilde{F}}} | G_n(y) - G(y) | = O_p(n^{-1/2})$。

引理 1.7 的结论(1)和(2)见 Liang 等(2009)，结论(3)见 Liang 等(2011)。

第 2 章　左截断相依数据下回归函数的稳健估计

2.1　左截断相依数据下回归函数的 M 估计

设 Y 为具有连续分布函数 $\widetilde{F}$ 的反应变量，$\mathbf{X} \in \mathbb{R}^d (d \geqslant 1)$ 为随机协向量，联合分布函数和密度函数分别为 $V(\cdot)$ 和 $v(\cdot)$。在非参数统计中，通常用一个光滑回归函数来描述 Y 和 $\mathbf{X}$ 之间的关系。在点 $\mathbf{x} \in \mathbb{R}^d (d \geqslant 1)$ 的回归函数为给定 $\mathbf{X} = \mathbf{x}$ 条件下 Y 的条件期望

$$m(\mathbf{x}) = E[Y \mid \mathbf{X} = \mathbf{x}], (\mathbf{x} \in \mathbb{R}^d)。$$

过去几十年里，对回归函数 $m(\mathbf{x})$ 的估计方法有很多，比如核估计、光滑样条、回归样条方法等。然而，这些方法当碰到异常值或者误差分布是重尾分布时，并不稳健。由于在经济时间序列和金融以及许多其他应用领域中经常观察到异常值，因此如何处理异常值是处理数据的重要一步。为了克服上述方法不稳健性的缺点，M 估计方法是一个非常稳健的方法。

过去有大量的文献致力于非参数回归函数的 M 估计研究。例如：Härdle (1984)在独立同分布(i. i. d)观测数据下建立了回归函数的 M 估计，并得到该估计的弱相合性、强相合性以及渐近正态性；Boente 和 Fraiman(1989) 在 φ 和 α 混合过程下构造了回归和自回归函数的非参数 M 估计；Hall 和 Jones(1990)利用 Huber (1981)的 ψ 函数构造了回归函数的核 M 估计，并将 Härdle 和 Gasser(1984)的结果推广到随机设计的情况。然而，上述这些论文都假设观察数据是完整的。而在左截断数据下，Wang 和 Laing(2012)研究了 $m(\mathbf{x})$ 的 M 估计。

2.1.1　回归函数 M 估计的构造

设 $\{(\mathbf{X}_k, Y_k, T_k), 1 \leqslant k \leqslant N\}$ 是来自 $(\mathbf{X}, Y, T)$ 的随机向量序列，其中 T 是截断变量。假设 T 和 $(\mathbf{X}, Y)$ 是独立的，T 有连续分布函数 $G(\cdot)$，设 $F(\cdot,\cdot)$ 和 $f(\cdot,\cdot)$ 分别是随机向量 $(\mathbf{X}, Y) \in \mathbb{R}^{d+1}$ 的联合分布函数和密度函数。为避免混淆，仍然用 $(\mathbf{X}_1, Y_1, T_1), \cdots, (X_n, Y_n, T_n)$ 表示实际观测到

的样本(这里 $Y_i \geqslant T_i, 1 \leqslant i \leqslant n$)。概率测度 $\mathbb{P}$ 与样本 N 相关,条件概率测度 P 与实际样本 n 相关,$\mathbb{E}$ 和 E 分别表示在概率测度 $\mathbb{P}$ 和 P 下的期望。

Ould-Saïd 和 Lemdani(2006)在左截断数据下构造了 NW 估计量 $m_n^*(\mathbf{x})$ 如下:

$$m_n^*(\mathbf{x}) = \frac{\sum_{i=1}^{n} Y_i G_n^{-1}(Y_i) K\left(\frac{\mathbf{x}-\mathbf{X}_i}{h_n}\right)}{\sum_{i=1}^{n} G_n^{-1}(Y_i) K\left(\frac{\mathbf{x}-\mathbf{X}_i}{h_n}\right)},$$

这里 $K(\cdot)$ 是定义在 $\mathbb{R}^d$ 上的核函数,当 $n \to \infty$ 时,窗宽 h_n 满足 $0 < h_n \to 0$,

$$G_n(y) = \prod_{T_i > y}\left(\frac{nC_n(T_i)-1}{nC_n(T_i)}\right) \text{ 和 } C_n(y) = \frac{1}{n}\sum_{i=1}^{n} I(T_i \leqslant y \leqslant Y_i)。$$

在独立同分布和 $d=1$ 的情况下,Ould-Saïd 和 Lemdani(2006)建立了 $m_n^*(\mathbf{x})$ 的渐近正态性。在左截断相依数据下,Liang 等(2009)研究了 $m_n^*(\mathbf{x})$ 的强收敛性;Liang 等(2011)构造了条件期望函数的局部 LP 估计。注意到 NW 型估计量 $m_n^*(\mathbf{x})$ 可以看作局部最小二乘估计(LSE),即下式关于 τ 的最小值:

$$\sum_{i=1}^{n} G_n^{-1}(Y_i) K\left(\frac{\mathbf{x}-\mathbf{X}_i}{h_n}\right)(Y_i - \tau)^2。 \tag{2.1.1}$$

由于最小二乘估计碰到异常值时表现很不稳定,所以 NW 估计也不稳健。受式(2.1.1)的启发,构造 $m(\cdot)$ 的 M 估计为 $\hat{m}_n(\mathbf{x})$,即关于 $\tau \in \mathbb{R}$ 使下式达到最小:

$$\sum_{i=1}^{n} G_n^{-1}(Y_i) K\left(\frac{\mathbf{x}-\mathbf{X}_i}{h_n}\right)\rho(Y_i - \tau), \tag{2.1.2}$$

或者满足方程

$$\sum_{i=1}^{n} G_n^{-1}(Y_i) K\left(\frac{\mathbf{x}-\mathbf{X}_i}{h_n}\right)\psi(Y_i - \tau) = 0, \tag{2.1.3}$$

其中,$\rho(\cdot)$ 是定义在 $\mathbb{R}$ 上的损失函数,$\psi(\cdot)$ 是其导数。对于左截断数据,当取 $\rho(t) = t^2$ 或者 $\psi(t) = t$ 时,估计量 $\hat{m}_n(\mathbf{x})$ 就变成了 NW 估计 $m_n^*(\mathbf{x})$。

2.1.2　M 估计的主要结果

设 $\varepsilon_i = Y_i - m(\mathbf{X}_i)$。在给出相合性结果之前,需要以下假设条件。

(A0) $a_G < a_{\tilde{F}}$ 和 $b_G < b_{\tilde{F}}$。

(A1) $K(\cdot)$ 是有界且非负的,在 $[-1,1]^d$ 上具有强支撑,$\int_{\mathbb{R}^d} K(\boldsymbol{t})d\boldsymbol{t}$

$=1$。

(A2) $\rho(\cdot)$ 是一个凸函数，其导数为 $\psi(\cdot)$ 几乎处处单调连续。

(A3)(i)对于所有整数 $j\geqslant 1$，$(\mathbf{X}_1,\mathbf{X}_{1+j})$ 的联合密度 $v_j^*(\cdot,\cdot)$ 关于 P 存在。此外，对于某个 $\delta'>0$，所有 $\mathbf{x},\mathbf{y}\in\mathbb{R}^d$，当 $\|\mathbf{x}-\mathbf{y}\|\leqslant\delta'$ 时，有 $v_j^*(\mathbf{x},\mathbf{y})\leqslant C$。

(ii) $v(\mathbf{x})$ 是连续的，对于所有 $\mathbf{x}\in\mathbb{R}^d$ 有 $v(\mathbf{x})\leqslant C$。

(A4)在 $s=m(\mathbf{x})$ 的邻域中一致有：

(i)对某个 $r>2$，有 $E|\psi(Y-s)|^r<\infty$；

(ii) $\mathbb{E}[|\psi(Y-s)||\mathbf{X}=\mathbf{z}]$，$\mathbb{E}[|\psi(Y-s)^2||\mathbf{X}=\mathbf{z}]$，$\mathbb{E}[|\psi(Y-s)^r||\mathbf{X}=\mathbf{z}]$ 和 $\mathbb{E}[|\psi^2(Y-s)G^{-1}(Y)||\mathbf{X}=\mathbf{z}]$ 在 $\mathbf{x}$ 的邻域内关于 $\mathbf{z}$ 是连续的；

(iii)当 $i\neq j$，$\|\mathbf{x}_1-\mathbf{x}_2\|<\delta''$ 时，$E[|\psi(Y_i-s)\psi(Y_j-s)||\mathbf{X}_i=\mathbf{x}_1,\mathbf{X}_j=\mathbf{x}_2]$ 一致有界，其中 δ'' 为某个正常数。

(A5)存在 $\delta>1-2/r$，使得 $\sum\limits_{l=1}^{\infty}l^{\delta}[\alpha(l)]^{1-2/r}<\infty$，其中 r 与(A4)中的 r 相同。

(A6)窗宽 h_n 满足 $nh_n^d\rightarrow\infty$。

定理 2.1.1　当条件(A0)—(A6)成立时，假设对某个 $\gamma>3$，$\alpha(n)=O(n^{-\gamma})$，$m(\mathbf{x})$ 是 $E[\psi(Y_1-s)\mid\mathbf{X}_1=\mathbf{x}]=0$ 的一个独根，则有 $\hat{m}_n(\mathbf{x})\xrightarrow{P}m(\mathbf{x})$。

定理 2.1.2　在定理 2.1.1 的假设下，如果存在一个正实数序列 $\{A_n\}$，使得 A_n 和 $\alpha(l)$ 满足

$$A_n\rightarrow\infty,\sum_{n=1}^{\infty}A_n^{-r}<\infty,\frac{nh_n^d}{A_n^2\log n}\rightarrow\infty,\sum_{n=1}^{\infty}\frac{A_n\alpha([A_n])}{h_n^d}<\infty,$$

则有 $\hat{m}_n(\mathbf{x})\xrightarrow{a.s.}m(\mathbf{x})$。

为了给出渐近正态性结果，需要增加一些假设条件。

(B1)存在正整数 $q:=q_n$，使得 $q=o((nh_n^d)^{1/2})$ 且 $\lim\limits_{n\to\infty}(nh_n^{-d})^{1/2}\alpha(q)=0$。

(B2)对于某个常数 $\beta>0$，在 $\mathbf{x}$ 的邻域内的 $\mathbf{z}$ 有 $|m(\mathbf{z})-m(\mathbf{x})|\leqslant C\|\mathbf{z}-\mathbf{x}\|^{\beta}$。

(B3)(i)存在定义在 $\mathbb{R}^d$ 上的一个函数 $\lambda_1(\cdot)$ 使得当 $|\mu|\rightarrow 0$，有

$$E[\psi(\varepsilon_1+\mu)\mid\mathbf{X}_1=\mathbf{z}]=\lambda_1(\mathbf{z})\mu+o(\mu),$$

这里 $\lambda_1(\mathbf{z})$ 在 $\mathbf{x}$ 的邻域内是连续的，且 $\lambda_1(x)\neq 0$。

(ii)对于 $\mathbf{x}$ 的邻域内的 $\mathbf{z}$ 有 $\max\{E[|\psi(\varepsilon_1+\mu)-\psi(\varepsilon_1)\|\mathbf{X}_1=\mathbf{z}]$,

$$\mathbb{E}[(\psi(\varepsilon_1+\mu)-\psi(\varepsilon_1))^2\mid\mathbf{X}_1=\mathbf{z}],$$

$$\mathbb{E}[\mid \psi(\varepsilon_1+\mu)-\psi(\varepsilon_1)\mid^r \mid \mathbf{X}_1=\mathbf{z}]\}\leqslant \lambda_2(\mid \mu \mid),$$

这里 $\lambda_2(\mu)$ 在 0 处连续且 $\lambda_2(0)=0$，$h_n^{d(2/r-1)}[\lambda_2(h_n^\beta+(nh_n^d)^{-1/2})+\lambda_2(h_n^\beta)]^{2/r}=o(1)$。

(B4) $n^{-1}h_n^{-d(1+4/r)}=O(1)$，其中 r 与(A4)中的 r 相同。

定理 2.1.3　在定理 2.1.1 的假设下，如果 $\gamma\geqslant[r(r+2)]/[2(r-2)]$，且(B1)—(B4)成立，当 $\lambda_1(\mathbf{x})v(\mathbf{x})>0$ 时，则

$$(nh_n^d)^{1/2}\{\hat{m}_n(\mathbf{x})-m(\mathbf{x})-\mu_n\}\xrightarrow{D}N(0,\sigma_1^2(\mathbf{x})),$$

其中 $\mu_n=\dfrac{\theta B_n}{\lambda_1(\mathbf{x})v(\mathbf{x})}$，$\sigma_1^2(\mathbf{x})=\dfrac{\theta^2\sigma^2(m(\mathbf{x}))}{(\lambda_1(\mathbf{x})v(\mathbf{x}))^2}$，$\kappa=\int_{\mathbb{R}^d}K^2(\mathbf{t})\mathrm{d}\mathbf{t}$，而

$$\sigma^2(s)=\frac{\kappa}{\theta}\mathbb{E}\left[\frac{\psi^2(Y-s)}{G(Y)}\mid X=x\right]v(x),$$

$$B_n=\frac{1}{\theta h_n^d}\mathbb{E}\left[K\left(\frac{x-X}{h_n}\right)\psi(Y-m(x))\right]=O(h_n^\beta)。$$

根据定理 2.1.3，可以得到以下推论，该结果类似于 Chen 和 Zhang (2009)在完全数据情况下的定理 3。

推论 2.1.1　在定理 2.1.3 的假设下，如果 $\theta\to 1$，则

$$(nh_n^d)^{1/2}\{\hat{m}_n(\mathbf{x})-m(\mathbf{x})-\mu_n^*\}\xrightarrow{D}N(0,\sigma_1^{*2}(\mathbf{x})),$$

其中 $\mu_n^*=\dfrac{B_n^*}{\lambda_1(\mathbf{x})v(\mathbf{x})}$，$\sigma_1^{*2}(\mathbf{x})=\dfrac{\sigma^{*2}(m(\mathbf{x}))}{(\lambda_1(\mathbf{x})v(\mathbf{x}))^2}$，而 $\sigma^{*2}(s)=\kappa E[\psi^2(Y-s)\mid \mathbf{X}=\mathbf{x}]v(\mathbf{x})$，$B_n^*=\dfrac{1}{h_n^d}\mathbb{E}\left[K\left(\dfrac{\mathbf{x}-\mathbf{X}}{h_n}\right)\psi(Y-m(\mathbf{x}))\right]=O(h_n^\beta)$。

2.1.3　M 估计的模拟研究

本节在 $d=1$ 和 $d=2$ 的情况下，比较 M 估计 $\hat{m}_n(\mathbf{x})$ 和 NW 估计 $m_n^*(\mathbf{x})$ 在有限样本下的模拟效果，涉及内容有：(i) 比较估计量 $\hat{m}_n(\mathbf{x})$ 与 $m_n^*(\mathbf{x})$ 的整体均方误差(GMSE)；(ii)在 $d=1$ 的情况下，取 $x=0.2$，通过 M 估计量 $\hat{m}_n(x)$ 的直方图和正态概率图检验渐近正态性的好坏。

(1) 一维情形

为了得到截断后的数据为 α 混合序列，生成观测样本 $\{(X_k,Y_k,T_k),1\leqslant k\leqslant n\}$ 具体如下。

① 生成观测样本 (X_1,Y_1,T_1)。

第一步，模拟 $e_1\sim N(0.0.5^2)$，取 $X_1=e_1$。

第二步，根据模型 $Y_1=X_1+2\exp\{-16X_1^2\}+\varepsilon_1$ 计算 Y_1，其中 ε_1 下面

给定。

第三步，模拟 $T_1 N(\mu,1)$，其中通过调整 μ 获得不同的 θ 值。如果 $Y_1 < T_1$，拒绝 (X_1,Y_1,T_1) 并且返回到第二步，直到 $Y_1 \geqslant T_1$，至此接受观测样本 (X_1,Y_1,T_1)。

② 生成观测样本 (X_2,Y_2,T_2)。

第四步，根据 AR(1)模型 $X_2 = 0.1X_1 + e_2$ 模拟 X_2，其中 $e_2 \sim N(0, 0.5^2)$。

第五步，根据模型 $Y_2 = X_2 + 2\exp\{-16X_2^2\} + \varepsilon_2$ 计算 Y_2，其中 ε_2 下面给定。

第六步，模拟 $T_2 \sim N(\mu,1)$。如果 $Y_2 < T_2$，拒绝 (X_2,Y_2,T_2) 并且返回到第二步，直到 $Y_2 \geqslant T_2$，至此接受观测样本 (X_2,Y_2,T_2)。

通过重复上述过程②，生成观测数据 (X_i,Y_i,T_i)，$i = 1,\cdots,n$，生成过程为 $X_i = 0.1X_{i-1} + e_i$，模型结构如下：

$$Y_i = X_i + 2\exp\{-16X_i^2\} + \varepsilon_i, \tag{2.1.4}$$

其中 e_i 是独立同分布随机变量，其分布为 $N(0,0.5^2)$，$T_i \sim N(\mu,1)$ 且 $Y_i \geqslant T_i$ 上。此外，由 $\{X_i\}$ 为 α 混合序列得到观测数据 $\{(X_i,Y_i,T_i)\}$ 也为 α 混合序列。

为了比较 M 估计 $\hat{m}_n$ 和 NW 估计 m_n^*，考虑以下不同误差 ε_i 的分布：

(a) 对称污染的正态分布：$\varepsilon_i \sim 0.1N(0,5^2\sigma^2) + 0.9N(0,\sigma^2)$，其中 $\sigma = 0.217$；

(b) 柯西分布：$\varepsilon_i \sim C(0,1)$；

(c) 标准正态分布：$\varepsilon_i \sim N(0,1)$。

在这些示例中，使用 Epanechnikov 核 $K(\mu) = \dfrac{3}{4}(1-\mu^2)I(|\mu| \leqslant 1)$，并选择 Huber 函数 $\psi(y) = \max\{-c,\min\{y,c\}\}$。在误差分布(a)中，选择 $c = 1.35\sigma$；在误差分布(b)和(c)中，都选择 $c = 1.5$。此外，这里采用了一种简单的方法来选择窗宽。对给定 h_n 的一个范围，比如从 0.05 开始到 1，增量为 0.02，分别选择窗宽 h_n，使得估计量 $\hat{m}_n$ 和 m_n^* 的 GMSE 达到最小。因为式(2-3)的精确解很难求得，这里应用一个迭代方法来获得 $\hat{m}_n(x)$，对于原始值 τ_0（选择 NW 估计 m_n^*），通过以下式迭代计算 τ_i：

$$\tau_i = \tau_{i-1} + \left(\sum_{i=1}^{n} G_n^{-1}(Y_i)K\left(\frac{x-X_i}{h_n}\right)\psi'(Y_i-\tau_{i-1})\right)^{-1}\sum_{i=1}^{n} G_n^{-1}(Y_i)K\left(\frac{x-X_i}{h_n}\right)\psi(Y_i-\tau_{i-1})$$

当 $|\tau_k - \tau_{k-1}| < 10^{-6}$ 或者 $k > 500$ 时，终止程序，且设 $\hat{m}_n(x) = \tau_k$。

根据上述模型(2.1.4)分别生成样本量 $n = 300$ 和 800 的观测数据。

在表 2-1 中，选择可观测数据比例为 $\theta \approx 30\%, 60\%, 90\%$ 和 100%，并得到估计量 $\hat{m}_n$ 和 m_n^* 基于 $B = 200$ 的 GMSE。其定义如下：

$$\mathrm{GMSE}(\hat{m}_n) = \frac{1}{Bn}\sum_{l=1}^{B}\sum_{i=1}^{n}(\hat{m}_n(X_i, l) - m(X_i, l))^2,$$

$$\mathrm{GMSE}(m_n^*) = \frac{1}{Bn}\sum_{l=1}^{B}\sum_{i=1}^{n}(m_n^*(X_i, l) - m(X_i, l))^2,$$

式中 $\hat{m}_n(X_i, l)$ 和 $m(X_i, l)$ 分别代表在 $x = X_i$ 处第 l 次运行时 $\hat{m}_n(x)$ 和 $m(x)$ 值。

表 2-1　在 $d = 1$ 下，估计量 $\hat{m}_n$ 和 m_n^* 的 GMSE

$\theta(\%)$	n	(a)		(b)		(c)	
		$\hat{m}_n$	m_n^*	$\hat{m}_n$	m_n^*	$\hat{m}_n$	m_n^*
30	300	1.04×10^{-2}	1.43×10^{-2}	0.3934	7.9897	2.32×10^{-2}	2.19×10^{-2}
	800	8.33×10^{-3}	9.56×10^{-3}	0.3219	6.1392	1.34×10^{-2}	1.31×10^{-2}
60	300	9.12×10^{-3}	1.23×10^{-2}	0.2417	5.3781	1.15×10^{-2}	1.08×10^{-2}
	800	6.35×10^{-3}	6.91×10^{-3}	0.1315	4.6133	7.18×10^{-3}	7.01×10^{-3}
90	300	8.32×10^{-3}	9.45×10^{-3}	0.1257	3.4678	6.89×10^{-3}	6.68×10^{-3}
	800	4.88×10^{-3}	5.47×10^{-3}	0.0778	3.0769	3.98×10^{-3}	2.97×10^{-3}
100	300	7.44×10^{-3}	8.23×10^{-3}	0.08234	2.7883	6.55×10^{-3}	6.47×10^{-3}
	800	4.89×10^{-3}	5.17×10^{-3}	0.0625	1.8497	2.68×10^{-3}	2.53×10^{-3}

从表 2-1 可以看出，(i)随着样本量 n 的 增加，这两个估计的效果更好；(ii)估计的质量受到 θ 的影响，当 θ 变大时性能更好；(iii)除标准正态误差外，M 估计比 NW 估计更稳健，尤其在柯西分布下更明显；(iv)当误差服从标准正态分布时，这两种估计的表现差不多。

接下来，对于基于误差分布(a)的模型(2.1.4)，当 $x = 0.2$ 时，通过 $\hat{m}_n(x)$ 的直方图和正态概率图来检验 M 估计量 $\hat{m}_n(x)$ 的渐近正态性有多好。模拟 B 组独立的 n 个样本，选取窗宽 $h_n = n^{-1/3}$。图 2-1 和图 2-2 中分别绘制了 $\theta \approx 90\%$，$B = 1000$，样本容量分别为 200 和 800 的直方图和正态概率图。图 2-1 和图 2-2 表明了拟合质量随着样本量 n 的增加而更好。

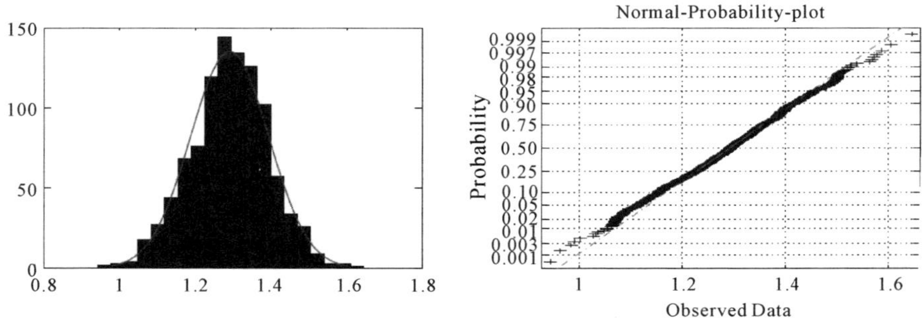

图 2-1　当 $n=200,\theta\approx 90\%,h_n=n^{-1/3}$ 时，$\hat{m}_n(0.2)$ 的直方图和正态概率图

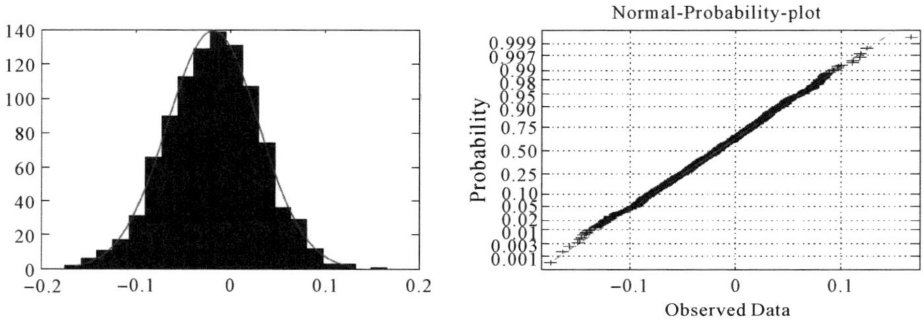

图 2-2　当 $n=800,\theta\approx 90\%,h_n=n^{-1/3}$ 时，$\hat{m}_n(0.2)$ 的直方图和正态概率图

(2) 二维情况

按照一维情况，可以获得观测样本 $\{(\mathbf{X}_i,Y_i,T_i),1\leqslant k\leqslant n\}$，其中 $\mathbf{X}_i=(X_{1,i},X_{2,i})$，$X_{1,i}=-0.4X_{1,i-1}+e_{1,i},e_{1,i}\sim N(0,1)$，$X_{2,i}=0.5X_{2,i-1}+e_{2,i},e_{2,i}\sim N(0,0.8^2)$，

$$Y_i=0.3\exp\{-4(X_{1,i}+1)^2\}+0.7\exp\{-16(X_{2,i}-1)^2\}+\varepsilon_i, \tag{2.1.5}$$

$T_i\sim N(\mu,1)$（调整 μ 以获得不同的 θ 值）且 $Y_i\geqslant T_i$。由 Cai (2001)中引理 2 可知，$\mathbf{X}_i=(X_{1,i},X_{2,i})$ 仍然 α 混合。对于模型(2.1.5)，考虑误差 ε_i 服从如下分布：

(e)标准正态分布：$\varepsilon_i\sim N(0,1)$　(f)柯西分布：$\varepsilon_i\sim C(0,1)$；

选取核函数 $K(x_1,x_2)=K_1(x_1)K_1(x_2)$，其中 $K_1(\mu)=\frac{15}{16}(1-\mu^2)^2I(|\mu|\leqslant 1)$，选择 Huber 函数 $\psi(y)=\max\{-c,\min\{y,c\}\}$，其中 $c=1.5$。基于模型(2.1.5)，分别抽取样本量 $n=300$ 和 800 的观测数据，并选

择可观测数据比例：$\theta \approx 30\%, 60\%, 90\%$ 和 100%。表 2-2 中可得估计 $\hat{m}_n$ 和 m_n^* 基于 $B=200$ 的整体均方误差。从表 2-2 中可以看出，M 估计比 NW 估计更加稳健，尤其是当误差 ε_i 为重尾分布(f)时。

表 2-2　在 $d=2$ 下，估计量 $\hat{m}_n$ 和 m_n^* 的 GMSE

$\theta(\%)$	n	(e)		(f)	
		$\hat{m}_n$	m_n^*	$\hat{m}_n$	m_n^*
30	300	8.56×10^{-2}	8.37×10^{-2}	0.4587	19.3457
	800	7.19×10^{-2}	6.98×10^{-2}	0.3876	16.1335
60	300	6.91×10^{-2}	6.82×10^{-2}	0.3557	13.7891
	800	6.08×10^{-2}	5.81×10^{-2}	0.2587	10.0896
90	300	6.18×10^{-2}	6.09×10^{-2}	0.1887	9.4783
	800	5.36×10^{-2}	5.20×10^{-2}	0.1402	6.8556
100	300	5.84×10^{-2}	5.58×10^{-2}	0.1481	6.5789
	800	5.19×10^{-2}	5.01×10^{-2}	0.0834	5.6899

2.1.4　主要结果的证明

给出定理的证明之前，先给出一个引理。

引理 2.1.1　如果(A1)—(A6)和(B2)—(B3)成立，则对于任何 $c>0$

$$\sup_{(nh_n^d)^{1/2}|s-m(\mathbf{x})|\leqslant c}\left|\sum_{i=1}^{n}\frac{1}{G_n(Y_i)}K\left(\frac{\mathbf{x}-\mathbf{x}_i}{h_n}\right)[\rho(Y_i-s)-\rho(Y_i-m(\mathbf{x}))+\psi(Y_i-m(\mathbf{x}))(s-m(\mathbf{x}))]-\frac{1}{2\theta}(m(\mathbf{x})-s)^2\lambda_1(\mathbf{x})v(\mathbf{x})nh_n^d\right|=o_p(1)。$$

证明　这里基于 Bai 等(1992)中定理 2.1 的方法，但细节却大不相同。注意到：

$$\begin{aligned}
&\sum_{i=1}^{n}\frac{1}{G_n(Y_i)}K\left(\frac{\mathbf{x}-\mathbf{X}_i}{h_n}\right)[\rho(Y_i-s)-\rho(Y_i-m(\mathbf{x}))+\psi(Y_i-m(\mathbf{x}))(s-m(\mathbf{x}))]\\
&=\sum_{i=1}^{n}\left(\frac{1}{G_n(Y_i)}-\frac{1}{G(Y_i)}\right)K\left(\frac{\mathbf{x}-\mathbf{X}_i}{h_n}\right)[\rho(Y_i-s)-\rho(Y_i-m(\mathbf{x}))+\psi(Y_i\\
&\quad-m(\mathbf{x}))(s-m(\mathbf{x}))]+\sum_{i=1}^{n}\frac{1}{G(Y_i)}K\left(\frac{\mathbf{x}-\mathbf{X}_i}{h_n}\right)[\rho(Y_i-s)-\rho(Y_i-m(\mathbf{x}))+\psi(Y_i\\
&\quad-m(\mathbf{x}))(s-m(\mathbf{x}))]\\
&:=I_{n1}(\mathbf{x},s)+I_{n2}(\mathbf{x},s)。
\end{aligned}\tag{2.1.6}$$

由于 $\rho(\cdot)$ 是凸函数的，这样就有

$$
\begin{aligned}
&|\rho(Y_i-s)-\rho(Y_i-m(\mathbf{x}))+\psi(Y_i-m(\mathbf{x}))(s-m(\mathbf{x}))| \\
\leqslant\ & |s-m(\mathbf{x})||\psi(Y_i-s)-\psi(Y_i-m(\mathbf{x}))| \\
=\ & |s-m(\mathbf{x})||\psi(\varepsilon_i+m(\mathbf{X}_i)-s)-\psi(\varepsilon_i+m(\mathbf{X}_i)-m(\mathbf{x}))| \\
\leqslant\ & |s-m(\mathbf{x})||\psi(\varepsilon_i+m(\mathbf{X}_i)-s)-\psi(\varepsilon_i)|+|\psi(\varepsilon_i+m(\mathbf{X}_i)-m(\mathbf{x}))-\psi(\varepsilon_i)|。
\end{aligned} \tag{2.1.7}
$$

由条件(A1)得 $\|\mathbf{x}-\mathbf{X}_i\|\leqslant h_n$。当 $(nh_n^d)^{1/2}|s-m(\mathbf{x})|\leqslant c$ 时，根据(B2)，有

$$
|m(\mathbf{X}_i)-s|\leqslant|m(\mathbf{X}_i)-m(\mathbf{x})|+|m(\mathbf{x})-s|\leqslant Ch_n^\beta+c(nh_n^d)^{-1/2} \tag{2.1.8}
$$

和

$$
|m(\mathbf{X}_i)-m(\mathbf{x})|\leqslant Ch_n^\beta。 \tag{2.1.9}
$$

注意到

$$
\begin{aligned}
|I_{n1}(\mathbf{x},s)|\leqslant\ & \frac{\sup\limits_{y\geqslant a_F}|G_n(y)-G(y)|}{G(a_{\bar F})-\sup\limits_{y\geqslant a_{\bar F}}|G_n(y)-G(y)|}\cdot\sum_{i=1}^n\frac{1}{G(Y_i)}K\left(\frac{\mathbf{x}-\mathbf{X}_i}{h_n}\right) \\
& \times|\rho(Y_i-s)-\rho(Y_i-m(\mathbf{x}))+\psi(Y_i-m(\mathbf{x}))(s-m(\mathbf{x}))|。
\end{aligned} \tag{2.1.10}
$$

另外，根据式(2.1.7)—式(2.1.9)和(B3)(ii)，当 $(nh_n^d)^{1/2}|s-m(\mathbf{x})|\leqslant c$ 时，有

$$
\begin{aligned}
& P\left(\sum_{i=1}^n\frac{1}{G(Y_i)}K\left(\frac{\mathbf{x}-\mathbf{X}_i}{h_n}\right)|\rho(Y_i-s)-\rho(Y_i-m(\mathbf{x}))+\psi(Y_i-m(\mathbf{x}))(s-m(\mathbf{x}))|>\varepsilon\sqrt{n}\right) \\
\leqslant\ & \frac{\sqrt{n}}{\varepsilon}E\left[\frac{1}{G(Y_1)}K\left(\frac{\mathbf{x}-\mathbf{X}_1}{h_n}\right)|\rho(Y_1-s)-\rho(Y_1-m(\mathbf{x}))+\psi(Y_1-m(\mathbf{x}))(s-m(\mathbf{x}))|\right] \\
=\ & \frac{\sqrt{n}}{\theta\varepsilon}\mathbb{E}\left[K\left(\frac{\mathbf{x}-\mathbf{X}_1}{h_n}\right)|\rho(Y_1-s)-\rho(Y_1-m(\mathbf{x}))+\psi(Y_1-m(\mathbf{x}))(s-m(\mathbf{x}))|\right] \\
\leqslant\ & \frac{\sqrt{n}}{\varepsilon}|s-m(\mathbf{x})|\left\{\mathbb{E}\left[K\left(\frac{\mathbf{x}-\mathbf{X}_1}{h_n}\right)|\psi(\varepsilon_1+m(\mathbf{X}_1)-s)-\psi(\varepsilon_1)|\right]\right. \\
& \left.+\mathbb{E}\left[K\left(\frac{\mathbf{x}-\mathbf{X}_1}{h_n}\right)|\psi(\varepsilon_1+m(\mathbf{X}_1)-m(\mathbf{x}))-\psi(\varepsilon_1)|\right]\right\} \\
\leqslant\ & \frac{\sqrt{n}}{\varepsilon}|s-m(\mathbf{x})|\left\{\mathbb{E}\left[K\left(\frac{\mathbf{x}-\mathbf{X}_1}{h_n}\right)\mathbb{E}(|\psi(\varepsilon_1+m(\mathbf{X}_1)-s)-\psi(\varepsilon_1)||\mathbf{X}_1)\right]\right. \\
& \left.+\mathbb{E}\left[K\left(\frac{\mathbf{x}-\mathbf{X}_1}{h_n}\right)\mathbb{E}(|\psi(\varepsilon_1+m(\mathbf{X}_1)-m(\mathbf{x}))-\psi(\varepsilon_1)||\mathbf{X}_1)\right]\right\} \\
\leqslant\ & \frac{\sqrt{n}}{\varepsilon}|s-m(\mathbf{x})|\left\{\mathbb{E}\left[K\left(\frac{\mathbf{x}-\mathbf{X}_1}{h_n}\right)\lambda_2(|m(\mathbf{X}_1)-s|)\right]\right.
\end{aligned}
$$

$$+\mathbb{E}\left[K\left(\frac{\mathbf{x}-\mathbf{X}_1}{h_n}\right)\lambda_2(|m(\mathbf{X}_1)-m(\mathbf{x})|)\right]\Big\}$$

$$\leqslant C\sqrt{n}h_n^d\mid s-m(\mathbf{x})\mid v(\mathbf{x})(\lambda_2(h_n^\beta+(nh_n^d)^{-1/2})+\lambda_2(h_n^\beta))$$

$$\leqslant C\sqrt{n}h_n^d(nh_n^d)^{-1/2}v(\mathbf{x})(\lambda_2(h_n^\beta+(nh_n^d)^{-1/2})+\lambda_2(h_n^\beta))=o(1)。$$

这样

$$\sum_{i=1}^n\frac{1}{G(Y_i)}K\left(\frac{\mathbf{x}-\mathbf{X}_i}{h_n}\right)|\rho(Y_i-s)-\rho(Y_i-m(\mathbf{x}))+\psi(Y_i-m(\mathbf{x}))(s-m(\mathbf{x}))|=o_p(\sqrt{n})。\tag{2.1.11}$$

根据式(2.1.10)—式(2.1.11)及引理 1.7,对满足 $(nh_n^d)^{1/2}\mid s-m(\mathbf{x})\mid\leqslant c$ 的每一个 s,有

$$I_{n1}(\mathbf{x},s)=o_p(1)。\tag{2.1.12}$$

接下来,证明当 $(nh_n^d)^{1/2}\mid s-m(\mathbf{x})\mid\leqslant c$ 时,$\mathrm{Var}(I_{n2}(\mathbf{x},s))=o(1)$。令

$$V_i=\frac{1}{G(Y_i)}K\left(\frac{\mathbf{x}-\mathbf{X}_i}{h_n}\right)[\rho(Y_i-s)-\rho(Y_i-m(\mathbf{x}))+\psi(Y_i-m(\mathbf{x}))(s-m(\mathbf{x}))]。$$

应用引理 1.2,由条件(A5)可以得到:

$$\begin{aligned}\mathrm{Var}(I_{n2}(\mathbf{x},s))&=\mathrm{Var}\Big(\sum_{i=1}^nV_i\Big)\leqslant nEV_1^2+Cn\sum_{i=2}^n\mid\mathrm{Cov}(V_1,V_i)\mid\\&\leqslant nEV_1^2+Cn\sum_{i=1}^n[\alpha(i)]^{1-2/r}(E\mid V_1\mid^r)^{2/r}\\&\leqslant nEV_1^2+Cn(E\mid V_1\mid^r)^{2/r}。\end{aligned}\tag{2.1.13}$$

根据式(2.1.7)—式(2.1.9)和(B3)(ii),则有

$$\begin{aligned}EV_1^2&=nE\left[\frac{1}{G^2(Y_1)}K^2\left(\frac{\mathbf{x}-\mathbf{X}_1}{h_n}\right)(\rho(Y_1-s)-\rho(Y_1-m(\mathbf{x}))+\psi(Y_1-m(\mathbf{x}))(s-m(\mathbf{x})))^2\right]\\&=\frac{n}{\theta G(a_{\bar F})}\mathbb{E}\left[K^2\left(\frac{\mathbf{x}-\mathbf{X}_1}{h_n}\right)\mathbb{E}((\rho(Y_1-s)-\rho(Y_1-m(\mathbf{x}))+\psi(Y_1-m(\mathbf{x}))(s-m(\mathbf{x})))^2\mid\mathbf{X}_1)\right]\\&\leqslant Cn(s-m(\mathbf{x}))^2\Big\{\mathbb{E}\left[K^2\left(\frac{\mathbf{x}-\mathbf{X}_1}{h_n}\right)\mathbb{E}((\psi(\varepsilon_1+m(\mathbf{X}_1)-s)-\psi(\varepsilon_1))^2\mid\mathbf{X}_1)\right]\\&\quad+\mathbb{E}\left[K^2\left(\frac{\mathbf{x}-\mathbf{X}_1}{h_n}\right)\mathbb{E}((\psi(\varepsilon_1+m(\mathbf{X}_1)-m(\mathbf{x}))-\psi(\varepsilon_1))^2\mid\mathbf{X}_1)\right]\Big\}\\&\leqslant Cn(s-m(\mathbf{x}))^2\Big\{\mathbb{E}\left[K^2\left(\frac{\mathbf{x}-\mathbf{X}_1}{h_n}\right)\lambda_2(|m(\mathbf{X}_1)-s|)\right]\\&\quad+\mathbb{E}\left[K^2\left(\frac{\mathbf{x}-\mathbf{X}_1}{h_n}\right)\lambda_2(|m(\mathbf{X}_1)-m(\mathbf{x})|)\right]\Big\}\end{aligned}$$

$$\leqslant C(s-m(\mathbf{x}))^2 nh_n^d[\lambda_2(h_n^\beta+(nh_n^d)^{-1/2})+\lambda_2(h_n^\beta)]=o(1)。\quad (2.1.14)$$

类似地，通过式(2.1.7)—式(2.1.9)和(B3)(ii)，也可以得到

$$E\mid V_1\mid^r=E\Big[\frac{1}{G^r(Y_1)}K^r\Big(\frac{\mathbf{x}-\mathbf{X}_1}{h_n}\Big)\mid\rho(Y_1-s)-\rho(Y_1-m(\mathbf{x}))+\psi(Y_1-m(\mathbf{x}))(s-m(\mathbf{x}))\mid^r\Big]$$

$$\leqslant\frac{1}{\theta G^{r-1}(a_{\tilde{F}})}\mathbb{E}\Big[K^r\Big(\frac{\mathbf{x}-\mathbf{X}_1}{h_n}\Big)\mathbb{E}(\mid\rho(Y_1-s)-\rho(Y_1-m(\mathbf{x}))+\psi(Y_1-m(\mathbf{x}))(s-m(\mathbf{x}))\mid^r\mid\mathbf{X}_1)\Big]$$

$$\leqslant C\mid s-m(\mathbf{x})\mid^r h_n^d[\lambda_2(h_n^\beta+(nh_n^d)^{-1/2})+\lambda_2(h_n^\beta)],$$

这蕴含了

$$n(E\mid V_1\mid^r)^{2/r}\leqslant Ch_n^{d(2/r-1)}[\lambda_2(h_n^\beta+(nh_n^d)^{-1/2})+\lambda_2(h_n^\beta)]^{2/r}=o(1)。\quad (2.1.15)$$

通过式(2.1.13)—式(2.1.15)，当 $(nh_n^d)^{1/2}\mid s-m(\mathbf{x})\mid\leqslant c$ 时，得到

$$\mathrm{Var}(I_{n2}(\mathbf{x},s))=o(1)。\quad (2.1.16)$$

通过 Bai 等(1992)的引理 1 和条件(B3)(i)，不难得到

$$\mathbb{E}[\rho(\varepsilon_1+\mu)-\rho(\varepsilon_1)\mid\mathbf{X}_1=\mathbf{z}]=\frac{1}{2}\lambda_1(\mathbf{z})\mu^2+o(\mu^2)(\mid\mu\mid\to 0)。\quad (2.1.17)$$

根据式(2.1.8)，式(2.1.9)和式(2.1.17)，当 $(nh_n^d)^{1/2}\mid s-m(\mathbf{x})\mid\leqslant c$ 时，可以得出

$$\begin{aligned}&\sum_{i=1}^n E\Big\{\frac{1}{G(Y_i)}K\Big(\frac{\mathbf{x}-\mathbf{x}_i}{h_n}\Big)[\rho(Y_i-s)-\rho(Y_i-m(\mathbf{x}))]\Big\}\\&=\frac{n}{\theta}\int_{\mathbb{R}^d}K\Big(\frac{\mathbf{x}-\mathbf{r}}{h_n}\Big)\mathbb{E}[\rho(Y_1-s)-\rho(Y_1-m(\mathbf{x}))\mid\mathbf{X}_1=\mathbf{r}]v(\mathbf{r})d\mathbf{r}\\&=\frac{n}{\theta}\mathbb{E}\Big\{K\Big(\frac{\mathbf{x}-\mathbf{X}_1}{h_n}\Big)\mathbb{E}[\rho(Y_1-s)-\rho(Y_1-m(\mathbf{x}))\mid\mathbf{X}_1]\Big\}\\&=\frac{n}{\theta}\mathbb{E}\Big\{K\Big(\frac{\mathbf{x}-\mathbf{X}_1}{h_n}\Big)\mathbb{E}([\rho(\varepsilon_1+m(\mathbf{X}_1)-s)-\rho(\varepsilon_1)\mid\mathbf{X}_1]\\&\quad-\mathbb{E}[\rho(\varepsilon_1+m(\mathbf{X}_1)-m(\mathbf{x}))-\rho(\varepsilon_1)\mid\mathbf{X}_1])\Big\}\\&=\frac{n}{2\theta}\mathbb{E}\Big\{K\Big(\frac{\mathbf{x}-\mathbf{X}_1}{h_n}\Big)\lambda_1(\mathbf{X}_1)[(m(\mathbf{X}_1)-s)^2-(m(\mathbf{X}_1)-m(\mathbf{x}))^2]\Big\}(1+o(1))\\&=\frac{n}{2\theta}(m(\mathbf{x})-s)\mathbb{E}\Big\{K\Big(\frac{\mathbf{x}-\mathbf{X}_1}{h_n}\Big)\lambda_1(\mathbf{X}_1)(2m(\mathbf{X}_1)-s-m(\mathbf{x}))\Big\}(1+o(1))。\end{aligned}\quad (2.1.18)$$

另外，通过条件(B3)(i)，有

$$(s-m(\mathbf{x}))\sum_{i=1}^{n}E\left[\frac{1}{G(Y_i)}K\left(\frac{\mathbf{x}-\mathbf{x}_i}{h_n}\right)\psi(Y_i-m(\mathbf{x}))\right]$$
$$=\frac{n}{\theta}(s-m(\mathbf{x}))\mathbb{E}\left\{K\left(\frac{\mathbf{x}-\mathbf{X}_1}{h_n}\right)\mathbb{E}[\psi(Y_1-m(\mathbf{x}))\mid\mathbf{X}_1]\right\}$$
$$=\frac{n}{\theta}(s-m(\mathbf{x}))\mathbb{E}\left\{K\left(\frac{\mathbf{x}-\mathbf{X}_1}{h_n}\right)\mathbb{E}[\psi(\varepsilon_1+m(\mathbf{X}_1)-m(\mathbf{x}))\mid\mathbf{X}_1]\right\}$$
$$=\frac{n}{\theta}(s-m(\mathbf{x}))\mathbb{E}\left\{K\left(\frac{\mathbf{x}-\mathbf{X}_1}{h_n}\right)\lambda_1(\mathbf{X}_1)(m(\mathbf{X}_1)-m(\mathbf{x}))\right\}(1+o(1))。\tag{2.1.19}$$

通过式(2.1.18)和式(2.1.19)，可以得到

$$E(I_{n2}(\mathbf{x},s))=E\left\{\sum_{i=1}^{n}\frac{1}{G(Y_i)}K\left(\frac{\mathbf{x}-\mathbf{x}_i}{h_n}\right)[\rho(Y_i-s)-\rho(Y_i-m(\mathbf{x}))+\psi(Y_i-m(\mathbf{x}))(s-m(\mathbf{x}))]\right\}$$
$$=\frac{n}{2\theta}(m(\mathbf{x})-s)^2\mathbb{E}\left[K\left(\frac{\mathbf{x}-\mathbf{X}_1}{h_n}\right)\lambda_1(\mathbf{X}_1)\right](1+o(1))$$
$$=\frac{1}{2\theta}(m(\mathbf{x})-s)^2\lambda_1(\mathbf{x})v(\mathbf{x})nh_n^d(1+o(1))。\tag{2.1.20}$$

根据式(2.1.16)和式(2.1.20)，可以得到

$$\left|\sum_{i=1}^{n}\frac{1}{G(Y_i)}K\left(\frac{\mathbf{x}-\mathbf{x}_i}{h_n}\right)[\rho(Y_i-s)-\rho(Y_i-m(\mathbf{x}))+\psi(Y_i-m(\mathbf{x}))(s-m(\mathbf{x}))]-\frac{1}{2\theta}(m(\mathbf{x})-s)^2\lambda_1(\mathbf{x})v(\mathbf{x})nh_n^d\right|=o_p(1),$$

结合式(2.1.6)和式(2.1.12)，当 $(nh_n^d)^{1/2}\mid s-m(\mathbf{x})\mid\leqslant c$ 时，得出

$$\left|\sum_{i=1}^{n}\frac{1}{G_n(Y_i)}K\left(\frac{\mathbf{x}-\mathbf{x}_i}{h_n}\right)[\rho(Y_i-s)-\rho(Y_i-m(\mathbf{x}))+\psi(Y_i-m(\mathbf{x}))(s-m(\mathbf{x}))]-\frac{1}{2\theta}(m(\mathbf{x})-s)^2\lambda_1(\mathbf{x})v(\mathbf{x})nh_n^d\right|=o_p(1)。\tag{2.1.21}$$

由于 $\sum_{i=1}^{n}\frac{1}{G_n(Y_i)}K\left(\frac{\mathbf{x}-\mathbf{X}_i}{h_n}\right)[\rho(Y_i-s)-\rho(Y_i-m(\mathbf{x}))+\psi(Y_i-m(\mathbf{x}))(s-m(x))]$ 关于 s 是凸的，且 $(2\theta)^{-1}(m(\mathbf{x})-s)^2\lambda_1(\mathbf{x})v(x)nh_n^d$ 关于 s 是连续凸函数，根据引理 1.6，则有

$$\sup_{(nh_n)^{1/2}|s-m(\mathbf{x})|\leqslant c}\left|\sum_{i=1}^{n}\frac{1}{G_n(Y_i)}K\left(\frac{\mathbf{x}-\mathbf{x}_i}{h_n}\right)[\rho(Y_i-s)-\rho(Y_i-m(\mathbf{x}))+\psi(\mathrm{Y_i}-\mathrm{m}(\mathbf{x}))(s-m(\mathbf{x}))]-\frac{1}{2\theta}(m(\mathbf{x})-s)^2\lambda_1(\mathbf{x})v(\mathbf{x})nh_n^d\right|$$
$$=o_p(1)。$$

引理 2.1.1 证毕。

接下来,来证明定理 2.1.1—定理 2.1.3。

定理 2.1.1 的证明 定义 $H_n(\mathbf{x},s)=\frac{1}{nh_n^d}\sum_{i=1}^{n}\frac{1}{G_n(Y_i)}K\left(\frac{\mathbf{x}-\mathbf{X}_i}{h_n}\right)\psi(Y_i-s)$ 和 $H(\mathbf{x},s)=\frac{1}{\theta}\mathbb{E}[\psi(Y_1-s)\mid\mathbf{X}_1=\mathbf{x}]v(\mathbf{x})$。根据 *Huber*(1964)中引理 3 的证明,为了证明定理 2.1.1,只需要证明

$$H_n(\mathbf{x},s)\xrightarrow{P}H(\mathbf{x},s)。\tag{2.1.22}$$

注意到

$$\begin{aligned}H_n(\mathbf{x},s)&=\frac{1}{nh_n^d}\sum_{i=1}^{n}\left(\frac{1}{G_n(Y_i)}-\frac{1}{G(Y_i)}\right)K\left(\frac{\mathbf{x}-\mathbf{X}_i}{h_n}\right)\psi(Y_i-s)\\&\quad+\frac{1}{nh_n^d}\sum_{i=1}^{n}\frac{1}{G(Y_i)}K\left(\frac{\mathbf{x}-\mathbf{X}_i}{h_n}\right)\psi(Y_i-s):=D_{n1}(\mathbf{x},s)+D_{n2}(\mathbf{x},s)。\end{aligned}\tag{2.1.23}$$

通过计算不难得到 $(\mathbf{X},Y)$ 的条件分布函数为

$$F^*(x,y)=\mathbb{P}(\mathbf{X}\leqslant\mathbf{x},Y\leqslant y\mid Y\geqslant T)=\theta^{-1}\int_{\mu\leqslant x}\int_{a_G\leqslant\omega\leqslant y}G(\omega)F(d\boldsymbol{\mu},d\omega),$$

由此得到 $(\mathbf{X},Y)$ 的条件密度函数为

$$f^*(\mathbf{x},y):=F^*(d\mathbf{x},dy)=\theta^{-1}G(y)F(d\mathbf{x},dy):=\theta^{-1}G(y)f(\mathbf{x},y)。\tag{2.1.24}$$

因此,从(A1),(A3)(ii)和(A4)(ii)中,得到

$$\begin{aligned}&P\left(\frac{1}{nh_n^d}\sum_{i=1}^{n}\frac{|\psi(Y_i-s)|}{G(Y_i)}K\left(\frac{\mathbf{x}-\mathbf{X}_i}{h_n}\right)>\varepsilon\right)\leqslant\frac{1}{\varepsilon h_n^d}\int_{\mathbb{R}^d}\int\frac{|\psi(y-s)|}{G(y)}K\left(\frac{\mathbf{x}-\mathbf{r}}{h_n}\right)f^*(\mathbf{r},y)d\mathbf{r}dy\\&=\frac{1}{\theta\varepsilon h_n^d}\int_{\mathbb{R}^d}K\left(\frac{\mathbf{x}-\mathbf{r}}{h_n}\right)\mathbb{E}[|\psi(Y-s)|\mid\mathbf{X}=\mathbf{r}]v(\mathbf{r})d\mathbf{r}\to\frac{1}{\theta\varepsilon}\mathbb{E}[|\psi(Y-s)|\mid\mathbf{X}=\mathbf{x}]v(\mathbf{x}),\end{aligned}$$

这蕴含了 $\frac{1}{nh_n^d}\sum_{i=1}^{n}\frac{1}{G(Y_i)}K\left(\frac{\mathbf{x}-\mathbf{X}_i}{h_n}\right)|\psi(Y_i-s)|=O_p(1)$。因此,由引理 1.7 可得

$$\begin{aligned}|D_{n1}(\mathbf{x},s)|&\leqslant\frac{\sup_{y\geqslant a_F}|G_n(y)-G(y)|}{G(a_F)-\sup_{y\geqslant a_F}|G_n(y)-G(y)|}\cdot\frac{1}{nh_n^d}\sum_{i=1}^{n}\frac{1}{G(Y_i)}K\left(\frac{\mathbf{x}-\mathbf{X}_i}{h_n}\right)|\psi(Y_i-s)|\\&=O_p(n^{-1/2})=o_p(1)。\end{aligned}\tag{2.1.25}$$

根据(A1),(A3)(ii),(A4)(ii)以及式(2.1.24),有

$$ED_{n2}(\mathbf{x},s)=\frac{1}{\theta h_n^d}\int_{\mathbb{R}^d}K\left(\frac{\mathbf{x}-\mathbf{r}}{h_n}\right)\mathbb{E}[\psi(Y-s)\mid\mathbf{X}=\mathbf{r}]v(\mathbf{r})d\mathbf{r}$$

$$\to \frac{1}{\theta}\mathbb{E}[\psi(Y-s) \mid \mathbf{X}=\mathbf{x}]v(\mathbf{x}) = H(\mathbf{x},s)。 \tag{2.1.26}$$

接下来,来证明

$$\operatorname{Var}((nh_n^d)^{1/2}D_{n2}(\mathbf{x},s)) \to \sigma^2(s), \tag{2.1.27}$$

这里 $\sigma^2(s)$ 的定义在定理 2.1.3 中给出。设

$$Z_i = \frac{1}{\sqrt{h_n^d}}\left\{\frac{1}{G(Y_i)}K\left(\frac{\mathbf{x}-\mathbf{X}_i}{h_n}\right)\psi(Y_i-s) - E\left[\frac{1}{G(Y_i)}K\left(\frac{\mathbf{x}-\mathbf{X}_i}{h_n}\right)\psi(Y_i-s)\right]\right\},$$

于是 $(nh_n^d)^{1/2}(D_{n2}(\mathbf{x},s)-ED_{n2}(\mathbf{x},s)) = n^{-1/2}\sum_{i=1}^{n}Z_i$,且

$$\operatorname{Var}((nh_n^d)^{1/2}D_{n2}(\mathbf{x},s)) = \operatorname{Var}(Z_1) + \frac{2}{n}\sum_{1\leqslant i<j\leqslant n}\operatorname{Cov}(Z_i,Z_j), \tag{2.1.28}$$

根据(A3)(ii)和(A4)(ii),得到

$$\begin{aligned}\operatorname{Var}(Z_1) &= \frac{1}{h_n^d}E\left(\frac{\psi^2(Y_i-s)}{G^2(Y_i)}K^2\left(\frac{\mathbf{x}-\mathbf{X}_i}{h_n}\right)\right) - \frac{1}{h_n^d}\left(E\frac{\psi(Y_i-s)}{G(Y_i)}K\left(\frac{\mathbf{x}-\mathbf{X}_i}{h_n}\right)\right)^2 \\ &= \frac{1}{h_n^d}\int_{\mathbb{R}^d}\int\frac{1}{G^2(y)}K^2\left(\frac{\mathbf{x}-\mathbf{r}}{h_n}\right)\psi^2(y-s)\frac{G(y)}{\theta}f(\mathbf{r},y)d\mathbf{r}dy + O(h_n^d) \\ &= \frac{1}{\theta h_n^d}\int_{\mathbb{R}^d}K^2\left(\frac{\mathbf{x}-\mathbf{r}}{h_n}\right)\mathbb{E}[\psi^2(Y-s)G^{-1}(Y) \mid \mathbf{X}=\mathbf{r}]v(\mathbf{r})d\mathbf{r} + O(h_n^d) \\ &\to \frac{\kappa}{\theta}\mathbb{E}[\psi^2(Y-s)G^{-1}(Y) \mid \mathbf{X}=\mathbf{x}]v(\mathbf{x})。\end{aligned} \tag{2.1.29}$$

因此,为证明式(2.1.27),只需要证明

$$\frac{1}{n}\sum_{1\leqslant i<j\leqslant n}|\operatorname{Cov}(Z_i,Z_j)| \to 0 \tag{2.1.30}$$

根据(A1),(A3)(ii)和(A4)(ii),对于 $i<j$,则有

$$\begin{aligned}|\operatorname{Cov}(Z_i,Z_j)| &\leqslant \left|\frac{1}{h_n^d}E\left\{\frac{1}{G(Y_i)G(Y_j)}K\left(\frac{\mathbf{x}-\mathbf{X}_i}{h_n}\right)K\left(\frac{\mathbf{x}-\mathbf{X}_j}{h_n}\right)\psi(Y_i-s)\psi(Y_j-s)\right\}\right| \\ &\quad + \frac{1}{h_n^d}\left(E\left\{\frac{1}{G(Y_1)}K\left(\frac{\mathbf{x}-\mathbf{X}_1}{h_n}\right)\psi(Y_1-s)\right\}\right)^2 \\ &\leqslant \frac{1}{G^2(a_{\tilde{F}})h_n^d}\int_{\mathbb{R}^d}\int_{\mathbb{R}^d}E[|\psi(Y_i-s)\psi(Y_j-s)| \mid \mathbf{X}_i=\mathbf{r},\mathbf{X}_j=\mathbf{t}] \\ &\quad \times K\left(\frac{\mathbf{x}-\mathbf{r}}{h_n}\right)\kappa\left(\frac{\mathbf{x}-\mathbf{t}}{h_n}\right)v_{j-i}^*(\mathbf{r},\mathbf{t})d\mathbf{r}d\mathbf{t} + O(h_n^d) = O(h_n^d)。\end{aligned}$$

另外,由引理 1.2 得 $|\operatorname{Cov}(Z_i,Z_j)| \leqslant C[\alpha(j-i)]^{1-r/2}(E|Z_i|^r)^{2/r}$ 和

$$E|Z_i|^r \leqslant \frac{C}{h_n^{dr/2}}E\left|\frac{1}{G^r(Y_i)}K^r\left(\frac{\mathbf{x}-\mathbf{x}_i}{h_n}\right)\psi^r(Y_i-s)\right| \leqslant Ch_n^{-d(r/2-1)}。$$

因此，$|\operatorname{Cov}(Z_i,Z_j)|\leqslant C[\alpha(j-i)]^{1-r/2}h_n^{-d(1-2/r)}$。

令 $\phi_n=h_n^{-d(1-2/r)/\delta}$，根据条件(A5)，得到

$$\frac{1}{n}\sum_{1\leqslant i<j\leqslant n}|\operatorname{cov}(Z_i,Z_j)|=\frac{1}{n}\Big(\sum_{1\leqslant j-i\leqslant\phi_n}+\sum_{\phi_n+1\leqslant j-i\leqslant n-1}\Big)|\operatorname{cov}(Z_i,Z_j)|$$

$$\leqslant C\phi_n h_n^d+C\phi_n^{-\delta}h_n^{-d(1-2/r)}\sum_{l=\phi_n}^{\infty}l^{\delta}[\alpha(l)]^{1-2/r}\to 0,$$

这就证明了式(2.1.30)。因此，根据式(2.1.28)—式(2.1.30)，得到式(2.1.27)。

注意到 $D_{n2}(\mathbf{x},s)=ED_{n2}(\mathbf{x},s)+O_p(\sqrt{\operatorname{Var}(D_{n2}(\mathbf{x},s))})$，所以，根据式(2.1.27)，有 $D_{n2}(\mathbf{x},s)-ED_{n2}(\mathbf{x},s)=O_p((nh_n^d)^{-1/2})=o_p(1)$。结合式(2.1.23)，式(2.1.25)和式(2.1.26)，证明了式(2.1.22)，即定理 2.1.1 证明完毕。

定理 2.1.2 的证明　类似于 Huber (1964)中引理 3 的证明，只需要证明：

$$H_n(\mathbf{x},s)\xrightarrow{\text{a.s.}}H(\mathbf{x},s)。\tag{2.1.31}$$

根据式(2.1.23)和式(2.1.26)，为了证明式(2.1.31)，只需要证明

$$D_{n1}(\mathbf{x},s)\xrightarrow{\text{a.s.}}0;\tag{2.1.32}$$

$$D_{n2}(\mathbf{x},s)-ED_{n2}(\mathbf{x},s)\xrightarrow{\text{a.s.}}0。\tag{2.1.33}$$

先证明式(2.1.33)，这里应用一种截断方法。设

$$\xi_i=\frac{1}{G(Y_i)}K\Big(\frac{\mathbf{x}-\mathbf{X}_i}{h_n}\Big)\psi(Y_i-s),$$

$$\bar{\xi}_i=\frac{1}{G(Y_i)}K\Big(\frac{\mathbf{x}-\mathbf{X}_i}{h_n}\Big)\psi(Y_i-s)I(|\psi(Y_i-s)|\leqslant A_n)$$

这里 $\{A_n\}$ 是满足定理 2.1.2 中序列 $\{A_n\}$ 的条件。这样

$$|D_{n2}(\mathbf{x},s)-ED_{n2}(\mathbf{x},s)|\leqslant\left|\frac{1}{nh_n^d}\sum_{i=1}^{n}(\xi_i-\bar{\xi}_i)\right|+\left|\frac{1}{nh_n^d}\sum_{i=1}^{n}(\bar{\xi}_i-E\bar{\xi}_i)\right|$$

$$+\left|\frac{1}{nh_n^d}\sum_{i=1}^{n}(E\bar{\xi}_i-E\xi_i)\right|$$

由于 $\sum_{n=1}^{\infty}A_n^{-r}<\infty$，由条件(A4)(ii)得到

$$\sum_{n=1}^{\infty}P(\xi_n\neq\bar{\xi}_n)\leqslant\sum_{n=1}^{\infty}P(|\psi(Y_n-s)|>A_n)\leqslant\sum_{n=1}^{\infty}\mathrm{E}|\psi(\mathrm{Y}_1-\mathrm{s})|^{\mathrm{r}}\mathrm{A}_{\mathrm{n}}^{-\mathrm{r}}<\infty。$$

因此，通过 Borel—Cantelli 引理，得到 $P(\xi_n\neq\bar{\xi}_n,\text{ i. o.})=0$，这就得到了：

$$\frac{1}{nh_n^d}\sum_{i=1}^{n}(\xi_i-\bar{\xi}_i)\xrightarrow{\text{a.s.}}0。\tag{2.1.34}$$

从(A3)(ii)和(A4)(ii),得到

$$\begin{aligned}\left|\frac{1}{nh_n^d}\sum_{i=1}^{n}(E\bar{\xi}_i-E\xi_i)\right|&\leqslant\frac{1}{h_n^d}E\left[\frac{1}{G(Y_i)}K\left(\frac{\mathbf{x}-\mathbf{X}_i}{h_n}\right)|\psi(Y_i-s)|I(|\psi(Y_i-s)|>A_n)\right]\\&\leqslant\frac{A_n^{1-r}}{h_n^d}E\left[\frac{1}{G(Y_i)}K\left(\frac{\mathbf{x}-\mathbf{X}_i}{h_n}\right)|\psi(Y_i-s)|^r\right]\\&=\frac{A_n^{1-r}}{\theta}\int_{\mathbb{R}^d}K(\mathbf{t})E[|\psi(Y_1-s)|^r\mid\mathbf{X}_1=\mathbf{x}-\mathbf{t}h_n]v(\mathbf{x}-\mathbf{t}h_n)d\mathbf{t}\\&\to0。\end{aligned}\tag{2.1.35}$$

设 $W_i=A_n^{-1}(\bar{\xi}_i-E\bar{\xi}_i)$。注意到 $\sup\limits_{1\leqslant i\leqslant n}|W_i|\leqslant 2G^{-1}(a_{\tilde{F}})\|K\|_\infty<\infty$ 和

$$\begin{aligned}EW_i^2&\leqslant\frac{1}{A_n^2}E\left[\frac{1}{G^2(Y_i)}K^2\left(\frac{\mathbf{x}-\mathbf{X}_i}{h_n}\right)(\psi(Y_i-s))^2I(|\psi(Y_i-s)|\leqslant A_n)\right]\\&\leqslant\frac{1}{G(a_{\tilde{F}})}E\left[\frac{1}{G(Y_i)}K^2\left(\frac{\mathbf{x}-\mathbf{X}_i}{h_n}\right)\right]\leqslant\frac{h_n^d}{\theta G(a_{\tilde{F}})}\int_{\mathbb{R}^d}K^2(\mathbf{s})v(\mathbf{x}-\mathbf{s}h_n)d\mathbf{s},\end{aligned}$$

这样由(A1)和(A3)(ii)得 $\sup\limits_{1\leqslant i\leqslant n}EW_i^2=O(h_n^d)$。对于 $i<j$,根据(A3),有

$$\begin{aligned}|\mathrm{Cov}(W_i,W_j)|&\leqslant C\left\{E\left[K\left(\frac{\mathbf{x}-\mathbf{X}_i}{h_n}\right)\left(\frac{\mathbf{x}-\mathbf{X}_j}{h_n}\right)\right]\right.\\&\qquad\left.+E\left|\frac{1}{G(Y_i)}K\left(\frac{\mathbf{x}-\mathbf{X}_i}{h_n}\right)\right|\cdot E\left|\frac{1}{G(Y_j)}\left(\frac{\mathbf{x}-\mathbf{X}_j}{h_n}\right)\right|\right\}\\&\leqslant Ch_n^{2d}\left\{\iint K(\mathbf{s})K(\mathbf{t})v_{j-i}^*(\mathbf{x}-\mathbf{s}h_n,\mathbf{x}-\mathbf{t}h_n)d\mathbf{s}d\mathbf{t}\right.\\&\qquad\left.+\left(\int K(\mathbf{s})v(\mathbf{x}-\mathbf{s}h_n)d\mathbf{s}\right)^2\right\}\\&=O(h_n^{2d})。\end{aligned}$$

应用引理 1.3,取 $X_i=W_i,n=j,l=\infty$,并注意到 $2(1-1/\gamma)>1$,有

$$D_m:=\max_{1\leqslant j\leqslant 2m}\mathrm{Var}\left(\sum_{i=1}^{j}W_i\right)\leqslant Cm((h_n^{2d})^{1-1/\gamma}+h_n^d)=O(mh_n^d)。$$

因此,根据引理 1.4,取 $m=[A_n]$,得到

$$\begin{aligned}&P\left(\left|\frac{1}{nh_n^d}\sum_{i=1}^{n}(\bar{\xi}_i-E\bar{\xi}_i)\right|>\epsilon\right)=P\left(\left|\sum_{i=1}^{n}W_i\right|>\epsilon nh_n^d/A_n\right)\\&\leqslant4\exp\left\{-\frac{\epsilon^2n^2h_n^{2d}/16A_n^2}{nm^{-1}D_m+2\|K\|_\infty G^{-1}(a_{\tilde{F}})\epsilon mnh_n^d/3A_n}\right\}+\frac{64\|K\|_\infty A_n}{\epsilon G(a_{\tilde{F}})nh_n^d}\cdot n\alpha(m)\\&\leqslant C[\exp\{-cnh_n^d/A_n^2\}+A_n\alpha([A_n])/h_n^d],\end{aligned}$$

这样得到 $\sum_{n=1}^{\infty}P\left(\left|(nh_n^d)^{-1}\sum_{i=1}^{n}(\bar{\xi}_i-E\bar{\xi}_i)\right|\geqslant\epsilon\right)<\infty$。通过 Borel-Cantelli 引理得

$$\frac{1}{nh_n^d}\sum_{i=1}^{n}(\bar{\xi}_i-E\bar{\xi}_i)\to 0 \quad \text{a. s. 。} \tag{2.1.36}$$

根据式 (2.1.34)—式(2.1.36),可证式(2.1.33)。

接下来,来证式(2.1.32)。注意到

$$|D_{n1}(\mathbf{x},s)|\leqslant\frac{\sup\limits_{y\geqslant a_{\bar{F}}}|G_n(y)-G(y)|}{G(a_{\bar{F}})-\sup\limits_{y\geqslant a_{\bar{F}}}|G_n(y)-G(y)|}\cdot\frac{1}{nh_n^d}\sum_{i=1}^{n}\frac{1}{G(Y_i)}K\left(\frac{\mathbf{x}-\mathbf{X}_i}{h_n}\right)|\psi(Y_i-s)|。\tag{2.1.37}$$

类似于式(2.1.33)的证明,有

$$\frac{1}{nh_n^d}\sum_{i=1}^{n}\left(\frac{|\psi(Y_i-s)|}{G(Y_i)}K\left(\frac{\mathbf{x}-\mathbf{X}_i}{h_n}\right)-E\left[\frac{|\psi(Y_i-s)|}{G(Y_i)}K\left(\frac{\mathbf{x}-\mathbf{X}_i}{h_n}\right)\right]\right)\xrightarrow{\text{a. s.}}0。\tag{2.1.38}$$

另外,通过简单的计算,得到

$$\frac{1}{nh_n^d}\sum_{i=1}^{n}E\left[\frac{1}{G(Y_i)}K\left(\frac{\mathbf{x}-\mathbf{X}_i}{h_n}\right)|\psi(Y_i-s)|\right]\to\frac{1}{\theta}\mathbb{E}[|\psi(Y-s)|\,|\,\mathbf{X}=\mathbf{x}]v(\mathbf{x}),$$

这样结合式(2.1.37)—式(2.1.38)和引理 1.7,得到 $D_{n1}(\mathbf{x},s)=O((log\log n/n)^{1/2})$ a. s。

因此就证明了式(2.1.32),从而式(2.1.31)成立,即定理 2.1.2 证明完毕。

定理 2.1.3 的证明 令 $\chi_n=\hat{m}_n(\mathbf{x})-m(\mathbf{x})$ 和

$$\bar{\chi}_n=\frac{\theta}{\lambda_1(\mathbf{x})v(\mathbf{x})}\cdot\frac{1}{nh_n^d}\sum_{i=1}^{n}\frac{1}{G_n(Y_i)}K\left(\frac{\mathbf{x}-\mathbf{X}_i}{h_n}\right)\psi(Y_i-m(\mathbf{x}))=\frac{\theta}{\lambda_1(\mathbf{x})v(\mathbf{x})}H_n(\mathbf{x},m(\mathbf{x}))$$

注意到 $(nh_n^d)^{1/2}\chi_n=(nh_n^d)^{1/2}(\chi_n-\bar{\chi}_n)+(nh_n^d)^{1/2}\bar{\chi}_n$。这样,只需要证明:

$$(nh_n^d)^{1/2}(\chi_n-\bar{\chi}_n)=o_p(1); \tag{2.1.39}$$

$$(nh_n^d)^{1/2}(\bar{\chi}_n-\mu_n)\xrightarrow{D}N(0,\sigma_1^2(x))。\tag{2.1.40}$$

第一步 先证式(2.1.39)。这里使用与 Bai 等(1992)中定理 2.4 的证明技巧。通过引理 2.1.1 和 $\bar{\chi}_n$ 的定义,对于满足 $c_n\to\infty$ 的序列 $\{c_n\}$ 和 $v>0$,有

$$\sup_{(nh_n^d)^{1/2}|s-m(x)|\leqslant c_n+v}\left|\sum_{i=1}^{n}\frac{1}{G_n(Y_i)}K\left(\frac{\mathbf{x}-\mathbf{X}_i}{h_n}\right)[\rho(Y_i-s)-\rho(Y_i-m(\mathbf{x}))]\right.$$

$$+\bar{\chi}_n \frac{1}{\theta}\lambda_1(\mathbf{x})v(\mathbf{x})nh_n^d(s-m(\mathbf{x}))-\frac{1}{2\theta}(m(\mathbf{x})-s)^2\lambda_1(\mathbf{x})v(\mathbf{x})nh_n^d\Bigg|$$

$$=o_p(1), \tag{2.1.41}$$

这样，取 $s=\bar{\chi}_n+m(\mathbf{x})$，可以得到

$$\sum_{i=1}^{n}\frac{1}{G_n(Y_i)}K\left(\frac{\mathbf{x}-\mathbf{X}_i}{h_n}\right)[\rho(Y_i-\bar{\chi}_n-m(\mathbf{x}))-\rho(Y_i-m(\mathbf{x}))]+$$

$$\bar{\chi}_n^2\frac{1}{2\theta}\lambda_1(\mathbf{x})v(\mathbf{x})nh_n^d=o_p(1),$$

这样由式(2.1.41)，有

$$\sup_{(nh_n^d)^{1/2}|s-m(x)-\bar{\chi}_n|=v}\Bigg|\sum_{i=1}^{n}\frac{1}{G_n(Y_i)}K\left(\frac{\mathbf{x}-\mathbf{x}_i}{h_n}\right)[\rho(Y_i-s)-\rho(Y_i-\bar{\chi}_n-m(\mathbf{x}))]$$

$$-\frac{\lambda_1(\mathbf{x})v(\mathbf{x})nh_n^d}{2\theta}(s-m(\mathbf{x})-\bar{\chi}_n)^2\Bigg|=o_p(1)。 \tag{2.1.42}$$

注意到当 $(nh_n^d)^{1/2}|s-m(\mathbf{x})-\bar{\chi}_n|=v$ 时，

$$\theta^{-1}\lambda_1(\mathbf{x})v(\mathbf{x})nh_n^d(s-m(\mathbf{x})-\bar{\chi}_n)^2=\theta^{-1}\lambda_1(\mathbf{x})v(\mathbf{x})v^2。 \tag{2.1.43}$$

根据式(2.1.42)和式(2.1.43)，当 n 足够大时，有

$$P\left\{\inf_{(nh_n^d)^{1/2}|s-m(x)-\bar{\chi}_n|=v}\sum_{i=1}^{n}\frac{1}{G_n(Y_i)}K\left(\frac{\mathbf{x}-\mathbf{X}_i}{h_n}\right)[\rho(Y_i-s)-\rho(Y_i-\bar{\chi}_n-m(\mathbf{x}))]\right.$$

$$\left.\leqslant 0\right\}\to 0。$$

根据 $\rho(\cdot)$ 的凸性，这意味着

$$P\left\{\inf_{(nh_n^d)^{1/2}|s-m(\mathbf{x})-\bar{\chi}_n|\geqslant v}\sum_{i=1}^{n}\frac{1}{G_n(Y_i)}K\left(\frac{\mathbf{x}-\mathbf{X}_i}{h_n}\right)\rho(Y_i-s)\right.$$

$$\left.\leqslant\sum_{i=1}^{n}\frac{1}{G_n(Y_i)}K\left(\frac{\mathbf{x}-\mathbf{X}_i}{h_n}\right)\rho(Y_i-\bar{\chi}_n-m(\mathbf{x}))\right\}\to 0。$$

根据 $\hat{m}_n(\mathbf{x})$ 的定义，有

$$P((nh_n^d)^{1/2}|\chi_n-\bar{\chi}_n|\geqslant v)=P((nh_n^d)^{1/2}|\hat{m}_n(\mathbf{x})-m(\mathbf{x})-\bar{\chi}_n|\geqslant v)\to 0。$$

由于 v 是任意的，这样式(2.1.39)成立。

第二步　证明式(2.1.40)。根据式(2.1.23)，有

$$H_n(\mathbf{x},m(\mathbf{x}))=D_{n1}(\mathbf{x},m(\mathbf{x}))+D_{n2}(\mathbf{x},m(\mathbf{x}))。$$

类似于式(2.1.25)的证明，显而易见：

$$(nh_n^d)^{1/2}D_{n1}(\mathbf{x},m(\mathbf{x}))=O_p(h_n^{d/2})=o_p(1)。 \tag{2.1.44}$$

由于 $(nh_n^d)^{1/2}(\bar{\chi}_n-\mu_n)=(nh_n^d)^{1/2}\theta(\lambda_1(\mathbf{x})v(\mathbf{x}))^{-1}[D_{n1}(\mathbf{x},m(\mathbf{x}))+D_{n2}(\mathbf{x},m(\mathbf{x}))-B_n]$，这样根据式(2.1.44)，只需要证明

$$ED_{n2}(\mathbf{x},m(\mathbf{x}))=B_n=O(h_n^{\beta})； \tag{2.1.45}$$

$$(nh_n^d)^{1/2}(D_{n2}(\mathbf{x},m(\mathbf{x}))-ED_{n2}(\mathbf{x},m(\mathbf{x})))\xrightarrow{D}N(0,\sigma^2(m(\mathbf{x})))。\tag{2.1.46}$$

先证明式(2.1.45)。观察到

$$\begin{aligned}ED_{n2}(\mathbf{x},m(\mathbf{x}))&=\frac{1}{h_n^d}E\left(\frac{1}{G(Y_1)}K\left(\frac{\mathbf{x}-\mathbf{X}_1}{h_n}\right)\psi(Y_1-m(\mathbf{x}))\right)\\&=\frac{1}{\theta h_n^d}\mathbb{E}\left(K\left(\frac{\mathbf{x}-\mathbf{X}_1}{h_n}\right)\psi(Y_1-m(\mathbf{x}))\right):=B_n。\end{aligned}\tag{2.1.47}$$

另外,从(B3)(i)和式(2.1.9),有

$$\begin{aligned}|B_n|&=\frac{1}{\theta h_n^d}\left|\mathbb{E}K\left(\frac{\mathbf{x}-\mathbf{X}_1}{h_n}\right)\psi(Y_1-m(\mathbf{x}))\right|\\&\leqslant\frac{1}{\theta h_n^d}\mathbb{E}\left\{K\left(\frac{\mathbf{x}-\mathbf{X}_1}{h_n}\right)|\lambda_1(\mathbf{X}_1)(m(\mathbf{X}_1)-m(\mathbf{x}))|\right\}\\&\leqslant Ch_n^\beta|\lambda_1(\mathbf{x})|v(\mathbf{x})=O(h_n^\beta)。\end{aligned}\tag{2.1.48}$$

因此,通过式(2.1.47)和式(2.1.48),得到了式(2.1.45)。

接下来,证明式(2.1.46)。设

$$(nh_n^d)^{1/2}(D_{n2}(\mathbf{x},m(\mathbf{x}))-ED_{n2}(\mathbf{x},m(\mathbf{x})))=n^{-1/2}\sum_{i=1}^n\widetilde{Z}_i,$$

$$\begin{aligned}\widetilde{Z}_i=h_n^{-d/2}\Big\{&G^{-1}(Y_i)K\left(\frac{\mathbf{x}-\mathbf{x}_i}{h_n}\right)\psi(Y_i-m(x))\\&-E\left[G^{-1}(Y_i)K\left(\frac{\mathbf{x}-\mathbf{x}_i}{h_n}\right)\psi(Y_i-m(\mathbf{x}))\right]\Big\}。\end{aligned}$$

这样只需要证明

$$n^{-1/2}\sum_{i=1}^n\widetilde{Z}_i\xrightarrow{D}N(0,\sigma^2(m(\mathbf{x})))。\tag{2.1.49}$$

现在,用分块方法来证明式(2.1.49)。条件(B1)蕴含了存在正整数序列 $\delta_n\to\infty$,使得 $\delta_n q=o((nh_n^d)^{1/2})$,$\delta_n(nh_n^{-d})^{1/2}\alpha(q)\to 0$. 设 $p:=p_n=[(nh_n^d)^{1/2}/\delta_n]$,则

$$q/p\to 0,\omega\alpha(q)\to 0,\omega q/n\to 0,p/n\to 0,p/(nh_n^d)^{1/2}\to 0。\tag{2.1.50}$$

设 $\omega:=\omega_n=[n/(p+q)]$,将集合 $\{1,2,\cdots,n\}$ 划分为 $2\omega_n+1$ 子集,其中包含大小为 p 的大块和大小为 q 的小块。令:

$$\eta_{mn}=\sum_{i=k_m}^{k_m+p-1}\widetilde{Z}_i,\eta'_{mn}=\sum_{j=l_m}^{l_m+q-1}\widetilde{Z}_i,\eta''_{\omega n}=\sum_{k=\omega(p+q)+1}^{n}\widetilde{Z}_i,$$

这里 $k_m=(m-1)(p+q)+1,l_m=(m-1)(p+q)+p+1,m=1,\cdots,$

ω。这样有

$$n^{-1/2}\sum_{i=1}^{n}\widetilde{Z}_i = n^{-1/2}\Big\{\sum_{i=1}^{\omega}\eta_{mn}+\sum_{i=1}^{\omega}\eta'_{mn}+\eta''_{\omega n}\Big\} := n^{-1/2}\{S'_n+S''_n+S'''_n\}。$$

因此，为了证明式(2.1.49)，只需要证明下列 3 个结果即可。

$$n^{-1}E(S''_n)^2\to 0, n^{-1}E(S'''_n)^2\to 0, \mathrm{Var}(n^{-1/2}S'_n)\to\sigma^2(m(\mathbf{x})), \tag{2.1.51}$$

$$\Big|E\exp\Big(it\sum_{m=1}^{\omega}n^{-1/2}\eta_{mn}\Big)-\prod_{m=1}^{\omega}E\exp(itn^{-1/2}\eta_{mn})\Big|\to 0, \tag{2.1.52}$$

$$g_n(\varepsilon)=\frac{1}{n}\sum_{m=1}^{\omega}E\eta_{mn}^2 I(|\eta_{mn}|>\varepsilon\sqrt{n}\sigma(m(x)))\to 0\quad\forall\varepsilon>0。 \tag{2.1.53}$$

先来证明式(2.1.51)。记

$$\begin{aligned}\frac{1}{n}E(S''_n)^2 &= \frac{1}{n}\sum_{m=1}^{\omega}\sum_{j=l_m}^{l_m+q-1}E\widetilde{Z}_i^2+\frac{2}{n}\sum_{m=1}^{\omega}\sum_{l_m\leqslant i<j\leqslant l_m+q-1}\mathrm{Cov}(\widetilde{Z}_i,\widetilde{Z}_j)\\&\quad+\frac{2}{n}\sum_{1\leqslant i<j\leqslant\omega}\mathrm{Cov}(\eta'_{in},\eta'_{jn})\\&:= L_{1n}(x)+L_{2n}(x)+L_{3n}(x)。\end{aligned}$$

与式(2.1.29)的证明类似，有

$$E\widetilde{Z}_i^2\to\frac{\kappa}{\theta}E\Big[\frac{\psi^2(Y-m(x))}{G(Y)}\mid\mathbf{X}=\mathbf{x}\Big]v(\mathbf{x})=\sigma^2(m(\mathbf{x})), \tag{2.1.54}$$

这样由式(2.1.50)得 $L_{1n}(\mathbf{x})=O(\omega q/n)\to 0$。类似式(2.1.30)的证明，得到

$$\frac{1}{n}\sum_{1\leqslant i<j\leqslant n}|\mathrm{Cov}(\widetilde{Z}_i,\widetilde{Z}_j)|\to 0, \tag{2.1.55}$$

由此得到了 $L_{2n}(\mathbf{x})\to 0$ 和 $L_{3n}(\mathbf{x})\to 0$。

根据式(2.1.50)，式(2.1.54)和式(2.1.55)中，类似于 Liang 和 de Uña-Álvarez (2009)中结论的证明，可以很容易地验证 $n^{-1}E(S'''_n)^2\to 0$，$\mathrm{Var}(n^{-1/2}S'_n)\to\sigma^2(m(\mathbf{x}))$ 和式(2.1.52)。

现在，证明式(2.1.53)。显而易见 $E|\widetilde{Z}_1|^r=O(h_n^{-d(r/2-1)})$。取 $p=1+r/2,\lambda=q=r$，则 $\gamma\geqslant pq/[2(q-p)]=[r(r+2)]/[2(r-2)]$。因此，根据引理 1.5，有：

$$\begin{aligned}E\eta_{mn}^2 I(|\eta_{mn}|>\varepsilon\sqrt{n}\sigma(m(\mathbf{x})))&\leqslant C(\mathbf{x})n^{-(r-2)/4}E|\eta_{mn}|^{1+r/2}\\&\leqslant C(\mathbf{x})n^{-(r-2)/4}p^{(1+r/2)/2}(E|\widetilde{Z}_1|^r)^{(1+r/2)/r}\end{aligned}$$

$$\leqslant C(\mathbf{x})n^{-(r-2)/4}p^{(2+r)/4}h_n^{d(4-r^2)/4r}。$$

因此，通过条件(B4)得到

$$g_n(\varepsilon) \leqslant C(\mathbf{x})n^{[-(r-2)/4+1]}\omega p^{(2+r)/4}h_n^{d(4-r^2)/4r}$$
$$\leqslant C(\mathbf{x})\delta_n^{-(r-2)/4}(n^{-1}h_n^{-d(1+4/r)})^{(r-2)/8} \to 0。$$

定理 2.1.3 证明完成。

2.2　左截断相依数据下非参数回归的局部 M 估计

设 $\{(X_i, Y_i), i \geqslant 1\}$ 是来自总体 (X, Y) 的样本数据。多年来，已经有很多方法用来估计 $m(x) = E(Y \mid X = x)$。例如，NW 核估计、样条估计以及 LP 方法等。在这些方法中，由于 LP 方法具有很多优良的性质，受到非常多的关注，详细介绍可参阅 Fan 和 Gijbels (1996) 这本书。虽然 LP 估计有许多优点，但是它并不稳健。它容易受异常值的影响，还有当误差分布为重尾时，该 LP 估计的效果也不理想。为了克服不稳健的缺陷，自然需要 M 估计。对回归函数的 M 估计已得到许多学者的研究，见文献 Hall 和 Jones (1990)以及 Zhu 和 Ng(1995)。

Fan 和 Jiang (2000) 结合 LP 方法，在变窗宽下，构造了回归函数的局部 M 估计；在相依样本下，Jiang 和 Mack (2001) 及 Cai 和 Ould-Saïd (2003)分别研究了回归函数的稳健 LP 估计以及局部线性 M 估计。这里需要指出的是，上面提到这些文献都是对完全数据进行研究，王等(2012)在左截断相依数据下研究回归函数的局部 M 估计。

2.2.1　局部 M 估计的构造

假设 $m(x)$ 在点 x 处存在连续的 $(p+1)$ 阶导数，这样 $m(z)$ 在 x 的邻域内可以用一个 p 次多项式逼近：

$$m(z) \approx m(x) + \cdots + m^{(p)}(x)(z-x)^p/p! := \beta_0 + \cdots + \beta_p(z-x)^p。$$

在完全数据模型，设样本为 $\{X_i, Y_i\}, i = 1, 2, \cdots, N$, Jiang 和 Mack (2001)构造出回归函数 $m(x)$ 及其导函数的局部 M 估计，即寻找 β_i 使得下式达到最小：

$$\sum_{i=1}^{N}\rho\left(Y_i - \sum_{j=0}^{p}\beta_j(X_i - x)^j\right)K\left(\frac{X_i - x}{h_N}\right), \tag{2.2.1}$$

这里 $\rho(\cdot)$ 是一个抗异常值干扰的函数，$0 < h_N \to 0(N \to \infty)$ 为窗宽，$K(\cdot)$ 为核函数。

设随机向量序列 $\{(X_k, Y_k, T_k), 1 \leqslant k \leqslant N\}$ 来自总体 (X, Y, T)，这里

T 为左截断变量，Y 具有连续的分布函数 $\widetilde{F}$。假设 T 和 (X,Y) 是相互独立的，且 T 的分布函数 G 是连续的。设 $F(\cdot,\cdot)$ 和 $f(\cdot,\cdot)$ 分别为 (X,Y) 的联合分布函数和联合概率密度。在左截断数据下，为了方便起见，设 $(X_1, Y_1, T_1), \cdots, (X_n, Y_n, T_n)$ 为实际观察到的样本(即满足 $Y_i \geqslant T_i, 1 \leqslant i \leqslant n$)。在左截断数据下，Ould-Saïd 和 Lemdani(2006)构造了回归函数 $m(\cdot)$ 的 NW 估计 $m_n^*(x)$：

$$m_n^*(x) = \frac{\sum_{i=1}^{n} Y_i G_n^{-1}(Y_i) K\left(\frac{X_i - x}{h_n}\right)}{\sum_{i=1}^{n} G_n^{-1}(Y_i) K\left(\frac{X_i - x}{h_n}\right)}。\tag{2.2.2}$$

实际上，估计 NW 可以看作下列优化问题的解：

$$m_n^*(x) = \arg\min_a \sum_{i=1}^{n} G_n^{-1}(Y_i) K\left(\frac{X_i - x}{h_n}\right) \rho(Y_i - a),\tag{2.2.3}$$

这里 $\rho(\mu) = \mu^2$，它就是最小二乘准则。由于最小二乘估计是不稳健的，因此 NW 和 LP 估计也是不稳健的。为了克服这个缺陷，通过 LP 方法来构造回归函数的局部 M 估计。由于左截断模型下观察到的样本是 $(X_k, Y_k, T_k), k = 1, 2, \cdots, n$，因此式(2.2.1)不能直接用于左截断模型。受式(2.2.3)的启发，$\boldsymbol{\beta}(x) := (m(x), \cdots, m^{(p)}(x)/p!)^{\mathrm{T}}$ 的局部 M 估计定义为

$$\hat{\boldsymbol{\beta}}(x) = (\hat{m}_n(x), \cdots, \hat{m}_n^{(p)}(x)/p!)^{\mathrm{T}} := \stackrel{\text{def}}{=} (\hat{\beta}_0(x), \cdots, \hat{\beta}_p(x))^{\mathrm{T}},$$

它是使下式达到最小的 β_j：

$$\sum_{i=1}^{n} G_n^{-1}(Y_i) K_{h_n}(X_i - x) \rho\Big(Y_i - \sum_{j=0}^{p} \beta_j (X_i - x)^j\Big),\tag{2.2.4}$$

或寻找使下列方程组 $(k = 0, 1, \cdots, p)$ 满足的 β_j，

$$\Psi_{nk}(\boldsymbol{\beta}(x)) \stackrel{\text{def}}{=} \sum_{i=1}^{n} G_n^{-1}(Y_i) K_{h_n}(X_i - x) \psi\Big(Y_i - \sum_{j=0}^{p} \beta_j (X_i - x)^j\Big)(X_i - x)^k = 0,\tag{2.2.5}$$

其中 $K_{h_n}(\cdot) = K(\cdot / h_n)/h_n$，$\Psi(\cdot)$ 为 $\rho(\cdot)$ 的导数。

注 2.2.1　(a) 当 $\rho(\mu) = \mu^2$ 时，$\boldsymbol{\beta}(x)$ 的 LP 估计由式(2.2.4)可以导出。

(b) $\rho(\cdot)$ 或 $\psi(\cdot)$ 的选择对于 M 估计非常重要。对左截断模型，取 $\rho(t) = t^2$ 和 $p = 0$，估计 $\hat{m}_n(x)$ 变为 NW 估计 $m_n^*(x)$。除了上面 NW 的估计外，选取 $\rho(t) = |t|$，式(2.2.4)导出了最小绝对距离估计(LADE)。为了获得一个更稳健的估计，Huber (1981)选择

$$\rho(t)=\begin{cases}t^2/2, & |t|<k\\ k|t|-k^2/2, & |t|\geqslant k\end{cases},$$

这样由式(2.2.4)导出了混合的 LSE 和 LADE 估计。

2.2.2 局部 M 估计的主要结果

在给出主要结果之前，先引入一些注记。设 $\varepsilon=Y-m(X)$，

$$\mathbf{H}=\operatorname{diag}(1,h_n,\cdots,h_n^p),\mu_j=\int_{\mathbb{R}}t^jK(t)dt,v_j=\int_{\mathbb{R}}t^jK^2(t)dt,$$

$$\mathbf{S}=\begin{pmatrix}\mu_0 & \cdots & \mu_p\\ \vdots & \ddots & \vdots\\ \mu_p & \cdots & \mu_{2p}\end{pmatrix},\mathbf{S}^*=\begin{pmatrix}v_0 & \cdots & v_p\\ \vdots & \ddots & \vdots\\ v_p & \cdots & v_{2p}\end{pmatrix},\mu=\begin{pmatrix}\mu_{p+1}\\ \vdots\\ \mu_{2p+1}\end{pmatrix}。$$

(1)估计量的相合性

本节给出估计量 $\boldsymbol{\beta}(x)$ 的强弱相合性。为此，给出下列假设条件：

(A0) $a_G<a_{\tilde{F}}$ 和 $b_G<b_{\tilde{F}}$。

(A1) $K(\cdot)$ 为连续的概率密度函数，且有界支撑，不妨设为$[-1,1]$。

(A2) 回归函数 $m(\cdot)$ 在点 x_0 上具有连续的 $(p+1)$ 阶导数。

(A3) 窗宽 h_n 满足 $h_n\to 0$ 和 $nh_n\to\infty$。

(A4) 对 $x\in U(x_0)$，有 $\mathbb{E}[\psi(\varepsilon)\mid X=x]=0$。

(A5) X 的密度函数 $f_X(x)$ 在点 x_0 处连续，且 $f_X(x_0)>0$。

(A6) 函数 $\psi(\cdot)$ 是连续的，并且几乎处处存在导数 $\psi'(\cdot)$，进一步假设：

(i) 函数 $\Lambda_1(x)=\mathbb{E}[\psi'(\varepsilon)\mid X=x]$ 和 $\Lambda_2(x)=\mathbb{E}[G^{-1}(Y)\psi^2(\varepsilon)\mid X=x]$ 在点 x_0 处是正的并且连续。

(ii) 存在 $\gamma>0$ 使得对 $l=0$ 和 1，$\mathbb{E}[|\psi^{(l)}(\varepsilon)|^{2+\gamma}\mid X=x]$ 在 $x\in U(x_0)$ 上有界。

(A7) $\psi'(\cdot)$ 满足 $\mathbb{E}[\sup\limits_{|z|\leqslant\delta}|\psi'(\varepsilon+z)-\psi'(\varepsilon)|\mid X=x]=o(1)$，$\mathbb{E}[\sup\limits_{|z|\leqslant\delta}|\psi(\varepsilon+z)-\psi(\varepsilon)-\psi'(\varepsilon)z|\mid X=x]=o(\delta)$，$(\delta\to 0)$ 在 $x\in U(x_0)$ 上一致成立。

(A8) 对所有的 $j\geqslant 1$ 和 $(\mu,v)\in U(x_0)\times U(x_0)$，则：

(i) $E[|\psi(\varepsilon_1)\psi(\varepsilon_{1+j})|\mid X_1=\mu,X_{1+j}=v]$ 和 $E[|\psi'(\varepsilon_1)\psi'(\varepsilon_{1+j})|\mid X_1=\mu,X_{1+j}=v]$ 有界。

(ii) $h^*(\mu,v;j)$ 有界的，这里 $h^*(\mu,v;j)$ 为 (X_1,X_{1+j}) 的条件联合概率密度。

(A9) 样本 $\{(X_k,Y_k,T_k),1\leqslant k\leqslant n\}$ 为平稳的 α 混合随机序列，并且

混合系数 $\alpha(n)$ 满足对某个 $b > \gamma/(\gamma+2)$，$\sum_{n=1}^{\infty} n^b[\alpha(n)]^{\gamma/(\gamma+2)} < \infty$，这里 γ 和 (A6)(*ii*) 中的一样。

(A10) 对 $\delta \to 0$，$\sup_{|z|\leqslant\delta} |\psi'(\varepsilon+z)-\psi'(\varepsilon)| \overset{a.s.}{=} o(1)$ 和 $\sup_{|z|\leqslant\delta} |\psi(\varepsilon+z)-\psi(\varepsilon)-\psi'(\varepsilon)z| \overset{a.s.}{=} o(\delta)$。

(A11) $\sup_{|z|\leqslant\tilde{\omega}_n} |\psi(\varepsilon+z)-\psi(\varepsilon)-\psi'(\varepsilon)z| = o_p(\tilde{\omega}_n)$ 和 $\tilde{\omega}_n = o_p(1)$。

定理 2.2.1　假设对某个 $k > 3$，$\alpha(n) = O(n^{-k})$，并且条件(A0)—(A9) 满足，则式 (2.2.5) 的解存在，记其为 $\hat{\boldsymbol{\beta}}(x_0)$，并且满足 $\mathbf{H}(\hat{\boldsymbol{\beta}}(x_0)-\boldsymbol{\beta}(x_0)) \xrightarrow{P} \mathbf{0}$ 。

定理 2.2.2　在定理 2.2.1 的条件下，假设 $E|\psi(\varepsilon)|^{2+\gamma} < \infty$ 和 (A10)成立，并且存在非降的正数列 $\{A_n\}$ 满足 $A_n \to \infty$，

$$\sum_{n=1}^{\infty} A_n^{-(2+\gamma)} < \infty \text{ 和 } \sum_{n=1}^{\infty}\left(\frac{A_n}{h_n}\right)^{1+k} n^{-k}(\log n)^{2k} < \infty, \tag{2.2.6}$$

则 $\mathbf{H}(\hat{\boldsymbol{\beta}}(x_0)-\boldsymbol{\beta}(x_0)) \xrightarrow{a.s.} \mathbf{0}$ 。

注 2.2.2　条件(A9)和式(2.2.6)容易被满足。设 $\alpha(n) = O(n^{-k})$，取 $A_n = (nh_n)^{1/2}$，$h_n = Cn^{-1/2(1/2-1/(2+\gamma))}$，对(A9)中的 b，如果 $k > \max\{(b+1)(2+\gamma)/\gamma, (24+13\gamma)/(8+3\gamma)\}$ 成立，则

$$\sum_{n=1}^{\infty} n^b[\alpha(n)]^{\gamma/(2+\gamma)} \leqslant C\sum_{n=1}^{\infty} n^{b-k\gamma/(2+\gamma)} < \infty, \sum_{n=1}^{\infty} A_n^{-(2+\gamma)} \leqslant C\sum_{n=1}^{\infty} n^{-(1+3\gamma/8)} < \infty,$$

$$\sum_{n=1}^{\infty}\left(\frac{A_n}{h_n}\right)^{1+k} n^{-k}(\log n)^{2k} \leqslant C\sum_{n=1}^{\infty}(\log n)^{2k} n^{-[(3\gamma+8)k-(8+5\gamma)]/8(2+\gamma)} < \infty。$$

(2) 估计量的渐近正态性

为了给出 $\boldsymbol{\beta}(x_0)$ 的渐近正态性，需要下列假设条件：

(B1) 存在 $\phi > 2+\gamma$，这里 γ 如(A6)(ii)所示，使得 $\mathbb{E}[|\psi(\varepsilon)|^{\phi} | X = x]$ 在 $x \in U(x_0)$ 上有界，并且对某个 $k > \max\{3, (\gamma+1)\phi/(\phi-2-\gamma)\}$，$\alpha(n) = O(n^{-k})$。

(B2) $n^{-\gamma/4} h_n^{(2+\gamma)/\phi-1-\gamma/4} = O(1)$，这里 γ 和 ϕ 分别如(A6)(ii)和(B1)中的所示。

(B3) 存在正整数列 q_n，满足 $q_n = o(\sqrt{nh_n})$ 和 $\lim_{n\to\infty}(nh_n^{-1})^{1/2}\alpha(q_n) = 0$。

定理 2.2.3　假设条件(A0)—(A9)，(A11)和(B1)—(B3)成立，则

$$\sqrt{nh_n}\left(\mathbf{H}[\hat{\boldsymbol{\beta}}(x_0)-\boldsymbol{\beta}(x_0)] - \frac{h_n^{p+1} m^{(p+1)}(x_0)}{(p+1)!}\mathbf{S}^{-1}\boldsymbol{\mu}(1+o_p(1))\right)$$

$$\xrightarrow{D} N\left(\mathbf{0}, \frac{\theta\sigma^2(x_0)\mathbf{S}^{-1}\mathbf{S}^*\mathbf{S}^{-1}}{f_X(x_0)}\right),$$

这里 $\sigma^2(x_0) = \Lambda_2(x_0)/\Lambda_1^2(x_0)$。

定理 2.2.4 在定理 2.2.3 的条件下，对 $0 \leqslant \nu \leqslant p$，有

$$\sqrt{nh_n^{2\nu+1}}\left(\hat{m}_n^{(\nu)}(x_0) - m^{(\nu)}(x_0) - \frac{m^{(p+1)}(x_0)\nu!B_\nu}{(p+1)!}h_n^{p+1-\nu}(1+o_p(1))\right)$$

$$\xrightarrow{D} N(0,\theta\sigma^2(x_0)f_X^{-1}(x_0)(\nu!)^2V_\nu),$$

这里，B_ν 和 V_ν 分别为 $\mathbf{S}^{-1}\boldsymbol{\mu}$ 的第 ν 分量和 $\mathbf{S}^{-1}\mathbf{S}^*\mathbf{S}^{-1}$ 的主对角线上的第 ν 个元素。

从定理 2.2.3 知，若 $\theta \to 1$，得下列推论，正是 Jiang 和 Mack(2001)的定理 3.1。

推论 2.2.1 在定理 2.2.3 的条件下，如果 $\theta \to 1$，则：

$$\sqrt{nh_n}\left(\mathbf{H}[\hat{\boldsymbol{\beta}}(x_0) - \boldsymbol{\beta}(x_0)] - \frac{h^{(p+1)}{}_n m^{p+1}(x_0)}{(p+1)!}\mathbf{S}^{-1}\boldsymbol{\mu}(1+o_p(1))\right)$$

$$\xrightarrow{D} N\left(0,\frac{\sigma_1^2(x_0)\mathbf{S}^{-1}\mathbf{S}^*\mathbf{S}^{-1}}{f_X(x_0)}\right),$$

这里 $\sigma_1^2(x_0) = \Lambda_{21}(x_0)/\Lambda_1^2(x_0)$ 和 $\Lambda_{21}(x_0) = \mathbb{E}[\psi^2(\varepsilon) \mid X = x]$。

接下来，运用定理 2.2.4 构造 $m(x_0)$ 的置信区间。这需要定义渐近方差的估计量，θ 用第 1 章中 1.4 节给出的 θ_n 估计。$\sigma^2(x_0)$ 的估计构造如下：选择 Huber 型的 ψ 函数：$\psi_\tau(u) = \max\{-\tau, \min(\tau, u)\}$，其中 τ 为参数。理论上，应该选择 τ_{opt} 使得 $\sigma^2(x_0)$ 最小，但 $\sigma^2(x_0)$ 中包含了误差的未知分布。这里分别定义 $\Lambda_1(x_0)$ 和 $\Lambda_2(x_0)$ 的估计量如下：

$$\hat{\Lambda}_{1n}(x_0) = \frac{\theta_n}{nh_n}\sum_{i=1}^{n}\frac{\psi'_\tau(\hat{\varepsilon}_i)}{G_n(Y_i)}K\left(\frac{X_i - x_0}{h_n}\right),$$

$$\hat{\Lambda}_{2n}(x_0) = \frac{\theta_n}{nh_n}\sum_{i=1}^{n}\frac{\psi_\tau^2(\hat{\varepsilon}_i)}{G_n^2(Y_i)}K\left(\frac{X_i - x_0}{h_n}\right),$$

式中 $\hat{\varepsilon}_i = Y_i - \hat{m}(x_0)$，$\hat{m}(x_0)$ 为 $m(x_0)$ 的任意一致性估计，如 NW 估计 $m_n^*(x_0)$。因此，τ 的一个可行选择是寻找 $\hat{\tau}$，使得 $\hat{\sigma}_n^2(x_0) = \hat{\Lambda}_{2n}(x_0)/\hat{\Lambda}_{1n}^2(x_0)$ 达到最小。最后，$f_X(x_0)$ 的估计定义为

$$\hat{f}_X(x_0) = \frac{\theta_n}{nh_n}\sum_{i=1}^{n}\frac{1}{G_n(Y_i)}K\left(\frac{X_i - x_0}{h_n}\right)。$$

这样对 $p = 1$，有以下推论。

推论 2.2.2 在定理 2.2.4 的条件下，如果 $nh_n^5 \to 0$，则 $m(x_0)$ 的渐近水平为 $1 - \zeta$ 的置信区间为

$$\left[\hat{m}_n(x_0)-\mu_{1-\zeta/2}\,\hat{\sigma}_n(x_0)\sqrt{\theta_n V_0/(nh_n\hat{f}_X(x_0))},\hat{m}_n(x_0)+\mu_{1-\zeta/2}\,\hat{\sigma}_n(x_0)\sqrt{\theta_n V_0/(nh_n\hat{f}_X(x_0))}\right]$$

这里，$\mu_{1-\zeta/2}$ 为标准正态分布 $(1-\zeta/2)$ 分位，$V_0=(\mu_2^2v_0-2\mu_1\mu_2v_1+\mu_1^2v_2)/(\mu_0\mu_2-\mu_1^2)^2$。

注 2.2.3 定理 2.2.4 实际上蕴涵了估计 $\hat{m}^{(\nu)}(x_0)$ 的最优窗宽，即使得估计量的渐近均方误差达到最小的窗宽：

$$h_{\nu,\mathrm{opt}}=\left(\frac{(2\nu+1)\{(p+1)!\}^2\theta\sigma^2(x_0)f_X^{-1}(x_0)V_\nu}{2(p+1-\nu)\{m^{(p+1)}(x_0)\}^2B_\nu^2}\right)^{1/(2p+3)}\frac{1}{n^{1/(2p+3)}}。$$

2.2.3 局部 M 估计的模拟研究

本节通过模拟研究回归函数 $m(x)$ 的局部 M 估计 $\hat{m}_n(x)$ 的有限样本表现。具体的模拟内容包含：在 $p=1$ 下，(i)通过估计量的整体均方误差(GMSE)，比较局部 M 估计、LP 估计以及 NW 估计的效果，通过图形比较 3 种估计量的拟合效果；(ii)在 $x=0.2$ 处，通过直方图和正态概率图拟合局部 M 估计 $\hat{m}_n(x)$ 的渐近正态性。考虑下列模型：

$$Y_i=0.3\exp\{-4(X_i+1)^2\}+0.7\exp\{-16(X_i-1)^2\}+\varepsilon_i。\tag{2.2.7}$$

为了获得左截断后的观察样本为 α 混合序列，仍沿用 2.1.3 节的方法，$\{X_i,i\geqslant 1\}$ 为

$$X_i=-0.4X_{i-1}+e_i,\ e_iN(0,0.8^2)。$$

$T_i\sim N(\mu,1)$，这里 μ 为了获得不同的截断比例 θ。由 X_i 的 α 混合序列性可知，(X_i,Y_i,T_i) 仍为 α 混合序列。模型(2.2.7)中的 ε_i 选择下列不同的分布，(d)中的 $\varsigma=0.217$，

(a)标准正态分布：$\varepsilon_i\sim N(0,1)$。

(b) 污染正态分布：$\varepsilon_i\sim 0.85N(0,1)+0.15N(0,8^2)$。

(c)Cauchy 分布：$\varepsilon_i\sim C(0,1)$。

(d)污染正态分布：$\varepsilon_i\sim 0.1N(0,25\varsigma^2)+0.9N(0,\varsigma^2)$。

(1)估计量之间的比较

由模型(2.2.7)分别产生出样本容量 $n=200$,500 和 800 的观察数据。在表 2-3 中，分别取左截断比例 $\theta\approx 30\%$,60%,90%，模拟重复次数 $M=100$，计算出 $\hat{m}_n$,$\hat{m}_n^*$ 和 m_n^* 的 GMSE。核函数选取 Epanechnikov 型核函数 $K(\mu)=\frac{3}{4}(1-\mu^2)_+$，选择 Huber 型函数 $\psi_\tau(\mu)=\max\{-\tau,\min\{\mu,\tau\}\}$，这

里 $\tau=1.2$。窗宽选取的方法是：给出预定的 h_n，范围从 0.05 到 1，增量为 0.02，选择使得 GMSE 达到最小的窗宽。估计量 $\hat{m}$ 的 GMSE 定义为：

$$\text{GMSE}(\hat{m})=\frac{1}{Mn}\sum_{l=1}^{M}\sum_{i=1}^{n}(\hat{m}(X_i,l)-m(X_i,l))^2。$$

表 2-3 估计量 $\hat{m}_n$，$\hat{m}_n^*$ 和 m_n^* 的 GMSE

(a)					(b)			(c)		
θ	n	$\hat{m}_n$	$\hat{m}_n^*$	m_n^*	$\hat{m}_n$	$\hat{m}_n^*$	m_n^*	$\hat{m}_n$	$\hat{m}_n^*$	m_n^*
30%	200	0.0345	0.0352	0.0371	0.1476	0.8153	0.9703	0.1336	4.7513	6.8112
	500	0.0264	0.0306	0.0337	0.1135	0.7324	0.8608	0.0983	4.0128	5.1092
	800	0.0185	0.0254	0.0284	0.0899	0.5002	0.6151	0.0616	3.3217	4.2587
60%	200	0.0194	0.0208	0.023	0.1018	0.6125	0.6872	0.0789	3.8278	4.2004
	500	0.0131	0.0175	0.0217	0.0731	0.4862	0.5122	0.0534	3.3574	3.7272
	800	0.0111	0.0140	0.0199	0.0519	0.3988	0.4397	0.0490	2.7237	3.1897
90%	200	0.0151	0.0179	0.0189	0.0814	0.4129	0.4651	0.0518	2.8701	3.1209
	500	0.0113	0.0145	0.0165	0.0578	0.2165	0.2399	0.0324	2.2948	2.6921
	800	0.0074	0.0112	0.0137	0.0239	0.2017	0.2283	0.0290	1.9871	2.1907

从表 2-3 能够看出，(i)3 种估计量在误差为标准正态分布时效果都很好，但是当误差为污染正态分布或重尾分布时，局部 M 估计更稳健；(ii) 这 3 个估计都随着样本容量 n 的增大，拟合效果逐渐变好；(iii) 这些估计的模拟效果受截断比例 θ 的影响，θ 越大时，拟合效果越好。

图 2-3 中，在模型(2.2.7)和误差分布(d)下，画出回归函数 $m(\cdot)$ 以及它的各个估计 $\hat{m}_n(\cdot)$，$\hat{m}_n^*(\cdot)$ 和 $m_n^*(\cdot)$ 的图形，这里 $\theta\approx 90\%$，$h_n=n^{-1/3}$，n 分别取 200，500 和 800。图 2-4 中，选取误差分布(d)下，画出回归函数 $m(\cdot)$ 以及它的各个估计 $\hat{m}_n(\cdot)$，$\hat{m}_n^*(\cdot)$ 和 $m_n^*(\cdot)$ 的图形，这里 $n=500$ 和 $h_n=n^{-1/3}$，$\theta\approx 30\%$，60% 和 90%。在两个图形中，均选择 Huber 型函数 $\psi_\tau(\mu)=\max\{-\tau,\min\{\mu,\tau\}\}$，其中 $\tau=1.35\varsigma$，并且 ς 的值见误差分布(d)。

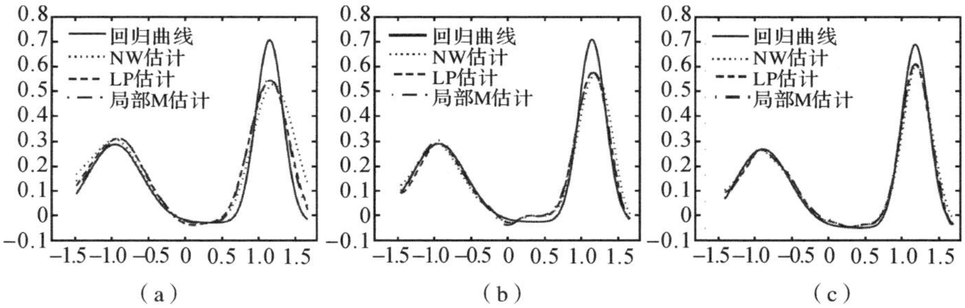

图 2-3　(a),(b)和(c)为 $m,\hat{m}_n,\hat{m}_n^*$ 和 m_n^* 分别在 $n=200,500$ 和 800 下的图形

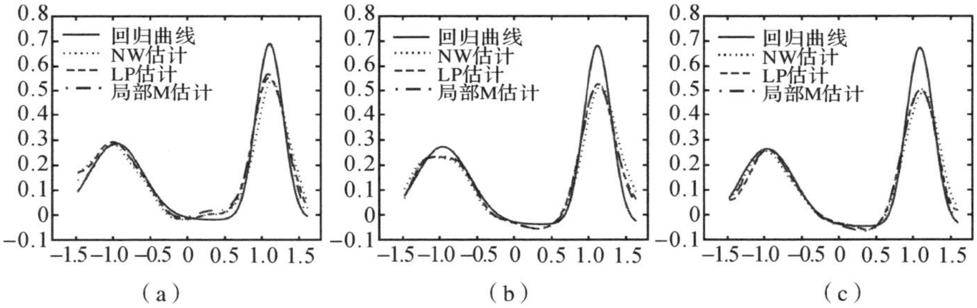

图 2-4　(a),(b)和(c)为 $m,\hat{m}_n,\hat{m}_n^*$ 和 m_n^* 分别在 $\theta\approx30\%,60\%$和 90%下的图形

从图 2-3 和图 2-4 可以看出,(i)局部 M 估计 $\hat{m}_n(\cdot)$ 和 LP 估计 $\hat{m}_n^*(\cdot)$ 的拟合效果都比 NW 估计 $m_n^*(\cdot)$ 好,尤其在边界点上,而估计 $\hat{m}_n(\cdot)$ 比其他两个估计更稳健;(ii)3 个估计的拟合效果都随着 n 的增大而变好;(iii)3 个估计的图形拟合效果随着 θ 变大而变好。

(2)渐近正态性的模拟

这一小节，在误差分布(a)下，通过直方图和正态概率图来模拟局部 M 估计 $\hat{m}_n(x)$ 在 $x=0.2$ 处的渐近正态性。模拟过程中,独立产生 M 组样本数据,选取窗宽 $h_n=n^{-1/3}$。在图 2-5 和图 2-6 中，分别取 $n=200$ 和 500，$\theta\approx90\%$和 $M=1000$，画出 $\hat{m}_n(0.2)$ 的直方图和正态概率图。图 2-5 和图 2-6 显示,随样本容量 n 的增大,估计量的渐近正态性更加明显。

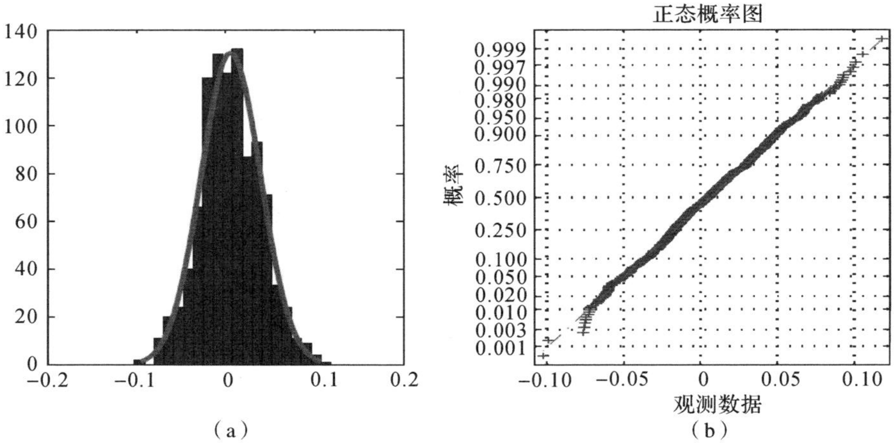

图 2-5　(a)和(b)分别为在 $n=200$ 下 $\hat{m}_n(0.2)$ 的直方图和正态概率图

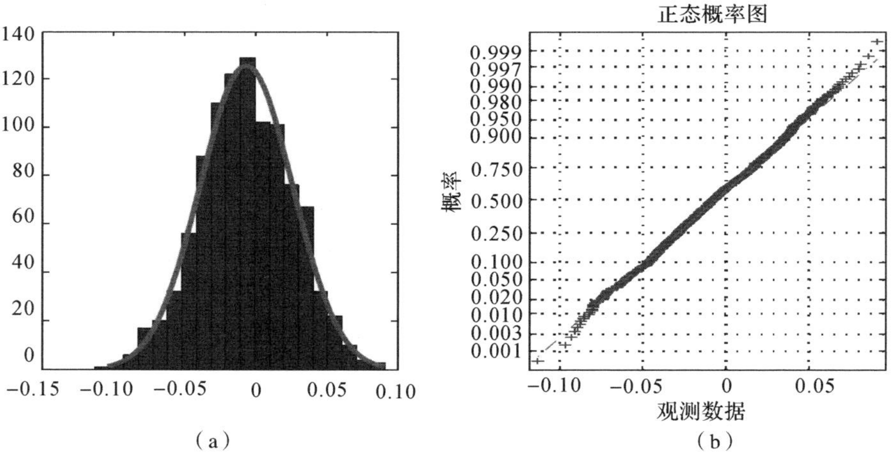

图 2-6　(a)和(b)分别为在 $n=500$ 下 $\hat{m}_n(0.2)$ 的直方图和正态概率图

2.2.4　主要结果的证明

在证明定理之前，先定义一些符号，并给出一个引理。设

$$R(X_i)=m(X_i)-\sum_{l=0}^{p}\frac{1}{l!}m^{(l)}(x_0)(X_i-x_0)^l,\ \tilde{\boldsymbol{\beta}}(x)=\mathbf{H}\boldsymbol{\beta}(x),$$

$\mathbf{x}_i=(1,X_i-x_0,\cdots,(X_i-x_0)^p)^{\mathrm{T}}$，$\tilde{\mathbf{x}}_i=\mathbf{H}^{-1}\mathbf{x}_i$。对 $l=0,1,\cdots,p$，令

$$\hat{Q}_{n,1}^{l} = n^{-1}\sum_{i=1}^{n} G_n^{-1}(Y_i)K_{h_n}(X_i - x_0)\psi(\varepsilon_i)\left(\frac{X_i - x_0}{h_n}\right)^l。$$

引理 2.2.1 设 $\hat{\mathbf{Q}}_n = (\hat{Q}_{n,1}^0, \cdots, \hat{Q}_{n,1}^p)^{\mathrm{T}}$。在条件(A0)—(A9)和(B1)—(B3)下，有：

$$\sqrt{nh_n}\hat{\mathbf{Q}}_n \xrightarrow{D} N(\mathbf{0}, \theta^{-1}\Lambda_2(x_0)f_X(x_0)\mathbf{S}^*)。$$

证明 设 $\mathbf{Q}_n = (Q_{n,1}^0, \cdots, Q_{n,1}^p)^{\mathrm{T}}$，其中

$$Q_{n,1}^{l} = n^{-1}\sum_{i=1}^{n} G^{-1}(Y_i)K_{h_n}(X_i - x_0)\psi(\varepsilon_i)\left(\frac{X_i - x_0}{h_n}\right)^l, l = 0, 1, \cdots, p。$$

先证明 $\sqrt{nh_n}\mathbf{Q}_n \xrightarrow{D} N(\mathbf{0}, \theta^{-1}\Lambda_2(x_0)f_X(x_0)\mathbf{S}^*)$。事实上，只需证明对任意的实数向量 $\mathbf{a} = (a_0, a_1, \cdots, a_p)^T \neq 0$，

$$\sqrt{nh_n}\mathbf{a}^T\mathbf{Q}_n \xrightarrow{D} N(0, \sigma^2(x_0)), \tag{2.2.8}$$

这里 $\sigma^2(x_0) = \theta^{-1}\Lambda_2(x_0)f_X(x_0)\mathbf{a}^T\mathbf{S}^*\mathbf{a}$。

设 $C(t) = \sum_{l=0}^{p} a_l t^l K(t)$ 和 $C_{h_n}(t) = C(t/h_n)/h_n$，则

$$\begin{aligned}\sqrt{nh_n}\mathbf{a}^T\mathbf{Q}_n &= \frac{1}{\sqrt{n}}\sum_{i=1}^{n}\sqrt{h_n}G^{-1}(Y_i)\psi(\varepsilon_i)\sum_{l=0}^{p}a_l K_{h_n}(X_i - x_0)\left(\frac{X_i - x_0}{h_n}\right)^l \\ &= \frac{1}{\sqrt{n}}\sum_{i=1}^{n}\sqrt{h_n}G^{-1}(Y_i)\psi(\varepsilon_i)C_{h_n}(X_i - x_0) := \frac{1}{\sqrt{n}}\sum_{i=1}^{n}W_i。\end{aligned}$$

条件(B3)得存在正整数列 $\delta_n \to \infty$，满足 $\delta_n q_n = o((nh_n^d)^{1/2})$，$\delta_n(nh_n^{-1})^{1/2}\alpha(q_n) \to 0$。令 $s_n = [(nh_n)^{1/2}/\delta_n]$ 和 $\pi_n = [n/(p_n + q_n)]$，则

$$q_n/s_n \to 0, \pi_n\alpha(q_n) \to 0, \pi_n q_n/n \to 0, s_n/n \to 0, s_n/(nh_n)^{1/2} \to 0。 \tag{2.2.9}$$

接下来，使用 Bernstein 分块方法。定义

$$\eta_{mn} = \sum_{i=k_m}^{k_m+s_n-1} W_i, \eta'_{mn} = \sum_{j=l_m}^{l_m+q_n-1} W_i, \eta''_{\omega n} = \sum_{k=\pi_n(s_n+q_n)+1}^{n} W_i,$$

其中，$k_m = (m-1)(s_n + q_n) + 1, l_m = (m-1)(s_n + q_n) + s_n + 1, m = 1, \cdots, \pi_n$。于是

$$\sqrt{nh_n}\mathbf{a}^T\mathbf{Q}_n = n^{-1/2}\left\{\sum_{i=1}^{\pi_n}\eta_{mn} + \sum_{i=1}^{\pi_n}\eta'_{mn} + \eta''_{\pi_n n}\right\} := n^{-1/2}\{S'_n + S''_n + S'''_n\}。$$

由(A4)和式(1.4.1)，对充分大的 n，有

$$\begin{aligned}EW_i &= \sqrt{h_n}E[G^{-1}(Y)\psi(\varepsilon)C_{h_n}(X - x_0)] \\ &= \theta^{-1}\sqrt{h_n}\int_{\mathbb{R}} C(t)E[\psi(\varepsilon) \mid X = x_0 + th_n]f_X(x_0 + th_n)dt \\ &= 0。\end{aligned}$$

因此,为了证明式(2.2.8),只需要证明:

$$n^{-1}E(S''_n)^2 \to 0, n^{-1}E(S'''_n)^2 \to 0, \tag{2.2.10}$$

$$\mathrm{Var}(n^{-1/2}S'_n) \to \theta^{-1}\Lambda_2(x_0)f_X(x_0)\int_{\mathbb{R}} C^2(t)dt = \sigma^2(x_0), \tag{2.2.11}$$

$$\left| E\exp\left(it\sum_{m=1}^{\pi_n} n^{-1/2}\eta_{mn}\right) - \prod_{m=1}^{\pi_n} E\exp(itn^{-1/2}\eta_{mn}) \right| \to 0, \tag{2.2.12}$$

$$g_n(\varepsilon) = \frac{1}{n}\sum_{m=1}^{\pi_n} E\eta_{mn}^2 I(|\eta_{mn}| > \varepsilon\sqrt{n}\sigma(x_0)) \to 0, \forall \varepsilon > 0。 \tag{2.2.13}$$

先来证明式(2.2.10)。显然

$$\begin{aligned}\frac{1}{n}E(S''_n)^2 &= \frac{1}{n}\sum_{m=1}^{\pi_n}\sum_{j=l_m}^{l_m+q_n-1} EW_i^2 + \frac{2}{n}\sum_{m=1}^{\pi_n}\sum_{l_m\leqslant i<j\leqslant l_m+q_n-1}\mathrm{Cov}(W_i,W_j)\\ &\quad + \frac{2}{n}\sum_{1\leqslant i<j\leqslant \pi_n}\mathrm{Cov}(\eta'_{in},\eta'_{jn})\\ &:= L_{1n} + L_{2n} + L_{3n}。,\end{aligned}$$

注意到

$$\begin{aligned}EW_i^2 &= h_n E[G^{-2}(Y)\psi^2(\varepsilon)C_{h_n}^2(X-x_0)]\\ &= \theta^{-1}\int_{\mathbb{R}} C^2(t)E[G^{-1}(Y)\psi^2(\varepsilon) \mid X = x_0 + th_n]f_X(x_0+th_n)dt\\ &\to \theta^{-1}\Lambda_2(x_0)f_X(x_0)\int_{\mathbb{R}} C^2(t)dt,\end{aligned} \tag{2.2.14}$$

即对充分大的 n, $EW_i^2 = O(1)$, 结合式(2.2.9)得 $L_{1n} = O(\pi_n q_n/n) \to 0$。由于

$$|L_{2n}| \leqslant \frac{2}{n}\sum_{1\leqslant i<j\leqslant n}|\mathrm{Cov}(W_i,W_j)|, \quad |L_{3n}| \leqslant \frac{2}{n}\sum_{1\leqslant i<j\leqslant n}|\mathrm{Cov}(W_i,W_j)|。$$

为了证明 $L_{2n} = o(1)$ 和 $L_{3n} = o(1)$, 只需要证明

$$\frac{1}{n}\sum_{1\leqslant i<j\leqslant n}|\mathrm{Cov}(W_i,W_j)| \to 0。 \tag{2.2.15}$$

利用条件(A1)和(A8), 得

$$\begin{aligned}|\mathrm{Cov}(W_i,W_j)| &\leqslant \frac{1}{h_n G^2(a_F)}E\left|\psi(\varepsilon_i)\psi(\varepsilon_j)C\left(\frac{X_i-x_0}{h_n}\right)C\left(\frac{X_j-x_0}{h_n}\right)\right|\\ &\leqslant \frac{1}{G^2(a_F)}\int_{\mathbb{R}}\int_{\mathbb{R}} E[|\psi(\varepsilon_i)\psi(\varepsilon_j)| \mid X_i = x_0+sh_n, X_j = x_0+th_n]\\ &\quad \times h^*(x_0+sh_n, x_0+th_n; j-i)|C(s)C(t)| = O(h_n)。\end{aligned}$$

另外, 由引理 1.2 得 $|\mathrm{Cov}(W_i,W_j)| \leqslant C[\alpha(j-i)]^{\gamma/(\gamma+2)}(E|W_1|^{\gamma+2})^{2/(\gamma+2)}$。利用(A1),(A5)和(A6)(ii)得

$$E|W_1|^{\gamma+2}\leqslant G^{-(\gamma+1)}(a_{\tilde{F}})h_n^{-(\gamma+2)/2}E\left[G^{-1}(Y)\left|C\left(\frac{X-x_0}{h_n}\right)\psi(\varepsilon)\right|^{\gamma+2}\right]\leqslant O(h_n^{-\gamma/2})。\tag{2.2.16}$$

通过(A9),取 $c_n=[h_n^{-\gamma/(b(\gamma+2))}]$,有

$$\frac{1}{n}\sum_{1\leqslant i<j\leqslant n}|\mathrm{Cov}(W_i,W_j)|\leqslant C\Big(\sum_{j=1}^{c_n}+\sum_{j=c_n+1}^{n-1}\Big)\min\{h_n,[\alpha(j)]^{\gamma/(\gamma+2)}h_n^{-\gamma/(\gamma+2)}\}$$

$$=O(c_nh_n)+O(h_n^{-\gamma/(\gamma+2)})c_n^{-b}\sum_{j=c_n+1}^{\infty}j^b[\alpha(j)]^{\gamma/(\gamma+2)}\to 0。\tag{2.2.17}$$

因此 $n^{-1}E(S''_n)^2\to 0$。利用式(2.2.9),式(2.2.14)和式(2.2.17),得

$$n^{-1}E(S'''_n)^2=\frac{1}{n}\sum_{i=\pi_n(s_n+q_n)}^{n}EW_i^2+\frac{2}{n}\sum_{\pi_n(s_n+q_n)\leqslant i<j\leqslant n}|\mathrm{Cov}(W_i,W_j)|$$

$$\leqslant C\frac{n-\pi_n(s_n+q_n)}{n}+\frac{2}{n}\sum_{1\leqslant i<j\leqslant n}|\mathrm{Cov}(W_i,W_j)|\to 0。$$

接下来建立式(2.2.11)。易见

$$\mathrm{Var}(n^{-1/2}S'_n)=\frac{1}{n}\sum_{m=1}^{\pi_n}Var(\eta_{mn})+\frac{2}{n}\sum_{1\leqslant i<j\leqslant\pi_n}\mathrm{Cov}(\eta_{in},\eta_{jn}),$$

而

$$\frac{1}{n}\sum_{m=1}^{\pi_n}Var(\eta_{mn})=\frac{1}{n}\sum_{i=1}^{n}Var(W_i)+\frac{2}{n}\sum_{m=1}^{\pi_n}\sum_{k_m\leqslant i<j\leqslant k_m+s_n-1}\mathrm{Cov}(W_i,W_j)$$

$$-\frac{1}{n}\sum_{m=1}^{\pi_n}\sum_{i=l_m}^{l_m+q_n-1}Var(W_i)-\frac{1}{n}\sum_{i=\pi_n(s_n+q_n)+1}^{n}Var(W_i)。$$

由式(2.2.9),式(2.2.14)和式(2.2.17)得

$$\mathrm{Var}(n^{-1/2}S'_n)\to\theta^{-1}\Lambda_2(x_0)f_X(x_0)\int_{\mathbb{R}}C^2(t)dt。$$

现在证明式(2.2.12)。注意到 η_{mn} 关于 $F_{i_{m-1}+1}^{j_{m-1}+1}$ 可测,其中 $i_l=l(s_n+q_n)$, $j_l=l(s_n+q_n)+s_n-1$。因此,应用引理 1.1,取 $V_j=\exp(itn^{-1/2}\eta_{jn})$,由于 $i_{l+1}-j_l=q_n+1$,根据式(2.2.9),有

$$\left|E\exp\Big(it\sum_{m=1}^{\pi_n}n^{-1/2}\eta_{mn}\Big)-\prod\nolimits_{m=1}^{\pi_n}E\exp(itn^{-1/2}\eta_{mn})\right|\leqslant 16\pi_n\alpha(q_n+1)\to 0。$$

最后,证明式(2.2.13)。类似式(2.2.16)的证明,由(B1)得 $E|W_1|^{\phi}=O(h_n^{1-\phi/2})$。应用引理 1.5,取 $p=2+\gamma,\lambda=q=\phi$,有

$$E\eta_{mn}^2I(|\eta_{mn}|>\varepsilon\sqrt{n}\sigma(x_0))\leqslant Cn^{-\gamma/2}E|\eta_{mn}|^{2+\gamma}\leqslant Cn^{-\gamma/2}s_n^{1+2/\gamma}h_n^{(2-\phi)(1+2/\gamma)/\phi}。$$

因此,通过条件(B2)得到

$$g_n(\varepsilon) \leqslant Cn^{-(1+\gamma/2)}\pi_n s_n^{1+2/\gamma} h_n^{(2-\phi)(1+2/\gamma)/\phi} \leqslant C\delta_n^{-\gamma/2} n^{-\gamma/4} h_n^{(2+\gamma)/\phi-1-\gamma/4} \to 0。$$

这样证得 $\sqrt{nh_n}\mathbf{Q}_n \xrightarrow{D} N(\mathbf{0}, \theta^{-1}\Lambda_2(x_0)f_X(x_0)\mathbf{S}^*)$。

注意到 $\hat{\mathbf{Q}}_n - \mathbf{Q}_n = (\hat{Q}_{n,1}^0 - Q_{n,1}^0, \cdots, \hat{Q}_{n,1}^p - Q_{n,1}^p)^{\mathrm{T}}$，而

$$\sqrt{nh_n} \mid \hat{Q}_{n,1}^l - Q_{n,1}^l \mid \leqslant \frac{\sqrt{nh_n} \sup_{y \geqslant a_F} \mid G_n(y) - G(y) \mid}{G(a_{\tilde{F}}) - \sup_{y \geqslant a_F} \mid G_n(y) - G(y) \mid}$$

$$\cdot \frac{1}{nh_n}\sum_{i=1}^n \frac{1}{G(Y_i)} K\left(\frac{X_i - x_0}{h_n}\right) \mid \psi(\varepsilon_i) \mid \left|\frac{X_i - x_0}{h_n}\right|^l,$$

通过简单计算得 $\frac{1}{nh_n}\sum_{i=1}^n \frac{1}{G(Y_i)} K\left(\frac{X_i - x_0}{h_n}\right) \mid \psi(\varepsilon_i) \mid \left|\frac{X_i - x_0}{h_n}\right|^l = O_P(1)$，结合引理1.7，得 $\sqrt{nh_n} \mid \hat{Q}_{n,1}^l - Q_{n,1}^l \mid = o_P(1)$。于是，引理2.2.1得证。

定理 2.2.1 的证明　注意到式(2.2.4)可以表述为

$$l_n(\tilde{\boldsymbol{\beta}}) = n^{-1}\sum_{i=1}^n G_n^{-1}(Y_i) K_{h_n}(X_i - x_0)\rho(Y_i - \tilde{\mathbf{x}}_i^{\mathrm{T}}\tilde{\boldsymbol{\beta}})。\quad (2.2.18)$$

设对任意 $\delta_1 > 0$，$\tilde{S}_{\delta_1} = \{\tilde{\boldsymbol{\beta}}: \|\tilde{\boldsymbol{\beta}} - \tilde{\boldsymbol{\beta}}(x_0)\| \leqslant \delta_1\}$。记 $r_i = (\tilde{\boldsymbol{\beta}} - \tilde{\boldsymbol{\beta}}(x_0))^{\mathrm{T}} \tilde{\mathbf{x}}_i$，则 $Y_i - \tilde{\mathbf{x}}_i^{\mathrm{T}}\tilde{\boldsymbol{\beta}} = \varepsilon_i + R(X_i) - r_i$。

先证明

$$\lim_{n\to\infty} P\{\inf_{\tilde{\beta} \in \tilde{S}_{\delta_1}} l_n(\tilde{\boldsymbol{\beta}}) \geqslant l_n(\tilde{\boldsymbol{\beta}}(x_0))\} = 1。\quad (2.2.19)$$

运用 Taylor 展开得

$$\begin{aligned} \ell_n(\tilde{\boldsymbol{\beta}}) &= \ell_n(\tilde{\boldsymbol{\beta}}(x_0)) + \ell'_n(\tilde{\boldsymbol{\beta}}(x_0))^{\mathrm{T}}(\tilde{\boldsymbol{\beta}} - \tilde{\boldsymbol{\beta}}(x_0)) \\ &\quad + \frac{1}{2}(\tilde{\boldsymbol{\beta}} - \tilde{\boldsymbol{\beta}}(x_0))^{\mathrm{T}}\ell''_n(\tilde{\boldsymbol{\beta}}^*)(\tilde{\boldsymbol{\beta}} - \tilde{\boldsymbol{\beta}}(x_0)), \end{aligned} \quad (2.2.20)$$

这里，$\tilde{\boldsymbol{\beta}}^*$ 位于 $\tilde{\boldsymbol{\beta}}(x_0)$ 与 $\tilde{\boldsymbol{\beta}}$ 之间，$\ell'_n(\tilde{\boldsymbol{\beta}}(x_0)) = -\frac{1}{n}\sum_{i=1}^n G_n^{-1}(Y_i)K_{h_n}(X_i - x_0)\psi(\varepsilon_i + R(X_i))\tilde{\mathbf{x}}_i$，

$$\ell''_n(\tilde{\boldsymbol{\beta}}^*) = \frac{1}{n}\sum_{i=1}^n G_n^{-1}(Y_i)K_{h_n}(X_i - x_0)\psi'(Y_i - \tilde{\mathbf{x}}_i^{\mathrm{T}}\tilde{\boldsymbol{\beta}}^*)\tilde{\mathbf{x}}_i\tilde{\mathbf{x}}_i^{\mathrm{T}}。$$

第一步　证明

$$\ell''_n(\tilde{\boldsymbol{\beta}}^*) = \theta^{-1}\Lambda_1(x_0)f_X(x_0)\mathbf{S}(1 + o_p(1))。\quad (2.2.21)$$

注意到

$$\begin{aligned} \ell''_n(\tilde{\boldsymbol{\beta}}^*) &= n^{-1}\sum_{i=1}^n G_n^{-1}(Y_i)K_{h_n}(X_i - x_0)\psi'(\varepsilon_i + \eta_i)\tilde{\mathbf{x}}_i\tilde{\mathbf{x}}_i^{\mathrm{T}} \\ &= n^{-1}\sum_{i=1}^n G_n^{-1}(Y_i)K_{h_n}(X_i - x_0)\psi'(\varepsilon_i)\tilde{\mathbf{x}}_i\tilde{\mathbf{x}}_i^{\mathrm{T}} \end{aligned}$$

$$+n^{-1}\sum_{i=1}^{n}G_n^{-1}(Y_i)K_{h_n}(X_i-x_0)[\psi'(\varepsilon_i+\eta_i)-\psi'(\varepsilon_i)]\tilde{\mathbf{x}}_i\tilde{\mathbf{x}}_i^{\mathrm{T}},$$

这里 $\eta_i=R(X_i)+\tilde{\mathbf{x}}_i^{\mathrm{T}}(\tilde{\boldsymbol{\beta}}(x_0)-\tilde{\boldsymbol{\beta}}^*)$。对 $l=0,1,\cdots,2p$，设

$$\hat{T}_{n,1}^l=n^{-1}\sum_{i=1}^{n}G_n^{-1}(Y_i)K_{h_n}(X_i-x_0)\psi'(\varepsilon_i)\left(\frac{X_i-x_0}{h_n}\right)^l,$$

$$\hat{T}_{n,2}^l=n^{-1}\sum_{i=1}^{n}G_n^{-1}(Y_i)K_{h_n}(X_i-x_0)[\psi'(\varepsilon_i+\eta_i)-\psi'(\varepsilon_i)]\left(\frac{X_i-x_0}{h_n}\right)^l,$$

则要证式(2.2.21)，只需证明

$$\hat{T}_{n,1}^l=\theta^{-1}\Lambda_1(x_0)f_X(x_0)\mu_l(1+o_p(1))\text{ 和 }\hat{T}_{n,2}^l=o_p(1)。\tag{2.2.22}$$

令 $T_{n,1}^l=n^{-1}\sum_{i=1}^{n}G^{-1}(Y_i)K_{h_n}(X_i-x_0)\psi'(\varepsilon_i)\left(\frac{X_i-x_0}{h_n}\right)^l$，现证明

$$T_{n,1}^l=\theta^{-1}\Lambda_1(x_0)f_X(x_0)\mu_l(1+o_p(1))。\tag{2.2.23}$$

由条件(A1),(A5),(A6)(ii)和式(1.4.1)，有

$$\begin{aligned}ET_{n,1}^l&=\frac{1}{h_n}E\left[G^{-1}(Y)\psi'(\varepsilon)K\left(\frac{X-x_0}{h_n}\right)\left(\frac{X-x_0}{h_n}\right)^l\right]\\&=\frac{1}{h_n}\int_{\mathbb{R}}\int_{\mathbb{R}}\frac{1}{G(y)}\psi'(y-m(s))K\left(\frac{s-x_0}{h_n}\right)\left(\frac{s-x_0}{h_n}\right)^l f^*(s,y)dsdy\\&=\frac{1}{h_n}\int_{\mathbb{R}}\int_{\mathbb{R}}\frac{1}{G(y)}\psi'(y-m(s))K\left(\frac{s-x_0}{h_n}\right)\left(\frac{s-x_0}{h_n}\right)^l\frac{G(y)}{\theta}f(s,y)dsdy\\&=\frac{1}{\theta}\int_{\mathbb{R}}t^lK(t)E[\psi'(\varepsilon)\mid X=x_0+h_n\mu]f_X(x_0+h_nt)dt\\&\to\theta^{-1}\Lambda_1(x_0)f_X(x_0)\mu_l。\end{aligned}\tag{2.2.24}$$

设 $Z_{i,l}=G^{-1}(Y_i)K\left(\frac{X_i-x_0}{h_n}\right)\psi'(\varepsilon_i)\left(\frac{X_i-x_0}{h_n}\right)^l$，则 $T_{n,1}^l=\frac{1}{nh_n}\sum_{i=1}^{n}Z_{i,l}$ 和

$$\begin{aligned}nh_n\mathrm{Var}(T_{n,1}^l)&=\frac{1}{h_n}\mathrm{Var}(Z_{1,l})+\frac{2}{h_n}\sum_{j=1}^{n-1}\left(1-\frac{j}{n}\right)\mathrm{Cov}(Z_{1,l},Z_{1+j,l})\\&:=I_{n,1}+I_{n,2}。\end{aligned}\tag{2.2.25}$$

根据(A1),(A5),(A6)(ii)和式(1.4.1),得到

$$\begin{aligned}I_{n,1}&\leqslant\frac{1}{h_n}E\left[\frac{1}{G^2(Y_1)}\{\psi'(\varepsilon_1)\}^2K^2\left(\frac{X_1-x_0}{h_n}\right)\left(\frac{X_1-x_0}{h_n}\right)^{2l}\right]\\&\leqslant\frac{1}{\theta G(a_{\tilde{F}})}\int_{\mathbb{R}}t^{2l}K^2(t)E[\{\psi'(\varepsilon)\}^2\mid X=x_0+h_nt]f_X(x_0+h_nt)dt\\&\leqslant\frac{C}{\theta}\int_{\mathbb{R}}t^{2l}K^2(t)f_X(x_0+h_nt)dt\to C\theta^{-1}f_X(x_0)v_{2l}。\end{aligned}\tag{2.2.26}$$

利用条件(A1),(A5),(A6)(i)和(A8)有

$$\begin{aligned}
&|\operatorname{Cov}(Z_{1,l},Z_{1+j,l})| \\
&\leqslant \frac{1}{G^2(a_F)}E\left|\psi'(\varepsilon_1)\psi'(\varepsilon_{1+j})\left(\frac{X_1-x_0}{h_n}\right)^l\left(\frac{X_{1+j}-x_0}{h_n}\right)^l K\left(\frac{X_1-x_0}{h_n}\right)\right.\\
&\quad \left.\times K\left(\frac{X_{1+j}-x_0}{h_n}\right)\right| + \left[E\left(G^{-1}(Y_1)K\left(\frac{X_1-x_0}{h_n}\right)\psi'(\varepsilon_1)\left(\frac{X_1-x_0}{h_n}\right)^l\right)\right]^2\\
&\leqslant \frac{h_n^2}{G^2(a_{\tilde F})}\int_{\mathbb{R}}\int_{\mathbb{R}} E[|\psi'(\varepsilon_1)\psi'(\varepsilon_{1+j})|\mid X_1=x_0+sh_n,X_{1+j}=x_0+th_n]\\
&\quad \times h^*(x_0+sh_n,x_0+th_n;j)|s|^l|t|^l K(s)K(t)dsdt\\
&\quad +\frac{h_n^2}{\theta^2}\left[\int_{\mathbb{R}} s^l K(s)E[\psi'(\varepsilon)\mid X=x_0+h_n s]f_X(x_0+h_n s)ds\right]^2\\
&= O(h_n^2)。 \qquad (2.2.27)
\end{aligned}$$

另外，由引理 1.2 得 $|\operatorname{Cov}(Z_{1,l},Z_{1+j,l})|\leqslant C[\alpha(j)]^{\gamma/(\gamma+2)}(E|Z_{1,l}|^{\gamma+2})^{2/(\gamma+2)}$。根据条件 (A1),(A5)和(A6)(ii),有

$$\begin{aligned}
E|Z_{1,l}|^{\gamma+2} &\leqslant G^{-(\gamma+1)}(a_{\tilde F})E\left[G^{-1}(Y_1)\left|K\left(\frac{X_1-x_0}{h_n}\right)\psi'(\varepsilon_1)\left(\frac{X_1-x_0}{h_n}\right)^l\right|^{\gamma+2}\right]\\
&= \frac{h_n}{\theta}G^{-(\gamma+1)}(a_{\tilde F})\int_{\mathbb{R}}|t|^{l(\gamma+2)}K^{\gamma+2}(t)E[|\psi'(\varepsilon)|^{\gamma+2}\mid X=x_0+\\
&\quad h_n t]f_X(x_0+h_n t)dt\\
&= O(h_n)。 \qquad (2.2.28)
\end{aligned}$$

应用(A9)，式(2.2.27)和式(2.2.28)，并取 $c_n=[h_n^{-\gamma/(b(\gamma+2))}]$，得到

$$\begin{aligned}
|I_{n,2}| &= O(h_n^{-1})\left(\sum_{j=1}^{c_n}+\sum_{j=c_n+1}^{n-1}\right)\min\{h_n^2,[\alpha(j)]^{\gamma/(\gamma+2)}h_n^{2/(\gamma+2)}\}\\
&= O(c_n h_n)+O(h_n^{-\gamma/(\gamma+2)})c_n^{-b}\sum_{j=c_n+1}^{\infty} j^b[\alpha(j)]^{\gamma/(\gamma+2)}\to 0。\qquad (2.2.29)
\end{aligned}$$

因此，由(A3)，式(2.2.25)，式(2.2.26)和式(2.2.29)得到 $\operatorname{Var}(T_{n,1}^l)\to 0$。注意到

$$T_{n,1}^l = ET_{n,1}^l + O_p((\operatorname{Var}(T_{n,1}^l))^{1/2})。$$

根据式(2.2.24)，证明了式(2.2.23)。注意到

$$|\hat T_{n,1}^l - T_{n,1}^l| \leqslant \frac{\sup_{y\geqslant a_F}|G_n(y)-G(y)|}{G(a_{\tilde F})-\sup_{y\geqslant a_F}|G_n(y)-G(y)|}\cdot\frac{1}{nh_n}\sum_{i=1}^n\frac{1}{G(Y_i)}K\left(\frac{X_i-x_0}{h_n}\right)|\psi'(\varepsilon_i)|\left|\frac{X_i-x_0}{h_n}\right|^l。$$

利用条件(A1),(A5)和(A6)(ii),有

$$P\left(\frac{1}{nh_n}\sum_{i=1}^n\frac{1}{G(Y_i)}K\left(\frac{X_i-x_0}{h_n}\right)|\psi'(\varepsilon_i)|\left|\frac{X_i-x_0}{h_n}\right|^l>\epsilon\right)$$

$$\leqslant \frac{1}{\epsilon\theta}\int_{\mathbb{R}} |t|^l K(t) E[|\psi'(\varepsilon)|| X = x_0 + th_n] f_X(x_0 + th_n) dt$$

$$\leqslant \frac{C}{\epsilon\theta}\int_{\mathbb{R}} |t|^l K(t) f_X(x_0 + th_n) dt \to \frac{C}{\epsilon\theta} f_X(x_0)\int_{\mathbb{R}} |t|^l K(t) dt,$$

这蕴涵了 $\frac{1}{nh_n}\sum_{i=1}^{n}\frac{1}{G(Y_i)}K\left(\frac{X_i - x_0}{h_n}\right)|\psi'(\varepsilon_i)| \left|\frac{X_i - x_0}{h_n}\right|^l = O_p(1)$。因此，由引理 1.7 得

$$|\hat{T}_{n,1}^l - T_{n,1}^l| = O_p(n^{-1/2}) = o_p(1), \tag{2.2.30}$$

结合式(2.2.23)，有 $\hat{T}_{n,1}^l = \theta^{-1}\Lambda_1(x_0) f_X(x_0)\mu_l(1 + o_p(1))$。

接下来证明 $\hat{T}_{n,2}^l = o_p(1)$。设

$$T_{n,2}^l = n^{-1}\sum_{i=1}^{n} G^{-1}(Y_i) K_{h_n}(X_i - x_0)[\psi'(\varepsilon_i + \eta_i) - \psi'(\varepsilon_i)]\left(\frac{X_i - x_0}{h_n}\right)^l,$$

类似于式(2.2.30)的证明，能够得到 $\hat{T}_{n,2}^l - T_{n,2}^l = o_p(1)$。这样剩下来证明 $T_{n.2}^l = o_p(1)$。从条件(A2)，利用 Taylor 展开，对 $|X_i - x_0| \leqslant h_n$，有

$$\begin{aligned}\max_{1\leqslant i\leqslant n} |R(X_i)| &\leqslant \frac{1}{(p+1)!}\sup_{x\in x_0\pm h_n} |m^{(p+1)}(x)| \max_{1\leqslant i\leqslant n} |X_i - x_0|^{p+1} \\ &\leqslant Ch_n^{p+1},\end{aligned} \tag{2.2.31}$$

这蕴涵了在 $\tilde{\mathbf{S}}_{\delta_1}$ 上，当 $\delta_1 \to 0$ 和 $n \to \infty$ 时，

$$\max_{1\leqslant i\leqslant n} |\eta_i| \leqslant \max_{1\leqslant i\leqslant n} |R(X_i)| + 2\delta_1 \to 0。$$

因此，对任意 $\delta > 0$ 和充分大的 n，通过(A1)，(A5)，(A7)和式(1.4.1)，当 $\delta \to 0$ 时，有

$$\begin{aligned}E|T_{n,2}^l| &\leqslant E\left[G^{-1}(Y) K_{h_n}(X - x_0)\sup_{|z|\leqslant\delta} |\psi'(\varepsilon + z) - \psi'(\varepsilon)| \left|\frac{X - x_0}{h_n}\right|^l\right] \\ &= \frac{1}{\theta}\int_{\mathbb{R}} \mathbb{E}[\sup_{|z|\leqslant\delta} |\psi'(\varepsilon + z) - \psi'(\varepsilon)|| X = x_0 + th_n] \\ &\quad |t|^l K(t) f_X(x_0 + th_n) dt \to 0,\end{aligned}$$

这得到 $T_{n,2}^l = o_p(1)$。

第二步　建立

$$l'_n(\tilde{\boldsymbol{\beta}}(x_0)) = o_p(1)。 \tag{2.2.32}$$

对 $l = 0,1,\cdots,p$，记

$$\hat{Q}_n^l = \frac{1}{n}\sum_{i=1}^{n} G_n^{-1}(Y_i) K_{h_n}(X_i - x_0)\psi(\varepsilon_i + R(X_i))\left(\frac{X_i - x_0}{h_n}\right)^l,$$

$$\hat{Q}_{n,2}^l = \frac{1}{n}\sum_{i=1}^{n} G_n^{-1}(Y_i) K_{h_n}(X_i - x_0)\psi'(\varepsilon_i) R(X_i)\left(\frac{X_i - x_0}{h_n}\right)^l,$$

$$\hat{Q}_{n,3}^l = \frac{1}{n}\sum_{i=1}^{n} G_n^{-1}(Y_i) K_{h_n}(X_i - x_0)[\psi(\varepsilon_i + R(X_i)) - \psi(\varepsilon_i) -$$

$$\psi'(\varepsilon_i)R(X_i)]\left(\frac{X_i-x_0}{h_n}\right)^l,$$

则 $\hat{Q}_n^l=\hat{Q}_{n,1}^l+\hat{Q}_{n,2}^l+\hat{Q}_{n,3}^l$。由引理 2. 2. 1 可以得到 $\hat{Q}_{n,1}^l=o_p(1)$。类似前面 $\hat{T}_{n,2}^l=o_p(1)$ 的证明,易得 $\hat{Q}_{n,2}^l=o_p(1)$ 和 $\hat{Q}_{n,3}^l=o_p(1)$。这样就证明了式(2. 2. 32)。

根据式(2. 2. 21),有

$$\frac{1}{2}(\tilde{\boldsymbol{\beta}}-\tilde{\boldsymbol{\beta}}(x_0))^T\ell''_n(\tilde{\boldsymbol{\beta}}^*)(\tilde{\boldsymbol{\beta}}-\tilde{\boldsymbol{\beta}}(x_0))$$
$$=\frac{1}{2\theta}\Lambda_1(x_0)f_X(x_0)(\tilde{\boldsymbol{\beta}}-\tilde{\boldsymbol{\beta}}(x_0))^{\mathrm{T}}\mathbf{S}(\tilde{\boldsymbol{\beta}}-\tilde{\boldsymbol{\beta}}(x_0))+o_p(\delta_1^2)。$$

设 λ_0 为正定矩阵 S 的最小特征值,则

$$\lim_{n\to\infty}P\left\{\inf_{\tilde{\beta}\in\tilde{S}_{\delta_1}}\frac{1}{2}(\tilde{\boldsymbol{\beta}}-\tilde{\boldsymbol{\beta}}(x_0))^{\mathrm{T}}\ell''_n(\tilde{\boldsymbol{\beta}}^*)(\tilde{\boldsymbol{\beta}}-\tilde{\boldsymbol{\beta}}(x_0))\geqslant\frac{1}{2\theta}\Lambda_1(x_0)f_X(x_0)\lambda_0\delta_1^2\right\}=1,$$

结合式(2. 2. 20)和式(2. 2. 32),得式(2. 2. 19)。

通过式(2. 2. 19)知,$\ell_n(\tilde{\boldsymbol{\beta}})$ 在 $\tilde{\mathbf{S}}_{\delta_1}$ 的内部有一个局部最小值。这个局部最小值一定满足式(2. 2. 5)。设 $\tilde{\boldsymbol{\beta}}^1(x_0)$ 为 $\tilde{\boldsymbol{\beta}}(x_0)$ 最近的根,且 $\hat{\boldsymbol{\beta}}(x_0)=\mathbf{H}^{-1}\tilde{\boldsymbol{\beta}}^1(x_0)$,则

$$\lim_{n\to\infty}P\{\|\mathbf{H}(\hat{\boldsymbol{\beta}}(x_0)-\boldsymbol{\beta}(x_0))\|\leqslant\delta_1\}=1,$$

这样,由 δ_1 的任意性,定理 2. 2. 1 得证。

定理 2. 2. 2 的证明 根据定理 2. 2. 1 的证明过程,为了证明定理 2. 2. 2,只需证明

$$\ell'_n(\tilde{\boldsymbol{\beta}}(x_0))=o(1)\ \text{a. s. 和}\ \ell''_n(\tilde{\boldsymbol{\beta}}^*)>\mathbf{0}\ \text{a. s.}\qquad(2. 2. 33)$$

下面仅证明式(2. 2. 33)中的第一个式子,式(2. 2. 33)中的第二个结果可类似证明。

先证明 $\hat{Q}_{n,1}^l=o(1)$a. s. 。由于 $\hat{Q}_{n,1}^l=(\hat{Q}_{n,1}^l-Q_{n,1}^l)+Q_{n,1}^l$,现在来建立 $Q_{n,1}^l=o(1)$a. s. 。设

$$\xi_{i,1}^l=\psi(\varepsilon_i)I\{|\psi(\varepsilon_i)|\leqslant A_n\}G^{-1}(Y_i)K\left(\frac{X_i-x_0}{h_n}\right)\left(\frac{X_i-x_0}{h_n}\right)^l$$

和 $\xi_{i,2}^l=\psi(\varepsilon_i)I\{|\psi(\varepsilon_i)|>A_n\}G^{-1}(Y_i)K\left(\frac{X_i-x_0}{h_n}\right)\left(\frac{X_i-x_0}{h_n}\right)^l$。则

$$Q_{n,1}^l=\frac{1}{nh_n}\sum_{i=1}^n\xi_{i,1}^l+\frac{1}{nh_n}\sum_{i=1}^n\xi_{i,2}^l:=J_{n,1}^l+J_{n,2}^l。$$

为证明 $Q_{n,1}^l=o(1)$a. s. ,只需证明 $J_{n,1}^l=o(1)$a. s. 和 $J_{n,2}^l=o(1)$a. s. 。

由于 $\sum_{n=1}^{\infty}A_n^{-(2+\gamma)}<\infty$ 和 $E|\psi(\varepsilon)|^{2+\gamma}<\infty$,则对任意 $\epsilon>0$,

$$\sum_{n=1}^{\infty}P(|\psi(\varepsilon_n)|>\epsilon A_n)\leqslant\sum_{n=1}^{\infty}\epsilon^{-(2+\gamma)}E|\psi(\varepsilon)|^{2+\gamma}A_n^{-(2+\gamma)}<\infty,$$

这样得到 $J_{n,2}^l=o(1)\text{a. s.}$。

接下来证明 $J_{n,1}^l-E(J_{n,1}^l)=o(1)\text{a. s.}$。

设 $\chi_i=A_n^{-1}(\xi_{i,1}^l-E\xi_{i,1}^l)$。当 $|X_i-x_0|\leqslant h_n$ 时，有 $\sup\limits_{1\leqslant i\leqslant n}|\chi_i|\leqslant 2G^{-1}(a_{\tilde F})\|K\|_\infty<\infty$。由(A1)，(A5)，(A6)(ii)和式(1.4.1)得

$$\begin{aligned}E\chi_i^2&\leqslant\frac{1}{A_n^2}E\left[\psi^2(\varepsilon)I(|\psi(\varepsilon)|\leqslant A_n)\frac{1}{G^2(Y)}K^2\left(\frac{X-x_0}{h_n}\right)\left(\frac{X-x_0}{h_n}\right)^{2l}\right]\\&\leqslant\frac{1}{A_n^2G(a_{\tilde F})}E\left[\frac{1}{G(Y)}\psi^2(\varepsilon)K^2\left(\frac{X-x_0}{h_n}\right)\left(\frac{X-x_0}{h_n}\right)^{2l}\right]\\&=\frac{1}{A_n^2G(a_{\tilde F})}\int_{\mathbb R}\int_{\mathbb R}\frac{1}{G(y)}\psi^2(y-m(s))K^2\left(\frac{s-x_0}{h_n}\right)\left(\frac{s-x_0}{h_n}\right)^{2l}\theta^{-1}G(y)f(s,y)dsdy\\&=\frac{h_n}{\theta A_n^2G(a_{\tilde F})}\int_{\mathbb R}t^{2l}K(t)\mathbb E[\psi^2(\varepsilon)\mid X=x_0+th_n]f_X(x_0+th_n)dt\\&=O(h_n/A_n^2)。\end{aligned}$$

由(A1)，(A5)，(A6)(i)和(A8)，对 $i<j$，有

$$\begin{aligned}&|\mathrm{Cov}(\chi_i,\chi_j)|\\&\leqslant\frac{1}{A_n^2G^2(a_{\tilde F})}E\left|\psi(\varepsilon_i)\psi(\varepsilon_j)K\left(\frac{X_i-x_0}{h_n}\right)K\left(\frac{X_j-x_0}{h_n}\right)\left(\frac{X_i-x_0}{h_n}\right)^l\left(\frac{X_j-x_0}{h_n}\right)^l\right|\\&\quad+\frac{1}{A_n^2}\left(E\psi(\varepsilon)I\{|\psi(\varepsilon)|\leqslant A_n\}G^{-1}(Y)K\left(\frac{X-x_0}{h_n}\right)\left(\frac{X-x_0}{h_n}\right)^l\right)^2\\&\leqslant C\frac{h_n^2}{A_n^2}\int_{\mathbb R}\int_{\mathbb R}E[|\psi(\varepsilon_i)\psi(\varepsilon_j)||X_i=x_0+sh_n,X_j=x_0+th_n]\\&\quad\times h^*(x_0+sh_n,x_0+th_n;j-i)K(s)K(t)|s^lt^l|dsdt+O(h_n^2/A_n^2)\\&=O(h_n^2/A_n^2)。\end{aligned}$$

应用引理 1.3，取 $X_i=\chi_i,n=j,l_1=\infty$，注意到 $2(1-1/k)>1$，有

$$D_m:=\max\nolimits_{1\leqslant j\leqslant 2m}\mathrm{Var}\left(\sum_{i=1}^{j}\chi_i\right)\leqslant Cm((h_n^2/A_n^2)^{1-1/k}+h_n/A_n^2)=O(mh_n/A_n)。$$

应用引理 1.4，取 $m=[nh_nA_n^{-1}(logn)^{-2}]$，则对任意的 $\epsilon>0$，有

$$\begin{aligned}&P\left(\left|\frac{1}{nh_n}\sum_{i=1}^{n}(\xi_{i,1}^l-E\xi_{i,1}^l)\right|>\epsilon\right)=P\left(\left|\sum_{i=1}^{n}\chi_i\right|>\epsilon nh_n/A_n\right)\\&\leqslant 4\exp\left\{-\frac{\epsilon^2n^2h_n^2/16A_n^2}{nm^{-1}D_m+2\|K\|_\infty G^{-1}(a_{\tilde F})\epsilon mnh_n/(3A_n)}\right\}+\frac{64\|K\|_\infty A_n}{\epsilon G(a_{\tilde F})nh_n}\cdot n\alpha(m)\\&\leqslant C[\exp\{-C(\log n)^2\}+A_n^{1+k}(\log n)^{2k}n^{-k}h_n^{-(1+k)}],\end{aligned}$$

这样由式(2.2.6)得 $\sum\limits_{n=1}^{\infty}P\left(\left|(nh_n)^{-1}\sum\limits_{i=1}^{n}(\xi_{i,1}^l-E\xi_{i,1}^l)\right|>\epsilon\right)<\infty$，从而有

$J_{n,1}^{l}-E(J_{n,1}^{l})\overset{\text{a.s.}}{=}o(1)$。

另外，由条件(A1)，(A4)和(A5)得

$$E(J_{n,1}^{l})=\frac{1}{h_n}E\left[\psi(\varepsilon)I\{|\psi(\varepsilon)|\leqslant A_n\}G^{-1}(Y)K\left(\frac{X-x_0}{h_n}\right)\left(\frac{X-x_0}{h_n}\right)^{l}\right]$$
$$=\theta^{-1}\int_{\mathbb{R}}K(t)t^{l}E[\psi(\varepsilon)I\{|\psi(\varepsilon)|\leqslant A_n\}\mid X=x_0+th_n]f_X(x_0+th_n)dt\to 0。$$

这样得到 $J_{n,1}^{l}=o(1)\text{a.s.}$。因此

$$Q_{n,1}^{l}=o(1)\text{a.s.}。\tag{2.2.34}$$

注意到

$$|\hat{Q}_{n,1}^{l}-Q_{n,1}^{l}|\leqslant\frac{\sup_{y\geqslant a_F}|G_n(y)-G(y)|}{G(a_{\bar F})-\sup_{y\geqslant a_{\bar F}}|G_n(y)-G(y)|}\cdot\frac{1}{nh_n}\sum_{i=1}^{n}\frac{1}{G(Y_i)}K\left(\frac{X_i-x_0}{h_n}\right)|\psi(\varepsilon_i)|\left|\frac{X_i-x_0}{h_n}\right|^{l}。$$

类似对式(2.2.34)的证明，有

$$\frac{1}{nh_n}\sum_{i=1}^{n}\frac{1}{G(Y_i)}K\left(\frac{X_i-x_0}{h_n}\right)|\psi(\varepsilon_i)|\left|\frac{X_i-x_0}{h_n}\right|^{l}\overset{a.s}{=}O(1)。\tag{2.2.35}$$

由式(2.2.35)和引理1.7，有 $\hat{Q}_{n,1}^{l}-Q_{n,1}^{l}=o(1)\text{a.s.}$，结合式(2.2.34)，得到

$$\hat{Q}_{n,1}^{l}=o(1)\text{a.s.}。\tag{2.2.36}$$

通过条件(A10)和 $\max_{1\leqslant i\leqslant n}|R(X_i)|=O(h_n^{p+1})$，类似对式(2.2.36)的证明，有

$$\hat{Q}_{n,2}^{l}=o(1)\text{a.s. 和 }\hat{Q}_{n,3}^{l}=o(1)\text{a.s.}。\tag{2.2.37}$$

由式(2.2.36)和式(2.2.37)得 $\hat{Q}_{n}^{l}=o(1)\text{a.s.}$。因此，$\ell'_n(\tilde{\boldsymbol{\beta}}(x_0))=o(1)\text{a.s.}$，定理2.2.2得证。

定理2.2.3的证明 设 $\hat{\eta}_i=R(X_i)-\mathbf{x}_i^{\mathrm{T}}(\hat{\boldsymbol{\beta}}(x_0)-\boldsymbol{\beta}(x_0))$，则 $Y_i-\mathbf{x}_i^{\mathrm{T}}\hat{\boldsymbol{\beta}}(x_0)=\varepsilon_i+\hat{\eta}_i$。由于 $\hat{\boldsymbol{\beta}}(x_0)$ 满足式(2.2.5)，所以

$$\sum_{i=1}^{n}\frac{K_{h_n}(X_i-x_0)}{G_n(Y_i)}\{\psi(\varepsilon_i)+\psi'(\varepsilon_i)\hat{\eta}_i+[\psi(\varepsilon_i+\hat{\eta}_i)-\psi(\varepsilon_i)-\psi'(\varepsilon_i)\hat{\eta}_i]\}\tilde{x}_i=0。\tag{2.2.38}$$

而

$$\sum_{i=1}^{n}\psi'(\varepsilon_i)\hat{\eta}_iG_n^{-1}(Y_i)K_{h_n}(X_i-x_0)\tilde{\mathbf{x}}_i=\sum_{i=1}^{n}\psi'(\varepsilon_i)R(X_i)G_n^{-1}(Y_i)K_{h_n}(X_i-x_0)\tilde{\mathbf{x}}_i$$

$$-\sum_{i=1}^{n}\psi'(\varepsilon_i)G_n^{-1}(Y_i)K_{h_n}(X_i-x_0)\widetilde{x}_i\widetilde{x}_i^{\mathrm{T}}H(\hat{\beta}(x_0)-\beta(x_0)):=\hat{\Gamma}_{n,1}+\hat{\Gamma}_{n,2}。$$

利用 $R(X_i)=m^{(p+1)}(x_0+\theta_1(X_i-x_0))(X_i-x_0)^{p+1}/(p+1)!$，这里 $0<\theta_1<1$，有

$$E\left[\psi'(\varepsilon)R(X)G^{-1}(Y)K_{h_n}(X-x_0)\left(\frac{X-x_0}{h_n}\right)^l\right]$$

$$=\frac{h_n^{p+1}}{\theta(p+1)!}\int_{\mathbb{R}}t^{p+l+1}K(t)\mathbb{E}[\psi'(\varepsilon)\mid X=x_0+th_n]f_X(x_0+th_n)m^{(p+1)}(x_0+\theta_1 th_n)dt$$

$$=\frac{h_n^{p+1}}{\theta(p+1)!}\Lambda_1(x_0)f_X(x_0)m^{(p+1)}(x_0)\mu_{p+l+1}(1+o(1))。$$

类似式(2.2.22)中第一个式子的证明，得到

$$\hat{\Gamma}_{n,1}=\frac{h_n^{p+1}}{(p+1)!}\theta^{-1}n\Lambda_1(x_0)f_X(x_0)m^{(p+1)}(x_0)\boldsymbol{\mu}(1+o_p(1)),\tag{2.2.39}$$

以及

$$\hat{\Gamma}_{n,2}=-\theta^{-1}n\Lambda_1(x_0)f_X(x_0)\mathbf{SH}(\hat{\boldsymbol{\beta}}(x_0)-\boldsymbol{\beta}(x_0))(1+o_p(1))。\tag{2.2.40}$$

由定理 2.2.1 的结果得

$$\sup_{i:|X_i-x_0|\leqslant h_n}|\hat{\eta}_i|\leqslant\sup_{i:|X_i-x_0|\leqslant h_n}(|R(X_i)|+\|\mathbf{H}(\hat{\boldsymbol{\beta}}(x_0)-\boldsymbol{\beta}(x_0))\|)$$
$$=O_p(h_n^{p+1}+\|\mathbf{H}(\hat{\boldsymbol{\beta}}(x_0)-\boldsymbol{\beta}(x_0))\|)=o_p(1)。$$

这样，类似对 $\hat{T}_{n,2}^l=o_p(1)$ 的证明，由（A11）得

$$\sum_{i=1}^{n}[\psi(\varepsilon_i+\hat{\eta}_i)-\psi(\varepsilon_i)-\psi'(\varepsilon_i)\hat{\eta}_i]G_n^{-1}(Y_i)K_{h_n}(X_i-x_0)\tilde{\mathbf{x}}_i$$
$$=o_p(n)(h_n^{p+1}+\|\mathbf{H}(\hat{\boldsymbol{\beta}}(x_0)-\boldsymbol{\beta}(x_0))\|)=o_p(\hat{\Gamma}_{n,1}+\hat{\Gamma}_{n,2})。\tag{2.2.41}$$

通过式(2.2.38)—式(2.2.41)，得到

$$\mathbf{H}(\hat{\boldsymbol{\beta}}(x_0)-\boldsymbol{\beta}(x_0))-\frac{h_n^{p+1}m^{(p+1)}(x_0)}{(p+1)!}\mathbf{S}^{-1}\boldsymbol{\mu}(1+o_p(1))$$

$$=\theta\Lambda_1^{-1}(x_0)f_X^{-1}(x_0)\mathbf{S}^{-1}n^{-1}\sum_{i=1}^{n}\psi(\varepsilon_i)G_n^{-1}(Y_i)K_{h_n}(X_i-x_0)\tilde{\mathbf{x}}_i(1+o_p(1))$$

$$=\theta\Lambda_1^{-1}(x_0)f_X^{-1}(x_0)\mathbf{S}^{-1}\hat{\mathbf{Q}}_n(1+o_p(1))。$$

这样由引理 2.2.1 的结果，定理 2.2.3 得证。

第 3 章　左截断相依数据下条件分位数的估计

3.1　左截断相依数据下条件分位数的核估计

设 Y 是一个具有未知分布函数 F 的响应变量，设 X 是一个具有分布函数 V 和连续密度 v 的协变量。$F(\cdot,\cdot)$ 和 $f(\cdot,\cdot)$ 分别为 (X,Y) 的联合分布函数和联合密度函数。给定 $X=x$，Y 的条件分布函数为：

$$F(y \mid x)=\frac{\int_{-\infty}^{y} f(x,t)dt}{v(x)}:=\frac{F_1(x,y)}{v(x)}。\tag{3.1.1}$$

$F(y \mid x)$ 对应的条件分位数函数 $Q_\tau(x)$ 为：

$$Q_\tau(x)=\inf\{t:F(t \mid x)\geqslant \tau\},\tau\in(0,1)。\tag{3.1.2}$$

对于左截断模型下，在独立和同分布数据下。Gürler 等(1993)给出了分位数函数的 Bahadur 型表示和渐近正态性；Lemdani 等(2005)把 Gürler 等(1993)相关的结果推广到时间序列情况下；Lemdani 等(2009)构造了条件分布函数和条件分位数的核估计，并建立了这些估计的渐近性质。在相依数据下，Cai(2002)建立了条件分布函数和条件分位数的加权 NW 核估计的渐近正态性和弱收敛性；Honda(2000)在混合过程下，利用局部多项式拟合方法建立了 $Q_\tau(x)$ 估计的一致收敛性和渐近近态性；Ferraty 等(2005)考虑条件变量为无限维时相依数据下的分位数回归问题。

本节考虑在左截断模型下建立条件分布函数和条件分位数函数的核估计，并在观测数据为强混合过程下建立了这些估计的强一致收敛性和渐近正态性，从而把 Lemdani 等(2009)在独立样本数据下相关的结果推广到强混合数据下，见 Wang 等 (2011)。

3.1.1　条件分位数核估计的构造

本节构建条件分布函数和条件分位数的核估计。设 $(X_1,Y_1,T_1),\cdots,(X_n,Y_n,T_n)$ 为实际观察到的样本(即满足 $Y_i\geqslant T_i,1\leqslant i\leqslant n$)。沿用

Stute(1993)的结果可知，Y 和 T 的条件分布分别为

$$F^*(y) = P(Y \leqslant y) = P(Y \leqslant y \mid Y \geqslant T) = \theta^{-1}\int_{-\infty}^{y} G(t)dF(t),$$

$$G^*(y) = P(T \leqslant y) = P(T \leqslant y \mid Y \geqslant T) = \theta^{-1}\int_{-\infty}^{+\infty} G(y \wedge t)dF(t)。$$

它们分别由经验函数 $F_n^*(y) = n^{-1}\sum_{i=1}^{n} I(Y_i \leqslant y)$ 和 $G_n^*(y) = n^{-1}\sum_{i=1}^{n} I(T_i \leqslant y)$ 估计。

由式(1.4.1)可得 $v^*(x) = \int f^*(x,y)dy = \theta^{-1}\int G(y)f(x,y)dy$，这里 $v^*(x)$ 为 X 的条件分布函数 $V^*(x) = \mathbb{P}(X \leqslant x \mid Y \geqslant T)$ 的密度函数。$v^*(x)$ 的核估计为

$$v_n^*(x) = (nh_n)^{-1}\sum_{i=1}^{n} K\left(\frac{x - X_i}{h_n}\right),$$

其中，$K(\cdot)$ 为核函数，h_n 为窗宽，满足 $0 < h_n \to 0$。

根据 Lemdani 等(2009)的方法，$F(y \mid x)$ 和 $f(y \mid x)$ 的核估计分别为

$$F_n(y \mid x) = \frac{\sum_{i=1}^{n} G_n^{-1}(Y_i)K\left(\frac{x - X_i}{h_n}\right)\Lambda\left(\frac{y - Y_i}{h_n}\right)}{\sum_{i=1}^{n} G_n^{-1}(Y_i)K\left(\frac{x - X_i}{h_n}\right)}$$

$$= \frac{\frac{\theta_n}{nh_n}\sum_{i=1}^{n} G_n^{-1}(Y_i)K\left(\frac{x - X_i}{h_n}\right)\Lambda\left(\frac{y - Y_i}{h_n}\right)}{\frac{\theta_n}{nh_n}\sum_{i=1}^{n} G_n^{-1}(Y_i)K\left(\frac{x - X_i}{h_n}\right)} := \frac{F_{1n}(x,y)}{v_n(x)} \tag{3.1.3}$$

和

$$f_n(y \mid x) = \frac{\partial}{\partial y}F_n(y \mid x) = \frac{\frac{\theta_n}{n_n}\sum_{i=1}^{n} G_n^{-1}(Y_i)K\left(\frac{x - X_i}{h_n}\right)\lambda\left(\frac{y - Y_i}{h_n}\right)}{v_n(x)}$$

$$:= \frac{f_{1n}(x,y)}{v_n(x)}, \tag{3.1.4}$$

其中，$\Lambda(\cdot)$ 为分布函数，其密度函数为 $\lambda(\cdot)$。这样 $Q_\tau(x)$ 的一个估计量

$$Q_{\tau n}(x) = \inf\{t: F_n(t \mid x) \geqslant \tau\}, \tau \in (0,1)。 \tag{3.1.5}$$

3.1.2　假设条件和主要定理

假设 $0 = a_G < a_F$ 和 $b_G < b_F$。a 和 b 为满足 $a_F < a < b < b_F$ 的两个实

数，定义 $\Omega_0 = \{x \mid v(x) > 0\}$，$\Omega$ 为 Ω_0 的一个紧子集。设 $\gamma_0 := \inf_{x\in\Omega} v(x) > 0$。先给出估计 $F_n(y \mid x)$ 和 $Q_{\tau n}(x)$ 的强一致收敛性，为此需要以下假设。

(A1) 核函数 $K(\cdot)$ 为有界，具有紧支撑，Lipschitz 连续的密度函数，且 $\int tK(t)dt = 0$。

(A2) $\Lambda(\cdot)$ 为紧支撑的分布函数，其密度函数 $\lambda(\cdot)$ 满足 Lipschitz 连续且 $\int t\lambda(t)dt = 0$。

(A3) 对于所有的整数 $j \geqslant 1$，(X_1, X_{1+j}) 关于测度 P 的联合密度 $v_j^*(\cdot,\cdot)$ 在 $\mathbb{R}\times\mathbb{R}$ 上存在；对 $x \in \mathbb{R}$，$v(x) < C$；对于 $x, y \in \mathbb{R}$，存在某个 $\eta > 0$，当 $|x - y| \leqslant \eta$ 时，有 $v_j^*(x,y) \leqslant C$。

(A4) $f(\cdot,\cdot)$ 在 $(x,y) \in \Omega_0 \times [0, b_F)$ 上有界，且二阶偏导是连续的。

(A5) 窗宽 h_n 满足 $(\log n)/nh_n \to 0$。

(A6) $f(y \mid x)$ 在 $(x,y) \in \Omega_0 \times [0, b_F)$ 上有界，且存在 $\gamma_1 > 0$，对所有的 $(x,y) \in \Omega_0 \times [0, b_F)$，$f(y \mid x) > \gamma_1$。

定理 3.1.1 设对某个 $\gamma > 5$，$\alpha(k) = O(k^{-\gamma})$。假设(A1)—(A5)都成立，且 $n^{\gamma-5}h_n^{\gamma+7}(\log n)^{1-\gamma}(\log\log n)^{-3} \to \infty$，那么

$$\sup_{x\in\Omega}\sup_{a\leqslant y\leqslant b} |F_n(y \mid x) - F(y \mid x)| = O(\max\{(\log n/(nh_n))^{1/2}, h_n^2\}) \text{ a. s.}$$

定理 3.1.2 在定理 3.1.1 的条件下，如果(A6)成立，且对于所有 $x \in \Omega$，满足 $F(a \mid x) < \tau < F(b \mid x)$，则

$$\sup_{x\in\Omega} |Q_{\tau n}(x) - Q_\tau(x)| = O(\max\{(\log n/(nh_n))^{1/2}, h_n^2\}) \text{ a. s.}$$

注 3.1.1 (a)如果对某个 $0 < \rho < 1$，$\alpha(k) = O(\rho^k)$，则对于足够大的 γ，$\alpha(k) = O(k^{-\gamma})$。因此定理中对于 $\gamma > 5$，$\alpha(k) = O(k^{-\gamma})$ 这一条件很容易满足。

(b)定理 3.1.2 中对所有 $x \in \Omega$，条件 $F(a \mid x) < \tau < F(b \mid x)$ 是为了确保对足够大的 n，有 $a \leqslant Q_{\tau n}(x) \leqslant b$。

现在给出估计 $F_n(y \mid x)$ 和 $Q_{\tau n}(x)$ 的渐近正态性。设

$$\Sigma_1(x,y) = \int_{-\infty}^{y} \frac{f(x,s)}{G(s)}ds,\ \Sigma_2(x) = \int \frac{f(x,s)}{G(s)}ds,$$

$$\Sigma(x,y) = \begin{pmatrix} \Sigma_1(x,y) & \Sigma_1(x,y) \\ \Sigma_1(x,y) & \Sigma_2(x) \end{pmatrix}。$$

注 3.1.2 注意到 $\Sigma_2(x) \geqslant v(x)$，这样对 $y < b_F$，有 $0 < \Sigma_1(x,y) < \Sigma_2(x)$。因此对于任意 $x \in \Omega_0$ 的情况下，只要 $y < b_F$，$\Sigma(x,y)$ 都是正定

矩阵。

在给出估计 $F_n(y \mid x)$ 和 $Q_{\tau n}(x)$ 的渐近正态性之前,还需要以下假设。

(B1)存在正整数 $q := q_n$,满足 $q = o((nh_n)^{1/2})$ 和 $\lim_{n\to\infty}(nh_n^{-1})^{1/2}\alpha(q) = 0$。

(B2)窗宽 h_n 满足 $nh_n^5 \to 0$。

(B3)窗宽 h_n 满足 $nh_n^{2+5/\gamma}(\log\log n)^{-2/\gamma}(\log n)^{-1} \to \infty$。

定理 3.1.3　设对某个 $\gamma > 3$,$\alpha(k) = O(k^{-\gamma})$。假设(A1)—(A4)和(B1)—(B2)成立,则对于任何 $x \in \Omega_0$ 和 $y < b_F$,有

$$(nh_n)^{1/2}(F_n(y \mid x) - F(y \mid x)) \xrightarrow{D} N(0, \sigma^2(x,y)),$$

这里,$\sigma^2(x,y) = \theta\kappa[\Sigma_1(x,y)v^2(x) + \Sigma_2(x)F_1^2(x,y) - 2\Sigma_1(x,y)F_1(x,y)v(x)]v^{-4}(x)$ 和 $\kappa = \int K^2(x)dx$。

定理 3.1.4　在定理 3.1.3 的条件下,如果(A6)和(B3)成立,且对任意 $x \in \Omega_0$ 和每个 $\tau \in (F(a \mid x), F(b \mid x))$,有 $f(Q_\tau(x) \mid x) \neq 0$。则

$$(nh_n)^{1/2}(Q_{\tau n}(x) - Q_\tau(x)) \xrightarrow{D} N\left(0, \frac{\sigma^2(x, Q_\tau(x))}{f^2(Q_\tau(x) \mid x)}\right)。$$

注 3.1.3　利用定理 3.1.4,可以构造 $Q_\tau(x)$ 的置信区间。为此给出 $\sigma^2(x,y)$ 的插值估计:

$$\sigma_n^2(x,y) = \frac{\theta_n\kappa[\Sigma_{1,n}(x,y)v_n^2(x) + \Sigma_{2,n}(x)F_{1n}^2(x,y) - 2\Sigma_{1,n}(x,y)F_{1n}(x,y)v_n(x)]}{v_n^4(x)},$$

这里,θ_n 的定义见 1.4 节,而 v_n 和 $F_{1n}(x,y)$ 的定义见 3.1.1 节。

$$\Sigma_{1,n}(x,y) = \frac{\theta_n}{nh_n}\sum_{i=1}^n \frac{I(Y_i \leqslant y)}{G_n^2(Y_i)}K\left(\frac{x - X_i}{h_n}\right), \Sigma_{2,n}(x,y)$$
$$= \frac{\theta_n}{nh_n}\sum_{i=1}^n \frac{1}{G_n^2(Y_i)}K\left(\frac{x - X_i}{h_n}\right)。$$

在定理 3.1.4 的假设下,在置信水平 $1-\delta$ 下 $Q_\tau(x)$ 的置信区间为

$$\left[Q_{\tau n}(x) - \frac{\mu_{1-\delta/2}\sigma_n(x, Q_{\tau n}(x))}{(nh_n)^{1/2}f_n(Q_{\tau n}(x) \mid x)}, Q_{\tau n}(x) + \frac{\mu_{1-\delta/2}\sigma_n(x, Q_{\tau n}(x))}{(nh_n)^{1/2}f_n(Q_{\tau n}(x) \mid x)}\right]$$

这里,$\mu_{1-\delta/2}$ 表示标准正态分布的 $(1-\delta/2)$ 分位数,$f_n(\cdot \mid x)$ 由(3.1.4)定义。

3.1.3　相合性和渐近正态性的模拟研究

本节通过模拟来研究 $Q_\tau(x)$ 的估计 $Q_{\tau n}(x)$ 在有限样本下的性能,内容包括:通过整体均方误差(GMSE)显示估计量一致性的效果;在置信水平

95%下，计算 $Q_\tau(x)$ 置信区间的覆盖概率。为了得到截断后的样本数据为混合序列，应用 2.1.3 节的方法。考虑下面模型：

$$Y_i = \sin(\pi X_i) + \varepsilon_i,$$

这里的 $\varepsilon_i \sim N(0, 0.1^2)$，$X_i = 0.1X_{i-1} + e_i$，$e_i \sim N(0, 0.5^2)$。$T_i \sim N(\mu, 1)$，调整 μ 为了得到不同的 θ 值。由 $\{X_i\}$ 的 α 混合序列性可知，观察数据 $\{(X_i, Y_i, T_i), Y_i \geqslant T_i, i \geqslant 1\}$ 仍为 α 混合序列。

这里考虑 $\tau = 0.5$（中位数），显然，$Q_{0.5}(x) = \sin(\pi x)$。对于所提出的估计量，选择 $K(\cdot)$ 和 $\lambda(\cdot)$ 为高斯核函数。为了检验估计量一致性的效果，采用整体均方误差。其定义如下：

$$GMSE = \frac{1}{Mn}\sum_{l=1}^{M}\sum_{k=1}^{n}(Q_{\tau n}(X_k, l) - Q_\tau(X_k, l))^2。$$

从上述模型中分别模拟样本量 $n = 300$ 和 800，重复次数 $M = 200$，并取不同的截断数据百分比值：$\theta \approx 25\%$，50% 和 90%。在表 3-1 中，分别在窗宽 $h_n = n^{-1/2}$，$n^{-1/3}$ 和 $n^{-1/4}$ 下计算估计 $Q_{\tau n}(x)$ 的整体均方误差。

表 3-1　估计量的 GMSE

θ	n	$h_n = n^{-1/2}$	$h_n = n^{-1/3}$	$h_n = n^{-1/4}$
25%	300	7.235×10^{-3}	2.209×10^{-2}	8.569×10^{-2}
	800	5.042×10^{-3}	7.311×10^{-3}	4.549×10^{-2}
50%	300	6.526×10^{-3}	9.835×10^{-3}	5.542×10^{-2}
	800	4.555×10^{-3}	5.619×10^{-3}	2.872×10^{-2}
90%	300	4.674×10^{-3}	7.173×10^{-3}	3.831×10^{-2}
	800	3.245×10^{-3}	4.198×10^{-3}	1.718×10^{-2}

从表 3-1 可以看出，(i)当观测数据的样本量和截断比列相同时，随着窗宽的增大，估计量的性能越差；(ii)随着样本量 n 的增加，估计量模拟的效果更好；(iii)估计量模拟的效果受到截断比例 θ 的影响，θ 越大时，估计量模拟的效果更好。

接下来，根据注 3.1.3，计算 $Q_\tau(x)$ 在 $x = 0.2$，0.3 和 0.4 处，置信区间的覆盖概率。这里抽取样本量为 $n = 200$ 和 500 的样本，并取截断数据的百分比值 $\theta \approx 25\%$，50% 和 90%。在表 3-2 中，在窗宽 $h_n = n^{-1/2}$ 以及重复 1000 次下，报告了在置信水平为 95% 下 $Q_\tau(x)$ 置信区间的覆盖概率。从表 3-2 可以明显看出，随着 n 的增大，置信区间的覆盖概率更接近 95%。

表 3-2　置信水平 95%下，$Q_\tau(x)$置信区间的覆盖概率

θ	n	$x=0.2$	$x=0.3$	$x=0.4$
25%	200	0.913	0.932	0.919
	500	0.938	0.950	0.947
50%	200	0.937	0.939	0.927
	500	0.946	0.949	0.948
90%	200	0.946	0.944	0.936
	500	0.951	0.947	0.949

3.1.4　主要结果的证明

定理 3.1.1 的证明　注意到

$$\sup_{x\in\Omega}\sup_{a\leqslant y\leqslant b}|F_n(y|x)-F(y|x)|$$
$$\leqslant \frac{1}{\gamma_0-\sup_{x\in\Omega}|v_n(x)-v(x)|}\times\{\sup_{x\in\Omega}\sup_{a\leqslant y\leqslant b}|F_{1n}(x,y)-F_1(x,y)|$$
$$+\sup_{x\in\Omega}\sup_{a\leqslant y\leqslant b}|F(y|x)|\sup_{x\in\Omega}|v_n(x)-v(x)|\} \tag{3.1.6}$$

先计算 $\sup_{x\in\Omega}\sup_{a\leqslant y\leqslant b}|F_{1n}(x,y)-F_1(x,y)|$。

注意到

$$F_{1n}(x,y)-F_1(x,y)$$
$$=\frac{\theta_n-\theta}{nh_n}\sum_{i=1}^{n}\frac{1}{G_n(Y_i)}K\left(\frac{x-X_i}{h_n}\right)\Lambda\left(\frac{y-Y_i}{h_n}\right)$$
$$+\frac{\theta}{nh_n}\sum_{i=1}^{n}\left(\frac{1}{G_n(Y_i)}-\frac{1}{G(Y_i)}\right)K\left(\frac{x-X_i}{h_n}\right)\Lambda\left(\frac{y-Y_i}{h_n}\right)$$
$$+\frac{\theta}{nh_n}\sum_{i=1}^{n}\left\{\frac{1}{G(Y_i)}K\left(\frac{x-X_i}{h_n}\right)\Lambda\left(\frac{y-Y_i}{h_n}\right)\right.$$
$$\left.-E\left[\frac{1}{G(Y_i)}K\left(\frac{x-X_i}{h_n}\right)\Lambda\left(\frac{y-Y_i}{h_n}\right)\right]\right\}$$
$$+\frac{\theta}{nh_n}\sum_{i=1}^{n}E\left[\frac{1}{G(Y_i)}K\left(\frac{x-X_i}{h_n}\right)\Lambda\left(\frac{y-Y_i}{h_n}\right)\right]-F_1(x,y)$$
$$:=D_{1n}(x,y)+D_{2n}(x,y)+D_{3n}(x,y)+D_{4n}(x,y) \tag{3.1.7}$$

根据(A1)和(A2)，有 $|D_{1n}(x,y)|\leqslant\dfrac{|\theta_n-\theta|v_n^*(x)}{G(a_F)-\sup_y|G_n(y)-G(y)|}$。

由引理 1.7 和后面的引理 3.1.2 得

$$\sup_{x\in\Omega}\sup_{a\leqslant y\leqslant b}|D_{1n}(x,y)|=O((\log\log n/n)^{1/2})\text{a. s.} \tag{3.1.8}$$

因为 $|D_{2n}(x,y)|\leqslant\dfrac{c\theta\sup_y|G_n(y)-G(y)|}{G(a_F)[G(a_F)-\sup_y|G_n(y)-G(y)|]}v_n^*(x)$，

根据引理 1.7 可知

$$\sup_{x\in\Omega}\sup_{a\leqslant y\leqslant b}|D_{2n}(x,y)|=O((\log\log n/n)^{1/2})\text{a. s.} \tag{3.1.9}$$

根据式(1.4.1)，观察到

$$\begin{aligned}D_{4n}(x,y)&=\frac{\theta}{h_n}\iint\frac{1}{G(t)}K\left(\frac{x-s}{h_n}\right)\Lambda\left(\frac{y-t}{h_n}\right)\frac{G(t)}{\theta}f(s,t)dsdt-F_1(x,y)\\&=\frac{1}{h_n}\iint K\left(\frac{x-s}{h_n}\right)\lambda(r)F_1(s,y-rh_n)dsdr-F_1(x,y)\\&=\iint K(\mu)\lambda(r)[F_1(x-\mu h_n,y-rh_n)-F_1(x,y)]d\mu dr。\end{aligned} \tag{3.1.10}$$

通过泰勒展开以及条件(A1)，(A2)和(A4)，得到

$$\sup_{x\in\Omega}\sup_{a\leqslant y\leqslant b}|D_{4n}(x,y)|=O(h_n^2)\text{a. s.} \tag{3.1.11}$$

接下来，计算 $D_{3n}(x,y)$。

设 $A(x_k)(k=1,\cdots,l_n)$ 以 x_k 为中心，长度为 $(h_n^3\log n/n)^{1/2}$ 的区间集，并覆盖紧集 Ω。由于 Ω 是有界的，则 $l_n=O((h_n^3\log n/n)^{-1/2})$。将区间 $[a,b]$ 分成子区间 $[y_j,y_{j+1}]$ $(j=1,\cdots,m_n)$，其中 $a=y_1<\cdots<y_{m_n+1}=b$ 且对 $j=1,\cdots,m_n$ 满足 $C_1(h_n^3\log n/n)^{1/2}\leqslant y_{j+1}-y_j\leqslant C_2(h_n^3\log n/n)^{1/2}$，则 $m_n=O((h_n^3\log n/n)^{-1/2})$。

注意到

$$\begin{aligned}\sup_{x\in\Omega}\sup_{a\leqslant y\leqslant b}|D_{3n}(x,y)|\leqslant&\max_{1\leqslant k\leqslant l_n}\sup_{x\in A(x_k)}\sup_{a\leqslant y\leqslant b}|D_{3n}(x,y)-D_{3n}(x_k,y)|\\&+\max_{1\leqslant k\leqslant l_n}\max_{1\leqslant j\leqslant m_n}\sup_{y_j\leqslant y\leqslant y_{j+1}}|D_{3n}(x_k,y)-D_{3n}(x_k,y_j)|\\&+\max_{1\leqslant k\leqslant l_n}\max_{1\leqslant j\leqslant m_n}|D_{3n}(x_k,y_j)|。\end{aligned} \tag{3.1.12}$$

因为 $K(\cdot)$ 是 Lipschitz 连续的，有

$$\max_{1\leqslant k\leqslant l_n}\sup_{x\in A(x_k)}\sup_{a\leqslant y\leqslant b}|D_{3n}(x,y)-D_{3n}(x_k,y)|=O((\log n/(nh_n))^{1/2})\text{a. s.} \tag{3.1.13}$$

因为(A2)蕴含了 $\Lambda(\cdot)$ 是 Lipschitz 连续的，因而

$$\max_{1\leqslant k\leqslant l_n}\max_{1\leqslant j\leqslant m_n}\sup_{y_j\leqslant y\leqslant y_{j+1}}|D_{3n}(x_k,y)-D_{3n}(x_k,y_j)|=O((\log n/(nh_n))^{1/2})\text{a. s.} \tag{3.1.14}$$

设 $\zeta_i(x_k,y_j)=\dfrac{1}{G(Y_i)}K\left(\dfrac{x_k-X_i}{h_n}\right)\Lambda\left(\dfrac{y_j-Y_i}{h_n}\right)-E\left(\dfrac{1}{G(Y_i)}K\left(\dfrac{x_k-X_i}{h_n}\right)\right.$

$\Lambda\left(\frac{y_j - Y_i}{h_n}\right)\Big)$，则 $D_{3n}(x_k, y_j) = \frac{\theta}{nh_n}\sum_{i=1}^{n}\zeta_i(x_k, y_j)$，这样对某个 $\epsilon_0 > 0$，有

$$P\left(\max_{1\leqslant k\leqslant l_n}\max_{1\leqslant j\leqslant m_n}|D_{3n}(x_k, y_j)| > \epsilon_0\left(\frac{\log n}{nh_n}\right)^{1/2}\right)$$

$$\leqslant l_n m_n \sup_{x\in\Omega}\sup_{a\leqslant y\leqslant b} P\left(\left|\sum_{i=1}^{n}\zeta_i(x, y)\right| > \epsilon_0\sqrt{nh_n \log n}/\theta\right)。$$

注意到 $\sup_{x\in\Omega}\sup_{a\leqslant y\leqslant b}|\zeta_i(x, y)| \leqslant 2G^{-1}(a_F)\,\|K\|_\infty < \infty$ 以及

$$E\zeta_i^2(x, y) \leqslant E\left(\frac{1}{G^2(Y_i)}K^2\left(\frac{x - X_i}{h_n}\right)\Lambda^2\left(\frac{y - Y_i}{h_n}\right)\right)$$

$$\leqslant \frac{1}{G(a_F)}E\left(\frac{1}{G(Y_i)}K^2\left(\frac{x - X_i}{h_n}\right)\right)$$

$$\leqslant \frac{h_n}{\theta G(a_F)}\int K^2(s)v(x - sh_n)ds,$$

这样由(A1)和(A4)得 $\sup_{x\in\Omega}\sup_{a\leqslant y\leqslant b}E\zeta_i^2(x, y) = O(h_n)$。对于 $i<j$，根据(A3)和(A4)得

$$\sup_{x\in\Omega}\sup_{a\leqslant y\leqslant b}|\mathrm{Cov}(\zeta_i(x, y), \zeta_j(x, y))|$$

$$\leqslant C\sup_{x\in\Omega}\left\{E\left|K\left(\frac{x - X_i}{h_n}\right)K\left(\frac{x - X_j}{h_n}\right)\right|\right.$$

$$\left. + E\left|\frac{1}{G(Y_i)}K\left(\frac{x - X_i}{h_n}\right)\right| \cdot E\left|\frac{1}{G(Y_j)}K\left(\frac{x - X_j}{h_n}\right)\right|\right\}$$

$$\leqslant Ch_n^2\sup_{x\in\Omega}\left\{\iint K(s)K(t)v_{j-i}^*(x - sh_n, x - th_n)dsdt\right.$$

$$\left. + \left(\int K(s)v(x - sh_n)ds\right)^2\right\}$$

$$= O(h_n^2)。$$

应用引理 1.3，取 $X_i = \zeta_i(x, y), n = j, l = \infty$，注意到 $2(1 - 1/\gamma) > 1$，有

$$D_m := \max_{1\leqslant j\leqslant 2m}\mathrm{Var}\left(\sum_{i=1}^{j}\zeta_i(x, y)\right) \leqslant Cm((h_n^2)^{1-1/\gamma} + h_n) = O(mh_n)。$$

选择 $m = [(n^5(\log n)^{-1}(\log\log n)^3/h_n^7)^{1/2\gamma}]$，则由 $n^{\gamma-5}h_n^{\gamma+7}(\log n)^{1-\gamma}(\log\log n)^{-3} \to \infty$ 得，$1 \leqslant m \leqslant n/2$。因此通过引理 1.4，对 ϵ_0 足够大，得到

$$P\left(\max_{1\leqslant k\leqslant l_n}\max_{1\leqslant j\leqslant m_n}|D_{3n}(x_k, y_j)| > \epsilon_0(\log n/(nh_n))^{1/2}\right)$$

$$\leqslant l_n m_n\left[4\exp\left\{-\frac{\epsilon_0^2\theta^{-2}nh_n(\log n)/16}{nm^{-1}D_m + 2\,\|K\|_\infty\theta^{-1}G^{-1}(a_F)\epsilon_0 m\sqrt{nh_n\log n}/3}\right\}\right.$$

$$\left. + \frac{32 \cdot 2\theta\,\|K\|_\infty n\alpha(m)}{\epsilon_0 G(a_F)\sqrt{nh_n\log n}}\right]$$

$$\leqslant O\left(\frac{n}{h_n^3\log n}\right)\left[4\exp\{-\alpha_0^2\log n\}+\frac{ch_n^3}{n^2(\log\log n)^{3/2}}\right]$$

$$\leqslant C\left(\frac{1}{n^2}+\frac{1}{n\log n(\log\log n)^{3/2}}\right)。$$

根据 Borel-Cantelli 引理可得

$$\max_{1\leqslant k\leqslant l_n}\max_{1\leqslant j\leqslant m_n}|D_{3n}(x_k,y_j)|=O((\log n/(nh_n))^{1/2})\text{a.s.}\quad(3.1.15)$$

因此，从式(3.1.7)—式(3.1.15)，可以得到

$$\sup_{x\in\Omega}\sup_{a\leqslant y\leqslant b}|F_{1n}(x,y)-F_1(x,y)|=O(\max\{(\log n/(nh_n))^{1/2},h_n^2\})\text{a.s.}\quad(3.1.16)$$

接下来，证明得到

$$\sup_{x\in\Omega}|v_n(x)-v(x)|=O(\max\{(\log n/(nh_n))^{1/2},h_n^2\})\text{a.s.}\quad(3.1.17)$$

注意到

$$\begin{aligned}v_n(x)-v(x)=&\frac{\theta_n-\theta}{nh_n}\sum_{i=1}^n\frac{1}{G_n(Y_i)}K\left(\frac{x-X_i}{h_n}\right)\\&+\frac{\theta}{nh_n}\sum_{i=1}^n\left(\frac{1}{G_n(Y_i)}-\frac{1}{G(Y_i)}\right)K\left(\frac{x-X_i}{h_n}\right)\\&+\frac{\theta}{nh_n}\sum_{i=1}^n\left[\frac{1}{G(Y_i)}K\left(\frac{x-X_i}{h_n}\right)-E\left(\frac{1}{G(Y_i)}K\left(\frac{x-X_i}{h_n}\right)\right)\right]\\&+\left[\frac{\theta}{nh_n}\sum_{i=1}^nE\left(\frac{1}{G(Y_i)}K\left(\frac{x-X_i}{h_n}\right)\right)-v(x)\right]\\:=&J_{1n}(x)+J_{2n}(x)+J_{3n}(x)+J_{4n}(x)。\end{aligned}\quad(3.1.18)$$

从引理 1.7 和引理 3.1.2，得到：

$$\sup_{x\in\Omega}|J_{1n}(x)|\leqslant\frac{|\theta_n-\theta|\cdot\sup_{x\in\Omega}|v_n^*(x)|}{G(a_F)-\sup_y|G_n(y)-G(y)|}=O((\log\log n/n)^{1/2})\text{a.s.}\quad(3.1.19)$$

和

$$\sup_{x\in\Omega}|J_{2n}(x)|\leqslant\frac{\sup_y|G_n(y)-G(y)|\cdot\sup_{x\in\Omega}|v_n^*(x)|}{G(a_F)(G(a_F)-\sup_y|G_n(y)-G(y)|)}=O((\log\log n/n)^{1/2})\text{a.s.}\quad(3.1.20)$$

因为 $J_{4n}(x)=\frac{1}{h_n}\iint K\left(\frac{x-s}{h_n}\right)f(s,t)dsdt-v(x)=\int K(r)[v(x-rh_n)-v(x)]dr$，所以通过泰勒展开，由条件(A1)和(A4)可得

$$\sup_{x\in\Omega}|J_{4n}(x)|=O(h_n^2)。\tag{3.1.21}$$

按照上面对 $D_{3n}(x,y)$ 的计算方法，可以得到

$$\sup_{x\in\Omega}|J_{3n}(x)|=O((\log n/(nh_n))^{1/2})\text{a. s.}。\tag{3.1.22}$$

因此，由式(3.1.18)—式(3.1.22)可得式(3.1.17)。结合式(3.1.6)和式(3.1.16)证明了定理 3.1.1。

定理 3.1.2 的证明　由于 $F(y\mid x)$ 和 $F_n(y\mid x)$ 关于 y 是连续的，因此对于 $x\in\Omega$，有 $F(Q_\tau(x)\mid x)=F_n(Q_{\tau n}(x)\mid x)=\tau$。此外，由 $F(a\mid x)<\tau<F(b\mid x)$ 和定理 3.1.1 可知，对足够大的 n，有 $a\leqslant Q_{\tau n}(x)\leqslant b$a. s. 从而得到：

$$\begin{aligned}|F(Q_{\tau n}(x)\mid x)-F(Q_\tau(x)\mid x)|&=|F(Q_{\tau n}(x)\mid x)-F_n(Q_{\tau n}(x)\mid x)|\\&\leqslant\sup_{a\leqslant y\leqslant b}|F_n(y\mid x)-F(y\mid x)|。\end{aligned}\tag{3.1.23}$$

注意到 $F(Q_{\tau n}(x)\mid x)-F(Q_\tau(x)\mid x)=(Q_{\tau n}(x)-Q_\tau(x))f(Q_\tau^*(x)\mid x)$，这里 $Q_\tau^*(x)$ 介于 $Q_\tau(x)$ 和 $Q_{\tau n}(x)$ 之间。因此，根据式(3.1.23)可知

$$\sup_{x\in\Omega}|Q_{\tau n}(x)-Q_\tau(x)|\,|f(Q_\tau^*(x)\mid x)|\leqslant\sup_{x\in\Omega}\sup_{a\leqslant y\leqslant b}|F_n(y\mid x)-F(y\mid x)|。$$

因此，由定理 3.1.1 的结果和条件(A6)，证明了定理 3.1.2。

定理 3.1.3 的证明　因为 $F_n(y\mid x)=\dfrac{\theta_n^{-1}F_{1n}(x,y)}{\theta_n^{-1}v_n(x)}$，而

$$\begin{aligned}\frac{F_{1n}(x,y)}{\theta_n}-\frac{F_1(x,y)}{\theta}&=\frac{1}{nh_n}\sum_{i=1}^n\left(\frac{1}{G_n(Y_i)}-\frac{1}{G(Y_i)}\right)K\left(\frac{x-X_i}{h_n}\right)\Lambda\left(\frac{y-Y_i}{h_n}\right)\\&\quad+\frac{1}{nh_n}\sum_{i=1}^n\left\{\frac{1}{G(Y_i)}K\left(\frac{x-X_i}{h_n}\right)\Lambda\left(\frac{y-Y_i}{h_n}\right)-E\left[\frac{1}{G(Y_i)}K\left(\frac{x-X_i}{h_n}\right)\Lambda\left(\frac{y-Y_i}{h_n}\right)\right]\right\}\\&\quad+\frac{1}{nh_n}\sum_{i=1}^nE\left[\frac{1}{G(Y_i)}K\left(\frac{x-X_i}{h_n}\right)\Lambda\left(\frac{y-Y_i}{h_n}\right)\right]-\frac{F_1(x,y)}{\theta}\\&:=\Lambda_{n1}(x)+\Lambda_{n2}(x)+\Lambda_{n3}(x),\end{aligned}\tag{3.1.24}$$

并且

$$\begin{aligned}\frac{v_n(x)}{\theta_n}-\frac{v(x)}{\theta}&=\frac{1}{nh_n}\sum_{i=1}^n\left(\frac{1}{G_n(Y_i)}-\frac{1}{G(Y_i)}\right)K\left(\frac{x-X_i}{h_n}\right)\\&\quad+\frac{1}{nh_n}\sum_{i=1}^n\left\{\frac{1}{G(Y_i)}K\left(\frac{x-X_i}{h_n}\right)-E\left[\frac{1}{G(Y_i)}K\left(\frac{x-X_i}{h_n}\right)\right]\right\}\\&\quad+\left[\frac{1}{nh_n}\sum_{i=1}^nE\left(\frac{1}{G(Y_i)}K\left(\frac{x-X_i}{h_n}\right)\right)-\frac{v(x)}{\theta}\right]\\&:=\Gamma_{n1}(x)+\Gamma_{n2}(x)+\Gamma_{n3}(x)。\end{aligned}\tag{3.1.25}$$

接下来，来证明：

$$(nh_n)^{1/2}\Lambda_{n1}(x)=o_p(1),(nh_n)^{1/2}\Gamma_{n1}(x)=o_p(1)。\tag{3.1.26}$$

$$(nh_n)^{1/2}\Lambda_{n3}(x)=o_p(1),(nh_n)^{1/2}\Gamma_{n3}(x)=o_p(1)。\tag{3.1.27}$$

$$(nh_n)^{1/2}(\Lambda_{n2}(x),\Gamma_{n2}(x))^\tau\xrightarrow{\mathcal{D}}N(0,\theta^{-1}\kappa\Sigma(x,y))。\tag{3.1.28}$$

第一步 验证式(3.1.26)。注意到

$$(nh_n)^{1/2}\mid\Lambda_{n1}(x)\mid\leqslant(nh_n)^{1/2}\frac{\sup_y\mid G_n(y)-G(y)\mid}{G(a_F)-\sup_y\mid G_n(y)-G(y)\mid}\times\frac{1}{nh_n}\sum_{i=1}^n\frac{1}{G(Y_i)}K\left(\frac{x-X_i}{h_n}\right)\Lambda\left(\frac{y-Y_i}{h_n}\right),$$

而

$$\begin{aligned}&P\left(\frac{1}{nh_n}\sum_{i=1}^n\frac{1}{G(Y_i)}K\left(\frac{x-X_i}{h_n}\right)\Lambda\left(\frac{y-Y_i}{h_n}\right)>\epsilon\right)\\&\leqslant\frac{1}{\epsilon nh_n}\sum_{i=1}^nE\left(\frac{1}{G(Y_i)}K\left(\frac{x-X_i}{h_n}\right)\right)\\&=\frac{1}{\epsilon h_n}\iint\frac{1}{G(y)}K\left(\frac{x-s}{h_n}\right)f^*(s,y)dsdy\\&=\frac{1}{\epsilon\theta}\int K(t)v(x-th_n)dt\to\frac{v(x)}{\epsilon\theta}\int K(t)dt。\end{aligned}$$

因此,由引理1.7得 $(nh_n)^{1/2}\Lambda_{n1}(x)=O_p(h_n^{1/2})=o_p(1)$。类似地,也可以证明 $(nh_n)^{1/2}\Gamma_{n1}(x)=o_p(1)$。

第二步 证明式(3.1.27)。由式(3.1.10)得到

$$(nh_n)^{1/2}\Lambda_{n3}(x)=\frac{(nh_n)^{1/2}}{\theta}\iint K(r)\lambda(s)[F_1(x-rh_n,y-sh_n)-F_1(x,y)]drds,$$

通过泰勒展开以及条件(A4)和(B2),有 $(nh_n)^{1/2}\Lambda_{n3}(x)=O((nh_n^5)^{1/2})=o(1)$。类似地,也可以验证 $(nh_n)^{1/2}\Gamma_{n3}(x)=O((nh_n^5)^{1/2})=o(1)$。

第三步 验证式(3.1.28)。为此,只需要证明,对于任意给定实数 $\mathbf{A}=(a_1,a_2)^\tau\neq0$,

$$(nh_n)^{1/2}(a_1\Lambda_{n2}(x)+a_2\Gamma_{n2}(x))\xrightarrow{D}N(0,\tau^2(x)),\tag{3.1.29}$$

其中 $\tau^2(x)=\theta^{-1}\kappa\mathbf{A}^\tau\Sigma(x,y)\mathbf{A}=\theta^{-1}\kappa[a_1^2\Sigma_1(x,y)+2a_1a_2\Sigma_1(x,y)+a_2^2\Sigma_2(x)]$。

条件(B1)蕴涵了存在一个正整数 $\delta_n\to\infty$ 序列,有

$$\delta_nq=o((nh_n)^{1/2}),\delta_n(nh_n^{-1})^{1/2}\alpha(q)\to0。$$

设 $\omega:=\omega_n=\left[\frac{n}{p+q}\right]$ 和 $p:=p_n=[(nh_n)^{1/2}/\delta_n]$,则

$$q/p \to 0, \omega\alpha(q) \to 0, \omega q/n \to 0, p/n \to 0, p/(nh_n)^{1/2} \to 0。\tag{3.1.30}$$

令

$$Z_i = \frac{a_1}{\sqrt{h_n}}\left\{\frac{1}{G(Y_i)}K\left(\frac{x-X_i}{h_n}\right)\Lambda\left(\frac{y-Y_i}{h_n}\right) - E\left[\frac{1}{G(Y_i)}K\left(\frac{x-X_i}{h_n}\right)\Lambda\left(\frac{y-Y_i}{h_n}\right)\right]\right\}$$
$$+\frac{a_2}{\sqrt{h_n}}\left\{\frac{1}{G(Y_i)}K\left(\frac{x-X_i}{h_n}\right) - E\left[\frac{1}{G(Y_i)}K\left(\frac{x-X_i}{h_n}\right)\right]\right\}。$$

定义 $\eta_{mn} = \sum_{i=k_m}^{k_m+p-1} Z_i, \eta'_{mn} = \sum_{j=l_m}^{l_m+q-1} Z_j, \eta''_{\omega n} = \sum_{k=\omega(p+q)+1}^{n} Z_k$，其中 $k_m = (m-1)(p+q)+1,\ l_m = (m-1)(p+q)+p+1, m = 1,\cdots,\omega$。因此

$$\begin{aligned}(nh_n)^{1/2}(a_1\Lambda_{n2}(x) + a_2\Gamma_{n2}(x)) &= n^{-1/2}\sum_{i=1}^{n} Z_i \\ &= n^{-1/2}\left\{\sum_{m=1}^{\omega}\eta_{mn} + \sum_{m=1}^{\omega}\eta'_{mn} + \eta''_{\omega n}\right\} \\ &:= n^{-1/2}\{S'_n + S''_n + S'''_n\}。\end{aligned}$$

因此，为了证明式(3.1.29)，只需要证明

$$n^{-1}E(S''_n)^2 \to 0, n^{-1}E(S'''_n)^2 \to 0,\tag{3.1.31}$$

$$\operatorname{Var}(n^{-1/2}S'_n) \to \tau^2(x),\tag{3.1.32}$$

$$\left|E\exp\left(it\sum_{m=1}^{\omega} n^{-1/2}\eta_{mn}\right) - \prod_{m=1}^{\omega} E\exp(itn^{-1/2}\eta_{mn})\right| \to 0,\tag{3.1.33}$$

$$\forall \epsilon > 0, g_n(\epsilon) = n^{-1}\sum_{m=1}^{\omega} E\eta_{mn}^2 I(|\eta_{mn}| > \epsilon\sqrt{n}\tau(x)) \to 0。\tag{3.1.34}$$

先建立式(3.1.31)。易知

$$\begin{aligned}n^{-1}E(S''_n)^2 &= \frac{1}{n}\sum_{m=1}^{\omega}\sum_{i=l_m}^{l_m+q-1} EZ_i^2 + \frac{2}{n}\sum_{m=1}^{\omega}\sum^{l_m\leqslant i<j\leqslant l_m+q-1}\operatorname{Cov}(Z_i, Z_j) \\ &\quad + \frac{2}{n}\sum^{1\leqslant i<j\leqslant\omega}\operatorname{Cov}(\eta'_{in}, \eta'_{jn}). \\ &:= L_{1n}(x) + L_{2n}(x) + L_{3n}(x)。\end{aligned}$$

注意到

$$EZ_i^2 \leqslant \frac{2a_1^2}{h_n}E\left[\frac{1}{G^2(Y_i)}K^2\left(\frac{x-X_i}{h_n}\right)\Lambda^2\left(\frac{y-Y_i}{h_n}\right)\right] + \frac{2a_2^2}{h_n}E\left[\frac{1}{G^2(Y_i)}K^2\left(\frac{x-X_i}{h_n}\right)\right]$$

$$\leqslant \frac{2(a_1^2+a_2^2)}{\theta G(a_F)}\int K^2(t)v(x-th_n)dt \to \frac{2(a_1^2+a_2^2)}{\theta G(a_F)}v(x)\int K^2(t)dt, \tag{3.1.35}$$

结合式(3.1.30)，得到 $L_{1n}(x)=O(\omega q/n)\to 0$。显然，

$$|L_{2n}(x)| \leqslant \frac{2}{n}\sum^{1\leqslant i<j\leqslant n}|\mathrm{Cov}(Z_i,Z_j)|,\ |L_{3n}(x)| \leqslant \frac{2}{n}\sum^{1\leqslant i<j\leqslant n}|\mathrm{Cov}(Z_i,Z_j)|。$$

因此，为了证明 $|L_{2n}(x)|=o(1)$ 和 $|L_{3n}(x)|=o(1)$，只需要证明

$$n^{-1}\sum^{1\leqslant i<j\leqslant n}|\mathrm{Cov}(Z_i,Z_j)|\to 0。\tag{3.1.36}$$

设 c_n（下面给定）为一个整数序列，满足 $c_n\to\infty$ 和 $c_nh_n\to 0$。令

$$S_1=\{(i,j)\mid i,j\in\{1,2,\cdots,n\},1\leqslant j-i\leqslant c_n\},$$
$$S_2=\{(i,j)\mid i,j\in\{1,2,\cdots,n\},c_n+1\leqslant j-i\leqslant n-1\}。$$

这样 $n^{-1}\sum^{1\leqslant i<j\leqslant n}|\mathrm{Cov}(Z_i,Z_j)|=n^{-1}\sum_{S_1}|\mathrm{Cov}(Z_i,Z_j)|+n^{-1}\sum_{S_2}|\mathrm{Cov}(Z_i,Z_j)|$。注意到

$$\begin{aligned}
|\mathrm{Cov}(Z_i,Z_j)| = \Bigg| & \frac{a_1^2}{h_n}E\left[\frac{1}{G(Y_i)G(Y_j)}K\left(\frac{x-X_i}{h_n}\right)K\left(\frac{x-X_j}{h_n}\right)\Lambda\left(\frac{y-Y_i}{h_n}\right)\Lambda\left(\frac{y-Y_j}{h_n}\right)\right] \\
& +\frac{a_1a_2}{h_n}E\left[\frac{1}{G(Y_i)G(Y_j)}K\left(\frac{x-X_i}{h_n}\right)K\left(\frac{x-X_j}{h_n}\right)\Lambda\left(\frac{y-Y_i}{h_n}\right)\right] \\
& +\frac{a_1a_2}{h_n}E\left[\frac{1}{G(Y_i)G(Y_j)}K\left(\frac{x-X_i}{h_n}\right)K\left(\frac{x-X_j}{h_n}\right)\Lambda\left(\frac{y-Y_j}{h_n}\right)\right] \\
& +\frac{a_2^2}{h_n}E\left[\frac{1}{G(Y_i)G(Y_j)}K\left(\frac{x-X_i}{h_n}\right)K\left(\frac{x-X_j}{h_n}\right)\right] \\
& -\left\{\frac{a_1}{\sqrt{h_n}}E\left[\frac{1}{G(Y_i)}K\left(\frac{x-X_i}{h_n}\right)\Lambda\left(\frac{y-Y_i}{h_n}\right)\right]\right. \\
& \left.+\frac{a_2}{\sqrt{h_n}}E\left[\frac{1}{G(Y_i)}K\left(\frac{x-X_i}{h_n}\right)\right]\right\} \\
& \times\left\{\frac{a_1}{\sqrt{h_n}}E\left[\frac{1}{G(Y_j)}K\left(\frac{x-X_j}{h_n}\right)\Lambda\left(\frac{y-Y_j}{h_n}\right)\right]\right. \\
& \left.+\frac{a_2}{\sqrt{h_n}}E\left[\frac{1}{G(Y_j)}K\left(\frac{x-X_j}{h_n}\right)\right]\right\}\Bigg| \\
\leqslant h_n\Bigg\{ & \frac{(|a_1|+|a_2|)^2}{G^2(a_F)}\iint K(\mu)K(r)v_{j-i}^{*}(x-\mu h_n,x-rh_n)d\mu dr \\
& +\left(\frac{(|a_1|+|a_2|)}{\theta}\int K(t)v(x-th_n)dt\right)^2\Bigg\}=O(h_n)。
\end{aligned}\tag{3.1.37}$$

因此，

$$n^{-1}\sum^{s_1}|\operatorname{Cov}(Z_i,Z_j)|=O(c_nh_n)\to 0。\qquad(3.1.38)$$

另外，根据引理 1.2 可知，$|\operatorname{Cov}(Z_i,Z_j)|\leqslant C[\alpha(j-i)]^{1-1/\gamma}(E|Z_i|^{2\gamma})^{1/\gamma}$，而

$$E|Z_i|^{2\gamma}\leqslant\frac{C}{h_n^{\gamma}}E\left|\frac{1}{G(Y_i)}K\left(\frac{x-X_i}{h_n}\right)\Lambda\left(\frac{y-Y_i}{h_n}\right)\right|^{2\gamma}+\frac{C}{h_n^{\gamma}}E\left|\frac{1}{G(Y_i)}K\left(\frac{x-X_i}{h_n}\right)\right|^{2\gamma}$$
$$\leqslant\frac{C}{h_n^{\gamma}}\int K^{2\gamma}\left(\frac{x-\mu}{h_n}\right)v(\mu)d\mu=O(h_n^{-(\gamma-1)})。$$

对某个 $1-1/\gamma<\delta<\gamma-2$，通过选取 $c_n=h_n^{-(1-1/\gamma)/\delta}$，可得

$$n^{-1}\sum^{S_2}|\operatorname{Cov}(Z_i,Z_j)|=\frac{C}{n}\sum_{j=1}^{n}\sum_{j-i=c_n+1}^{n-1}[\alpha(j-i)]^{1-1/\gamma}h_n^{-(1-1/\gamma)}$$
$$\leqslant Cc_n^{-\delta}h_n^{-(1-1/\gamma)}\sum_{l=c_n}^{\infty}l^{\delta}[\alpha(l)]^{1-1/\gamma}$$
$$\leqslant Cc_n^{-\delta}h_n^{-(1-1/\gamma)}c_n^{\delta-(\gamma-2)}\to 0,$$

结合式(3.1.38)，得到式(3.1.36)。因此，$n^{-1}E(S''_n)\to 0$。由式(3.1.35)和式(3.1.36)得

$$n^{-1}E(S'''_n)^2=\frac{1}{n}\sum_{i=\omega(p+q)}^{n}EZ_i^2+\frac{2}{n}\sum^{\omega(p+q)\leqslant i<j\leqslant n}\operatorname{Cov}(Z_i,Z_j)$$
$$\leqslant C\frac{p}{n}+\frac{2}{n}\sum^{1\leqslant i<j\leqslant n}|\operatorname{Cov}(Z_i,Z_j)|\to 0。$$

所以，式(3.1.31)得证。

对于式(3.1.32)，注意到 $\operatorname{Var}(n^{-1/2}S'_n)=\frac{1}{n}\sum_{m=1}^{\omega}\operatorname{Var}(\eta_{mn})+\frac{2}{n}\sum_{1\leqslant i<j\leqslant\omega}\operatorname{Cov}(\eta_{in},\eta_{jn})$，而

$$\frac{1}{n}\sum_{m=1}^{\omega}\operatorname{Var}(\eta_{mn})=\frac{1}{n}\sum_{i=1}^{n}\operatorname{Var}(Z_i)+\frac{2}{n}\sum_{m=1}^{\omega}\sum^{k_m\leqslant i<j\leqslant k_m+p-1}\operatorname{Cov}(Z_i,Z_j)$$
$$-\frac{1}{n}\sum_{m=1}^{\omega}\sum_{i=l_m}^{l_m+q-1}\operatorname{Var}(Z_i)-\frac{1}{n}\sum_{i=\omega(p+q)+1}^{n}\operatorname{Var}(Z_i)。$$

根据式(3.1.37)，得到

$$\frac{1}{n}\sum_{i=1}^{n}\operatorname{Var}(Z_i)=\frac{a_1^2}{h_n}E\left[\frac{1}{G^2(Y_i)}K^2\left(\frac{x-X_i}{h_n}\right)\Lambda^2\left(\frac{y-Y_i}{h_n}\right)\right]$$
$$+\frac{a_2^2}{h_n}E\left[\frac{1}{G^2(Y_i)}K^2\left(\frac{x-X_i}{h_n}\right)\right]$$

$$+\frac{2a_1a_2}{h_n}E\left[\frac{1}{G^2(Y_i)}K^2\left(\frac{x-X_i}{h_n}\right)\Lambda\left(\frac{y-Y_i}{h_n}\right)+O(h_n)\right.$$

$$\to\theta^{-1}\kappa[a_1^2\Sigma_1(x,y)+2a_1a_2\Sigma_1(x,y)+a_2^2\Sigma_2(x)]=\tau^2(x)\text{。}$$

因此，由式(3.1.30)和式(3.1.36)得到了式(3.1.32)。

接下来,来建立式(3.1.33)。对于 $i_l=l(p+q)$ 和 $j_l=l(p+q)+p-1$，η_{mn} 关于 $\mathcal{F}_{i_{m-1}+1}^{j_{m-1}+1}$ 是可测的。应用引理 1.1,取 $V_j=\exp(itn^{-1/2}\eta_{jn})$ 以及 $i_{l+1}-j_l=q+1$，由式(3.1.30)得到

$$\left|E\exp\left(it\sum_{m=1}^{\omega}n^{-1/2}\eta_{mn}\right)-\prod_{m=1}^{\omega}E\exp(itn^{-1/2}\eta_{mn})\right|\leqslant 16\omega\alpha(q+1)\to 0\text{。}$$

最后来证明式(3.1.34)。由于 $\max_{1<m<\omega}|\eta_{mn}|=O(p/\sqrt{h_n})$，这样对足够大的 n，由式(3.1.30)得集合 $\{|\eta_{mn}|>\epsilon\sqrt{n}\tau(x)\}$ 为空集,从而式(3.1.34)成立。

第四步 证明 $(nh_n)^{1/2}(F_n(y\mid x)-F(y\mid x))\xrightarrow{D}N(0,\sigma^2(x,y))$。

在这里,应用引理 3.1.1，定义函数 $g(x,y)=x/y\ (y\neq 0)$ 从 $\mathbb{R}^2$ 到 $\mathbb{R}$ 的映射。由于 $F(y\mid x)=\dfrac{\theta^{-1}F_1(x,y)}{\theta^{-1}\nu(x)}$，通过函数 $g(\cdot,\cdot)$，$F_n(y\mid x)$ 和 $F(y\mid x)$ 分别是 $(\theta_n^{-1}F_{1n}(x,y),\theta_n^{-1}v_n(x))$ 和 $(\theta^{-1}F_1(x,y),\theta^{-1}v(x))$ 的映像。因此,基于引理 3.1.1,可以得到 $(nh_n)^{1/2}(F_n(y\mid x)-F(y\mid x))\xrightarrow{D}N(0,\theta^{-1}\kappa(\nabla g)^T\Sigma(x,y)\nabla g)$，而

$$\sigma^2(x,y)=\theta^{-1}\kappa(\nabla g)^T\Sigma(x,y)\nabla g$$

$$=\theta^{-1}\kappa\left(\frac{1}{\theta^{-1}\nu(x)},-\frac{\theta^{-1}F_1(x,y)}{(\theta^{-1}\nu(x))^2}\right)\begin{pmatrix}\Sigma_1(x,y) & \Sigma_1(x,y)\\ \Sigma_1(x,y) & \Sigma_2(x)\end{pmatrix}\begin{pmatrix}\dfrac{1}{\theta^{-1}\nu(x)}\\ -\dfrac{\theta^{-1}F_1(x,y)}{(\theta^{-1}\nu(x))^2}\end{pmatrix}$$

$$=\theta\kappa[\Sigma_1(x,y)v^2(x)+\Sigma_2(x)F_1^2(x,y)-2\Sigma_1(x,y)F_1(x,y)v(x)]v^{-4}(x)\text{。}$$

定理 3.1.4 的证明 基于泰勒展开,得到

$$Q_{\tau n}(x)-Q_\tau(x)=\frac{F_n(Q_{\tau n}(x)\mid x)-F_n(Q_\tau(x)\mid x)}{f_n(Q_{\tau n}^*(x)\mid x)},$$

其中 $Q_{\tau n}^*(x)$ 介于 $Q_\tau(x)$ 和 $Q_{\tau n}(x)$ 之间。由引理 3.1.3 的结论可知 $Q_{\tau n}^*(x)\xrightarrow{P}Q_\tau(x)$。因此,由 $f(\cdot\mid x)$ 的连续性和引理 3.1.3 得到 $f_n(Q_{\tau n}^*(x)\mid x)\xrightarrow{p}f(Q_\tau(x)\mid x)$。由于 $F(Q_\tau(x)\mid x)=F_n(Q_{\tau n}(x)\mid x)=\tau$，所以,由定理 3.1.3 得出

$$(nh_n)^{1/2}(Q_{\tau n}(x)-Q_\tau(x))\xrightarrow{\mathcal{D}}N\left(0,\frac{\sigma^2(x,Q_\tau(x))}{f^2(Q_\tau(x)\mid x)}\right)\text{。}$$

3.1.5　主要引理和证明

引理 3.1.1(Shao(2003),推论 1.1)　设 $\mathbf{X}_1,\mathbf{X}_2,\cdots$ 和 $\mathbf{Y}$ 都为 d 维随机向量,满足 $a_n(\mathbf{X}_n-\mathbf{c})\to N(\mathbf{0},\Sigma)$, 其中 $c\in\mathbb{R}^d$ 和 $\{a_n\}$ 是正数列满足 $\lim_{n\to\infty}a_n=\infty$。设 g 是一个从 $\mathbb{R}^d$ 到 $\mathbb{R}$ 的函数,如果 g 在 $\mathbf{c}$ 点上可微, 则

$$a_n[g(\mathbf{X}_n)-g(\mathbf{c})]\xrightarrow{\mathcal{D}}N(0,[\nabla g(\mathbf{c})]^T\Sigma\nabla g(\mathbf{c})),$$

其中 $\nabla g(\mathbf{x})$ 为 g 在 $\mathbf{x}$ 上的 d 维偏导向量。

引理 3.1.2　设对某个 $\gamma>4$, $\alpha(k)=O(k^{-\gamma})$。假设条件(A1),(A3)和(A4)满足, 且 $n^{\gamma-4}h_n^{\gamma+4}(\log n)^{-\gamma}(\log\log n)^{-3}\to\infty$, 则

$$\sup_{x\in\Omega}|v_n^*(x)-v^*(x)|=O(\max\{(\log n/(nh_n))^{1/2},h_n^2\})\text{a.s.}$$

引理 3.1.3　设对某个 $\gamma>3$, $\alpha(k)=O(k^{-\gamma})$。如果 (A1)-(A4)和(B3)满足, 对于任意 $x\in\Omega_0$, 则 $\sup_{a\leqslant y\leqslant b}|f_n(y\mid x)-f(y\mid x)|\xrightarrow{P}0$。

引理 3.1.4　设对某个 $\gamma>3$, $\alpha(k)=O(k^{-\gamma})$。如果(A1)-(A4)满足,且 $nh_n^{1+1/\gamma}(\log\log n)^{-1/\gamma}\to\infty$, 对任意 $x\in\Omega_0$ 和 $y<b_F$, 则 $F_n(y\mid x)-F(y\mid x)\xrightarrow{P}0$;进一步地, 如果(A6)成立, 那么 $Q_{\tau n}(x)-Q_\tau(x)\xrightarrow{P}0$。

引理 3.1.2 的证明　观察到

$$\begin{aligned}v_n^*(x)-v^*(x)&=\frac{1}{nh_n}\sum_{i=1}^n\left[K\left(\frac{x-X_i}{h_n}\right)-EK\left(\frac{x-X_i}{h_n}\right)\right]\\&\quad+\left[\frac{1}{nh_n}\sum_{i=1}^nE\left(K\left(\frac{x-X_i}{h_n}\right)\right)-v^*(x)\right]\\&:=I_{n1}(x)+I_{n2}(x)\end{aligned}$$

注意到 $I_{n2}(x)=\frac{1}{h_n}\int K\left(\frac{x-\mu}{h_n}\right)v^*(\mu)d\mu-v^*(x)=\int K(s)[v^*(x-sh_n)-v^*(x)]ds$.通过泰勒展开以及条件(A1)和(A4),有 $\sup_{x\in\Omega}|I_{n2}(x)|=O(h_n^2)$。类似定理 3.1.1 证明中对 $D_{3n}(x,y)$ 的计算方法,不难得到 $\sup_{x\in\Omega}|I_{n1}(x)|=O((\log n/(nh_n))^{1/2})\text{a.s.}$。因此,

$$\sup_{x\in\Omega}|v_n^*(x)-v^*(x)|=O(\max\{(\log n/(nh_n))^{1/2},h_n^2\})\text{a.s.}$$

引理 3.1.3 的证明　由于

$$\begin{aligned}\sup_{a\leqslant y\leqslant b}|f_n(y\mid x)-f(y\mid x)|\leqslant\frac{1}{v_n(x)}\Big\{&\sup_{a\leqslant y\leqslant b}|f_{1n}(x,y)-f(x,y)|\\&+|v_n(x)-v(x)|\sup_{a\leqslant y\leqslant b}f(y\mid x)\Big\},\end{aligned}$$

所以,对 $x\in\Omega_0$, 由条件(A4)知,只需证明

$$\sup_{a\leqslant y\leqslant b}|f_{1n}(x,y)-f(x,y)|\xrightarrow{P}0 \text{ 和 } v_n(x)-v(x)\xrightarrow{P}0。$$

首先证明 $v_n(x)-v(x)\xrightarrow{p}0$。沿用式(3.1.18)的分解，类似定理 3.1.3 证明中的步骤 1—2，由引理 1.7 得 $J_{ln}(x)=o_p(1)$（$l=1,2$）和 $J_{3n}(x)=o(1)$。

接下来估计 $J_{3n}(x)$。设

$$W_i=\frac{1}{G(Y_i)}K\left(\frac{x-X_i}{h_n}\right)-E\left[\frac{1}{G(Y_i)}K\left(\frac{x-X_i}{h_n}\right)\right],$$

则 $|W_i|\leqslant 2G^{-1}(a_F)\|K\|_\infty<\infty, EW_i^2=O(h_n)$ 和 $|\mathrm{Cov}(W_i,W_j)|=O(h_n^2)$（$i\neq j$）。应用引理 1.3，有 $D_m:=\max_{1\leqslant j\leqslant 2m}\mathrm{Var}\left(\sum_{i=1}^{j}W_i\right)=O(mh_n)$。另外，由条件(B3)得 $n^{\gamma/(\gamma+1)}h_n\to\infty$。因此，选取 $m=[n^{1/(\gamma+1)}]$，根据引理 1.4，对任意 $\epsilon>0$，有

$$\begin{aligned}P(|J_{3n}(x)|>\epsilon)&=P\left(\left|\sum_{i=1}^{n}W_i\right|>\epsilon nh_n/\theta\right)\\&\leqslant C\exp\{-cn^{\gamma/(\gamma+1)}h_n\}+C(n^{\gamma/(\gamma+1)}h_n)^{-1}\to 0,\end{aligned}$$

所以，$J_{3n}(x)=o_p(1)$。

接下来，证明 $\sup_{a\leqslant y\leqslant b}|f_{1n}(x,y)-f(x,y)|\xrightarrow{P}0$。观察到

$$\begin{aligned}&f_{1n}(x,y)-f(x,y)\\&=\frac{\theta_n-\theta}{nh_n^2}\sum_{i=1}^{n}\frac{1}{G_n(Y_i)}K\left(\frac{x-X_i}{h_n}\right)\lambda\left(\frac{y-Y_i}{h_n}\right)\\&\quad+\frac{\theta}{nh_n^2}\sum_{i=1}^{n}\left(\frac{1}{G_n(Y_i)}-\frac{1}{G(Y_i)}\right)K\left(\frac{x-X_i}{h_n}\right)\lambda\left(\frac{y-Y_i}{h_n}\right)\\&\quad+\frac{\theta}{nh_n^2}\sum_{i=1}^{n}\left\{\frac{1}{G(Y_i)}K\left(\frac{x-X_i}{h_n}\right)\lambda\left(\frac{y-Y_i}{h_n}\right)-E\left[\frac{1}{G(Y_i)}K\left(\frac{x-X_i}{h_n}\right)\lambda\left(\frac{y-Y_i}{h_n}\right)\right]\right\}\\&\quad+\left[\frac{\theta}{nh_n^2}\sum_{i=1}^{n}E\left(\frac{1}{G(Y_i)}K\left(\frac{x-X_i}{h_n}\right)\lambda\left(\frac{y-Y_i}{h_n}\right)\right)-f(x,y)\right]\\&:=E_{1n}(x,y)+E_{2n}(x,y)+E_{3n}(x,y)+E_{4n}(x,y)。\end{aligned}$$

对于 $E_{1n}(x,y)$，注意到 $|E_{1n}(x,y)|\leqslant\dfrac{ch_n^{-1}|\theta_n-\theta|v_n^*(x)}{G(a_F)-\sup_y|G_n(y)-G(y)|}$，类似 $v_n(x)\xrightarrow{p}v(x)$ 的证明，易得 $v_n^*(x)\xrightarrow{p}v^*(x)$。由引理 1.7 得 $\sup_{a\leqslant y\leqslant b}|E_{1n}(x,y)|=O_p(1/\sqrt{nh_n^2})=o_p(1)$。同理，也可以得到 $\sup_{a\leqslant y\leqslant b}|E_{2n}(x,y)|=o_p(1)$。类似式(3.1.11)，可证 $\sup_{a\leqslant y\leqslant b}|E_{4n}(x,y)|=O(h_n^2)=o(1)$。

最后，来计算 $E_{3n}(x,y)$。将区间 $[a,b]$ 分为子区间 $[y_j,y_{j+1}]$ $(j=1,\cdots,d_n)$，其中 $a=y_1<\cdots<y_{d_n+1}=b$ 且对 $j=1,\cdots,d_n$ 满足 $C_3h_n^3/\mathrm{loglog}n\leqslant y_{j+1}-y_j\leqslant C_4h_n^3/\mathrm{loglog}n$，则 $d_n=O((\mathrm{loglog}n)/h_n^3)$ 和 $\sup\limits_{a\leqslant y\leqslant b}|E_{3n}(x,y)|\leqslant\max\limits_{1\leqslant j\leqslant d_n}\sup\limits_{y_j\leqslant y\leqslant y_{j+1}}|E_{3n}(x,y)-E_{3n}(x,y_j)|+\max\limits_{1\leqslant j\leqslant d_n}|E_{3n}(x,y_j)|$。

由于 $\lambda(\cdot)$ 满足 Lipschitz 连续，所以

$$\max_{1\leqslant j\leqslant d_n}\sup_{y_j\leqslant y\leqslant y_{j+1}}|E_{3n}(x,y)-E_{3n}(x,y_j)|=O((\mathrm{loglog}n)^{-1})=o(1)。$$

设 $\chi_i(x,y_j)=\dfrac{1}{G(Y_i)}K\left(\dfrac{x-X_i}{h_n}\right)\lambda\left(\dfrac{y_j-Y_i}{h_n}\right)-E\left(\dfrac{1}{G(Y_i)}K\left(\dfrac{x-X_i}{h_n}\right)\lambda\left(\dfrac{y_j-Y_i}{h_n}\right)\right)$，则 $\max\limits_{1\leqslant j\leqslant d_n}|\chi_i(x,y_j)|\leqslant 2G^{-1}(a_F)\|K\|_\infty\|\lambda\|_\infty<\infty$，对 $s\neq t$，$\max\limits_{1\leqslant j\leqslant d_n}|\mathrm{Cov}(\chi_s(x,y_j),\chi_t(x,y_j))|=O(h_n^2)$，

和 $\max_{1\leqslant j\leqslant d_n}E\chi_i^2(x,y_j)=O(h_n^2)$。应用引理 1.3，有

$$D_m:=\max_{1\leqslant k\leqslant 2m}\mathrm{Var}\left(\sum_{i=1}^{k}\chi_i(x,y_j)\right)=O(mh_n^{2(1-1/\gamma)})。$$

选择 $m=[((\mathrm{loglog}n)^2/h_n^5)^{1/\gamma}]$，根据引理 1.7，对于任意 $\epsilon>0$，由条件(B3)得

$$P(\max_{1\leqslant j\leqslant d_n}|E_{3n}(x,y_j)|>\epsilon)\leqslant\sum_{j=1}^{d_n}P\left(\left|\sum_{i=1}^{n}\chi_i(x,y_j)\right|>\epsilon nh_n^2/\theta\right)$$
$$=O(h_n^{-3}\mathrm{loglog}n\exp\{-cnh_n^{2+5/\gamma}(\mathrm{loglog}n)^{-2/\gamma}\}+(\mathrm{loglog}n)^{-1})\to 0$$

所以，$\sup_{a\leqslant y\leqslant b}|E_{3n}(x,y)|=o_p(1)$。从而 $\sup_{a\leqslant y\leqslant b}|f_{1n}(x,y)-f(x,y)|\xrightarrow{P}0$。

引理 3.1.4 的证明　注意到 $F_n(y\mid x)-F(y\mid x)=\dfrac{F_{1n}(x,y)}{v_n(x)}-\dfrac{F_1(x,y)}{v(x)}$。只需证明，对于 $x\in\Omega_0$ 和 $y<b_F$，$F_{1n}(x,y)-F_1(x,y)\xrightarrow{p}0$ 和 $v_n(x)-v(x)\xrightarrow{p}0$。在引理 3.1.3 的证明中，已证 $v_n(x)-v(x)\xrightarrow{p}0$。通过式(3.1.7)的分解，同理可得 $F_{1n}(x,y)-F_1(x,y)\xrightarrow{P}0$。

3.2　左截断相依数据下条件分位数的双核局部线性估计

上一节中，在左截断相依数据下讨论了条件分位数的核估计。Yu 和 Jones(1998)利用局部线性估计的方法，先提出了条件分布函数的局部双

核估计，该估计在偏移和边界点调节上要比一般的核估计更好。

设 $(X_i, Y_i), i = 1, 2, \cdots N$ 一组完整的样本数据，$\Omega(\cdot)$ 为某个分布函数，$W(\cdot)$ 为它的密度函数。在 Yu 和 Jones (1998)中，当窗宽 $h_2^* \to 0$，有

$$\mathbb{E}\left[\Omega\left(\frac{y-Y}{h_2^*}\right) \mid X = x\right] \approx F(y \mid x)。$$

设 $F^{ij}(y \mid x) = \partial^{i+j} F(y \mid x) / \partial x^i \partial y^j$。如果 $F(y \mid x)$ 关于 x 的二阶偏导存在，且在 (x, y) 上连续，这样 $F(y \mid z)$ 在 x 邻域内可以用线性函数逼近，即

$$F(y \mid z) \approx F(y \mid x) + F^{10}(y \mid x)(z - x) =: \beta_0 + \beta_1 (z - x)。$$

Yu 和 Jones(1998)提出了 $F(y \mid x)$ 的双核局部线性估计为 $\widetilde{F}_N(y \mid x) = \tilde{\beta}_0^*$，这里

$$(\tilde{\beta}_0^*, \tilde{\beta}_1^*) = \arg\min_{(\beta_0, \beta_1)} \sum_{i=1}^{N} K\left(\frac{x - X_i}{h_1^*}\right)\left[\Omega\left(\frac{y - Y_i}{h_2^*}\right) - \beta_0 - \beta_1 (X_i - x)\right]^2, \tag{3.2.1}$$

$K(\cdot)$ 为某个核函数，窗宽 h_1^* 和 h_2^* 满足 $0 < h_1^*, h_2^* \to 0, N \to \infty$。

3.2.1 条件分位数的双核局部线性估计的构造

在左截断数据下，观察的样本为 $\{(X_i, Y_i, T_i), 1 \leqslant i \leqslant n\}$，因此式(3.2.1)的构造方法不能直接应用，但注意到

$$\begin{aligned}
&\theta E\left\{K_{h_1}(x - X) G^{-1}(Y)\left[\Omega\left(\frac{y - Y}{h_2}\right) - F(y \mid x)\right]\right\} \\
&= \frac{\theta}{h_1}\int_{\mathbb{R}}\int_{\mathbb{R}} K\left(\frac{x - r}{h_1}\right) G^{-1}(s)\left[\Omega\left(\frac{y - s}{h_2}\right) - F(y \mid x)\right] f^*(r, s)\, dr ds \\
&= \int_{\mathbb{R}} K(\mu) f_X(x - \mu h_1)\, d\mu \int_{\mathbb{R}}\left[\int_{-\infty}^{\frac{y-s}{h_2}} W(t)\, dt - F(y \mid x)\right] f(s \mid x - \mu h_1)\, ds \\
&= \int_{\mathbb{R}} K(\mu) f_X(x - \mu h_1)\, d\mu \int_{\mathbb{R}} W(t)\left[F(y - t h_2 \mid x - \mu h_1) - F(y \mid x)\right] dt \to 0,
\end{aligned} \tag{3.2.2}$$

这里 $K_{h_1}(\cdot) = K(\cdot / h_1) / h_1$，窗宽 h_1 和 h_2 满足 $0 < h_1, h_2 \to 0, n \to \infty$。由式(3.2.1)和式(3.2.2)，在左截断数据下得到 $F(y \mid x)$ 的双核局部线性估计为 $\hat{F}_n(y \mid x) = \hat{\beta}_0$，这里

$$(\hat{\beta}_0, \hat{\beta}_1) = \arg\min_{(\beta_0, \beta_1)} \sum_{i=1}^{n} \frac{\hat{\theta}_n}{G_n(Y_i)} K_{h_1}(x - X_i)\left[\Omega\left(\frac{y - Y_i}{h_2}\right) - \beta_0 - \beta_1 (X_i - x)\right]^2。 \tag{3.2.3}$$

上面给出了在左截断数据下条件分布函数估计 $\hat{F}_n(y \mid x)$，这里重点关

注的是条件分位数 $Q_\tau(x)$ 的估计。一个自然的想法，$Q_\tau(x)$ 的双核局部线性估计可以定义为

$$Q_{\tau,n}(x)=\inf\{y:\hat{F}_n(y\mid x)\geqslant\tau\},\tau\in(0,1)。\qquad(3.2.4)$$

另外，通过对式(3.2.3)求解，不难得到 $(\hat{\beta}_0,\hat{\beta}_1)^\tau=(\mathbf{X}^\tau\mathbf{W}\mathbf{X})^{-1}\mathbf{X}^\tau\mathbf{W}\mathbf{Y}$，这里

$$\mathbf{X}=\begin{pmatrix}1 & (X_1-x)\\ \vdots & \vdots\\ 1 & (X_n-x)\end{pmatrix},\mathbf{Y}=\begin{pmatrix}\Omega\left(\frac{y-Y_1}{h_2}\right)\\ \vdots\\ \Omega\left(\frac{y-Y_n}{h_2}\right)\end{pmatrix},\mathbf{W}=\operatorname{diag}(G_n^{-1}(Y_i)K_{h_1}(x-X_i))。$$

设 $s_{nj}=\frac{\theta}{n}\sum_{i=1}^{n}G_n^{-1}(Y_i)K_{h_1}(x-X_i)\left(\frac{X_i-x}{h_1}\right)^j,j=0,1,2,\mathbf{S}_n=\begin{pmatrix}s_{n0} & s_{n1}\\ s_{n1} & s_{n2}\end{pmatrix}$，

$$t_{nj}=\frac{\theta}{n}\sum_{i=1}^{n}G_n^{-1}(Y_i)K_{h_1}(x-X_i)\Omega\left(\frac{y-Y_i}{h_2}\right)\left(\frac{X_i-x}{h_1}\right)^j,\ \mathbf{t}_n=\begin{pmatrix}t_{n0}\\ t_{n1}\end{pmatrix}。$$

则 $(\hat{\beta}_0,\hat{\beta}_1)^\tau=\operatorname{diag}(1,h_1^{-1})S_n^{-1}t_n$。

注 3.2.1　王等（2011）在左截断相依数据下构造了 $F(y\mid x)$ 的 NW 估计如下：

$$F_n(y\mid x)=\frac{\sum_{i=1}^{n}G_n^{-1}(Y_i)K\left(\frac{x-X_i}{h_1}\right)\Omega\left(\frac{y-Y_i}{h_2}\right)}{\sum_{i=1}^{n}G_n^{-1}(Y_i)K\left(\frac{x-X_i}{h_1}\right)},$$

实际上，这个 NW 估计就是下面关于 α 的优化问题得到的

$$\arg\min_{\alpha}\sum_{i=1}^{n}\frac{\hat{\theta}_n}{G_n(Y_i)}K\left(\frac{x-X_i}{h_1}\right)\left[\Omega\left(\frac{y-Y_i}{h_2}\right)-\alpha\right]^2。$$

另外，他们仅仅讨论了 $h_1=h_2$ 这种情况，这里讨论双窗宽的问题。

注 3.2.2　通过对式(3.2.3)求解，可得 $\hat{F}_n(y\mid x)$ 的具体表达式为

$$\hat{F}_n(y\mid x)=\frac{\sum_{j=1}^{n}\omega_j(x,h_1)\Omega\left(\frac{y-Y_j}{h_2}\right)}{\sum_{j=1}^{n}\omega_j(x,h_1)},$$

这里 $\omega_j(x,h_1)=G_n^{-1}(Y_j)K[(x-X_j)/h_1][\widetilde{S}_{n2}-(x-X_j)\widetilde{S}_{n1}]$，而

$$\widetilde{S}_{nl}=\sum_{i=1}^{n}G_n^{-1}(Y_i)K\{(x-X_i)/h_1\}(x-X_i)^l,l=1,2。$$

一个很自然的想法，通过对 $\hat{F}_n(y\mid x)$ 关于 y 求偏导，可得条件密度函数 $f(y\mid x)$ 的双核局部线性估计如下：

$$\hat{f}_n(y \mid x) = \frac{\partial \hat{F}_n(y \mid x)}{\partial y} = \frac{\sum_{j=1}^{n} \omega_j(x, h_1) W\left(\frac{y - Y_j}{h_2}\right)}{h_2 \sum_{j=1}^{n} \omega_j(x, h_1)}。$$

注 3.2.3 事实上，上面的 $\hat{f}_n(y \mid x)$ 是下面式子的优化问题中 b_0 的值：

$$\sum_{i=1}^{n} \frac{\hat{\theta}_n}{G_n(Y_i)} K\left(\frac{x - X_i}{h_1}\right)[W_{h_2}(y - Y_j) - b_0 - b_1(X_i - x)]^2。 \tag{3.2.5}$$

在完全数据下，Fan 等(1996)通过类似式(3.2.5)研究过条件密度函数的估计。如注 3.2.2 的讨论，实际上把他们的估计方法推广到左截断相依数据下。另外，最近 Liang 和 Baek (2016)在左截断相依数据下，根据式(3.2.5)讨论了条件密度函数的估计，这和 $\hat{f}_n(y \mid x)$ 是一致的。

3.2.2 假设条件和主要定理

定义 $m(x,y) = \mathbb{E}\left[\Omega\left(\frac{y-Y}{h_2}\right) \mid X = x\right]$，$m^{ab}(x,y) = \frac{\partial^{ab} m(x,y)}{\partial x^a \partial y^b}$，$\mu_j = \int_{\mathbb{R}} t^j K(t) dt$，$\nu_j = \int_{\mathbb{R}} t^j K^2(t) dt$，

$$\sigma^2(x,y) = \mathbb{E}\left\{\left[\Omega\left(\frac{y-Y}{h_2}\right) - m(x,y)\right]^2 G^{-1}(Y) \mid X = x\right\}。$$

令

$$S = \begin{pmatrix} 1 & 0 \\ 0 & \mu_2 \end{pmatrix}, V = \begin{bmatrix} \nu_0 & \nu_1 \\ \nu_1 & \nu_2 \end{bmatrix}, U = \begin{bmatrix} \mu_2 \\ \mu_3 \end{bmatrix}。$$

在给出主要定理之前，先给出一些假设条件。

(A0) $a_G < a_F$ 和 $b_G < b_F$。

(A1)(i) $K(\cdot)$ 和 $W(\cdot)$ 是定义在 $\mathbb{R}$ 上紧支撑的有界函数。

(ii) $\int_{\mathbb{R}} K(t) dt = 1$ 和 $\int_{\mathbb{R}} W(t) dt = 1$；$\int_{\mathbb{R}} tK(t) dt = 0$ 和 $\int_{\mathbb{R}} tW(t) dt = 0$。

(A2)(i) X 的密度函数 $f_X(x)$ 在点 x 上连续且 $f_X(x) > 0$。

(ii)条件分布函数 $F(y \mid x)$ 在 $U(x) \times U(y)$ 上具有连续的二阶偏导。

(A3) $\sigma^2(x,y)$ 关于 x 连续且 $\sigma^2(x,y) > 0$。

(A4)(i)对所有的整数 $k \geq 1$，(X_1, X_{k+1}) 的条件联合密度函数 $h_k^*(\cdot,\cdot)$ 存在，并且对所有 $(s_1, s_2) \in U(x) \times U(x)$，有 $h_k^*(s_1, s_2) \leqslant C$。

(ii)对所有的整数 $k \geq 1$，(X_1, X_{k+1}, Y_1) 的条件联合密度函数 $h_k^*(\cdot,\cdot,\cdot)$

存在，并且对所有的 $(s_1, s_2, t_1) \in U(x) \times U(x) \times U(y)$，有 $h_k^*(s_1, s_2, t_1) \leqslant C$。

(iii)对所有的整数 $k \geqslant 1$，(X_1, X_{k+1}, Y_{k+1}) 的条件联合密度函数 $h_k^*(\cdot, \cdot, \cdot)$ 存在，并且对所有的 $(s_1, s_2, t_2) \in U(x) \times U(x) \times U(y)$，有 $h_k^*(s_1, s_2, t_2) \leqslant C$；

(iv)对所有的整数 $k \geqslant 1$，$(X_1, X_{k+1}, Y_1, Y_{k+1})$ 的条件联合密度函数 $h_k^*(\cdot, \cdot, \cdot, \cdot)$ 存在，并且对所有的 $(s_1, s_2, t_1, t_2) \in U(x) \times U(x) \times U(y) \times U(y)$，有 $h_k^*(s_1, s_2, t_1, t_2) \leqslant C$。

(A5)窗宽 h_1 和 h_2 满足 $h_1, h_2 \to 0$，并且 $nh_1 \to \infty (n \to \infty)$。

(A6)系数 $\alpha(n)$ 满足存在正整数列 q_n，有 $q_n = o(\sqrt{nh_1})$ 和 $\lim\limits_{n \to \infty}(n(h_1)^{-1})^{1/2}\alpha(q_n) = 0$。

(A7)条件密度函数 $f(y \mid x)$ 在 $U(x) \times U(y)$ 上具有连续的二阶偏导，且 $f(y \mid x) > 0$。

(A8)窗宽 h_1 和 h_2 满足 $nh_1h_2 \to \infty (n \to \infty)$。

(A9) $\Omega(\cdot)$ 为某个严格增的分布函数。

定理 3.2.1　对某个 $\lambda > 3$，$\alpha(k) = O(k^{-\lambda})$，假设(A0)—(A6)成立，则有

$$\sqrt{nh_1}\left\{\mathrm{diag}(1, h_1)\begin{pmatrix}\hat{\beta}_0 - m(x, y) \\ \hat{\beta}_1 - m^{10}(x, y)\end{pmatrix} - \frac{h_1^2 m^{20}(x, y)}{2}\mathbf{S}^{-1}\mathbf{U} + o(h_1^2)\right\}$$

$$\xrightarrow{\mathcal{D}} N(\mathbf{0}, \theta\sigma^2(x, y) f_X^{-1}(x)\mathbf{S}^{-1}\mathbf{V}\mathbf{S}^{-1})。$$

由定理 3.2.1 的结果，得到

$$\sqrt{nh_1}\left[\hat{F}_n(y \mid x) - m(x, y) - \frac{h_1^2}{2}\mu_2 m^{20}(x, y) + o(h_1^2)\right]$$

$$\xrightarrow{\mathcal{D}} N(0, \theta\nu_0\sigma^2(x, y) f_X^{-1}(x))。$$

由条件(A1)和(A2)，注意到

$$\begin{aligned} m(x, y) &= \int_{\mathbb{R}} \Omega\left(\frac{y - t}{h_2}\right) f(t \mid x) dt = \int_{\mathbb{R}} f(t \mid x) dt \int_{-\infty}^{\frac{y-t}{h_2}} W(s) ds \\ &= \int_{\mathbb{R}} W(s) ds \int_{-\infty}^{y - sh_2} f(t \mid x) dt = \int_{\mathbb{R}} W(s) F(y - sh_2 \mid x) ds \\ &= \int_{\mathbb{R}} W(s)\left[F(y \mid x) - sh_2 F^{01}(y \mid x) + \frac{s^2 h_2^2}{2} F^{02}(y \mid x) + s^2 o(h_2^2)\right] ds, \end{aligned}$$

这里 $F^{ab}(y \mid x) = \partial^{ab} F(y \mid x) / \partial x^a \partial y^b$。由此可得

$$m(x, y) = F(y \mid x) + \frac{h_2^2}{2} F^{02}(y \mid x) \int_{\mathbb{R}} s^2 W(s) ds + o(h_2^2)。$$

这样，得到下面的结果。

推论 3.2.1 在定理 3.2.1 的条件下，如果对两个非零常数 c_1 和 c_2，有 $nh_1^5 \to c_1$ 和 $nh_1h_2^4 \to c_2$ 成立，则有

$$\sqrt{nh_1}\left[\hat{F}_n(y \mid x) - F(y \mid x) - \frac{h_1^2\mu_2}{2}F^{20}(y \mid x) - \frac{h_2^2F^{02}(y \mid x)}{2}\int_{\mathbb{R}} s^2W(s)ds\right]$$

$$\xrightarrow{\mathcal{D}} N(0, \theta\nu_0\sigma^2(x,y)f_X^{-1}(x))。$$

接下来，给出关于条件分位数的结果。

定理 3.2.2 在推论 3.2.1 的条件下，如果条件(A7)—(A9)成立，则有

$$\sqrt{nh_1}\left[Q_{\tau,n}(x) - Q_\tau(x) + \frac{h_1^2\mu_2F^{20}(Q_\tau(x) \mid x) + h_2^2F^{02}(Q_\tau(x) \mid x)\int_{\mathbb{R}} s^2W(s)ds}{2f(Q_\tau(x) \mid x)}\right]$$

$$\xrightarrow{\mathcal{D}} N\left(0, \frac{\theta\nu_0\sigma^2(x, Q_\tau(x))}{f_X(x)f^2(Q_\tau(x) \mid x)}\right)。$$

特别地，$\theta = 1$，即对所有的 $1 \leqslant i \leqslant n$，有 $G(Y_i) \equiv 1$，

$$\begin{aligned}\sigma^2(x,y) &= \mathbb{E}\left\{\left[\Omega\left(\frac{y-Y}{h_2}\right) - m(x,y)\right]^2 \middle| X = x\right\} \\ &= \mathbb{E}\left[\Omega^2\left(\frac{y-Y}{h_2}\right) \middle| X = x\right] - m^2(x,y)。\end{aligned}$$

注意到

$$\begin{aligned}\mathbb{E}\left[\Omega^2\left(\frac{y-Y}{h_2}\right) \middle| X = x\right] &= \mathbb{E}\left\{\left[\Omega^2\left(\frac{y-Y}{h_2}\right) - \Omega\left(\frac{y-Y}{h_2}\right)\right] \middle| X = x\right\} + m(x,y) \\ &= h_2\int_{\mathbb{R}} \Omega(t)[\Omega(t)-1]f(y - th_2 \mid x)dt + m(x,y)。\end{aligned}$$

这样有

$$\sigma^2(x,y) = F(y \mid x)[1 - F(y \mid x)] + h_2 f(y \mid x)\int_{\mathbb{R}} \Omega(t)[\Omega(t)-1]dt$$

$$+ O(h_2^2)。$$

因此，从推论 3.2.1 和定理 3.2.2，得到完全相依数据下的结果如下，这与 Yu 和 Jones (1998)的完全独立数据下的结果类似。

推论 3.2.2 在定理 3.2.1 的条件下，如果 $\theta = 1$，则有

$$\sqrt{nh_1}\left[\hat{F}_n(y \mid x) - F(y \mid x) - \frac{h_1^2\mu_2}{2}F^{20}(y \mid x) - \frac{h_2^2F^{02}(y \mid x)}{2}\int_{\mathbb{R}} s^2W(s)ds\right]$$

$$\xrightarrow{\mathcal{D}} N\left(0, \frac{\nu_0F(y \mid x)[1 - F(y \mid x)]}{f_X(x)}\right)。$$

推论 3.2.3 在定理 3.2.2 的条件下，如果 $\theta = 1$，则有

$$\sqrt{nh_1}\left[Q_{\tau,n}(x)-Q_\tau(x)+\frac{h_1^2\mu_2F^{20}(Q_\tau(x)\mid x)+h_2^2F^{02}(Q_\tau(x)\mid x)\int_{\mathbb{R}}s^2W(s)ds}{2f(Q_\tau(x)\mid x)}\right]$$

$$\xrightarrow{\mathcal{D}}N\left(0,\frac{\nu_0\tau(1-\tau)}{f_X(x)f^2(Q_\tau(x)\mid x)}\right)。$$

注 3.2.4　通过定理 3.2.2,来构造 $Q_\tau(x)$ 的置信区间。通过计算,不难得到:

$\sigma^2(x,y)=f_X^{-3}(x)[\Sigma_2(x,y)f_X^2(x)+\Gamma^2(x,y)\Sigma_0(x)-2\Gamma(x,y)\Sigma_1(x,y)f_X(x)]$,

这里

$$\Gamma(x,y)=\int_{\mathbb{R}}\Omega\left(\frac{y-t}{h_2}\right)f(x,t)dt,\Sigma_0(x)=\int_{\mathbb{R}}\frac{f(x,t)}{G(t)}dt,$$

$$\Sigma_j(x,y)=\int_{\mathbb{R}}\Omega^j\left(\frac{y-t}{h_2}\right)\frac{f(x,t)}{G(t)}dt,j=1,2。$$

在前面 3.2.1 节已经给出了 $Q_\tau(x)$ 和 $f(y\mid x)$ 的估计分别为 $Q_{\tau,n}(x)$ 和 $\hat{f}_n(y\mid x)$。而 $f_X(x)$, $\Gamma(x,y)$, $\Sigma_0(x)$ 和 $\Sigma_j(x,y)$ 的估计,可以分别定义如下:

$$\hat{f}_X(x)=\frac{\hat{\theta}_n}{nh_1}\sum_{i=1}^n\frac{1}{G_n(Y_i)}K\left(\frac{x-X_i}{h_1}\right),$$

$$\hat{\Gamma}(x,y)=\frac{\hat{\theta}_n}{nh_1}\sum_{i=1}^n\frac{1}{G_n(Y_i)}\Omega\left(\frac{y-Y_i}{h_2}\right)K\left(\frac{x-X_i}{h_1}\right),$$

$$\hat{\Sigma}_0(x)=\frac{\hat{\theta}_n}{nh_1}\sum_{i=1}^n\frac{1}{G_n^2(Y_i)}K\left(\frac{x-X_i}{h_1}\right),$$

$$\hat{\Sigma}_j(x,y)=\frac{\hat{\theta}_n}{nh_1}\sum_{i=1}^n\frac{1}{G_n^2(Y_i)}\Omega^j\left(\frac{y-Y_i}{h_2}\right)K\left(\frac{x-X_i}{h_1}\right)。$$

这样,$\sigma^2(x,y)$ 的一个插值估计为

$$\hat{\sigma}^2(x,y)=\hat{f}_X^{-3}(x)\Big[\hat{\Sigma}_2(x,y)\hat{f}_X^2(x)+\hat{\Gamma}^2(x,y)\hat{\Sigma}_0(x)-2\hat{\Gamma}(x,y)\hat{\Sigma}_1(x,y)\hat{f}_X(x)\Big]。$$

从定理 3.2.2 的结果可知,如果 $nh_1^5\to0$ 和 $nh_1h_2^4\to0$,则 $Q_\tau(x)$ 在置信水平 $1-\zeta$ 下置信区间的估计为

$$\left[Q_{\tau,n}(x)\pm\mu_{1-\zeta/2}\sqrt{\frac{\hat{\theta}_n\nu_0}{nh_1\hat{f}_X(x)}}\frac{\hat{\sigma}(x,Q_{\tau,n}(x))}{\hat{f}_n(Q_{\tau,n}(x)\mid x)}\right],\qquad(3.2.6)$$

这里 $\mu_{1-\zeta/2}$ 为标准正态分布的 $(1-\zeta/2)$ 分位数。

注 3.2.5　在定理 3.2.2 中,如果 $h_2=o(h_1)$,则 $Q_{\tau,n}(x)$ 的均方误

差为

$$AMSE(Q_{\tau,n}(x)) = \frac{h_1^4[\mu_2 F^{20}(Q_\tau(x) \mid x)]^2}{4f^2(Q_\tau(x) \mid x)} + \frac{\theta\nu_0\sigma^2(x,Q_\tau(x))}{nh_1 f_X(x) f^2(Q_\tau(x) \mid x)},$$

对上式关于 h_1 求最小值，得到 h_1 的最优窗宽为

$$h_{1,\text{opt}} = \left(\frac{\theta\nu_0\sigma^2(x,Q_\tau(x))}{f_X(x)[\mu_2 F^{20}(Q_\tau(x) \mid x)]^2}\right)^{1/5} n^{-1/5}。$$

3.2.3 一致性和渐近正态性的模拟研究

本节通过模拟研究条件分位数 $Q_\tau(x)$ 的估计 $Q_{\tau,n}(x)$ 在有限样本容量下的性质：(i)比较本书的估计(WDKLL)和王等(2011)提出的 NW 估计的整体均方误差(GMSE)以及偏移(Bias)；(ii)用正态 Q－Q 图来研究本书的估计的渐近正态性效果；(iii)应用注 3.2.4 的结果来模拟 $Q_\tau(x)$ 的置信区间。为了获得截断以后的样本数据为平稳的 α 混合序列，沿用 2.1.3 节的方法，考虑下面模型：

$$Y_i = 2.5 + \sin(2X_i) + 2\exp\{-16X_i^2\} + \varepsilon_i, \tag{3.2.7}$$

这里 $\varepsilon_i N(0,0.5^2)$，$X_i = \rho X_{i-1} + e_i$，$|\rho| < 1$，$e_i \sim N(0,1)$。$T_i \sim N(\mu,1)$，μ 用来调节获取不同的 θ。在模拟中，窗宽的选择至关重要。由于 $\sigma^2(x,y)$ 的结构比较复杂，Yu 和 Jones(1998)提出的经验法则似乎很难运用。因此，选择 Cai 和 Wang(2008)提出的非参数 AIC 准则来选择窗宽 h_1 和 h_2。在模拟中，选择高斯核函数 $W(\cdot)$ 和 Epanechnikov 核函数 $K(x) = \frac{3}{4}(1-x^2)_+$。

(1) 一致性的模拟

从上面的模型中分别产生 $n = 100,200,500$ 的样本，并对 θ 分别取 $\theta \approx 30\%,60\%,90\%$。表 3-3 中，分别对不同的 $\rho = 0.1, 0.5$ 和 0.9 计算 NW 估计和 WDKLL 估计的 GMSE，对每个结果重复进行 $M = 500$。对于 $Q_\tau(x)$ 的估计 $Q_{\tau,n}(x)$，定义 GMSE 其为

$$\text{GMSE} = \frac{1}{Mn}\sum_{l=1}^{M}\sum_{k=1}^{n}(Q_{\tau,n}(X_k,l) - Q_\tau(X_k,l))^2。$$

表 3-3 中，对上面不同的 n,θ 以及 ρ，在 $x = 1$ 和 $\tau = 0.5$ 下，计算了 $Q_{0.5}(1)$ 的 NW 估计和 WDKLL 估计下的偏移，每个结果都是重复进行 $M = 500$ 求平均。

表 3-3　在 $\tau=0.5$ 下 WDKLL 和 NW 估计的 GMSE 的模拟效果

θ	n	$\rho=0.1$		$\rho=0.5$		$\rho=0.9$	
		WDKLL	NW	WDKLL	NW	WDKLL	NW
30%	100	2.498×10^{-2}	2.714×10^{-2}	3.190×10^{-2}	3.874×10^{-2}	3.766×101^{-2}	4.334×10^{-2}
	200	2.179×10^{-2}	2.558×10^{-2}	2.749×10^{-2}	3.661×10^{-2}	3.431×101^{-2}	4.067×10^{-2}
	500	1.819×10^{-2}	2.321×10^{-2}	2.471×10^{-2}	2.967×10^{-2}	3.017×101^{-2}	3.221×10^{-2}
60%	100	2.214×10^{-2}	2.598×10^{-2}	2.678×10^{-2}	3.388×10^{-2}	3.145×101^{-2}	3.778×10^{-2}
	200	1.785×10^{-2}	2.301×10^{-2}	2.228×10^{-2}	3.170×10^{-2}	2.878×101^{-2}	3.622×10^{-2}
	500	1.022×10^{-2}	1.789×10^{-2}	1.822×10^{-2}	2.698×10^{-2}	2.418×101^{-2}	3.009×10^{-2}
90%	100	1.890×10^{-2}	2.156×10^{-2}	2.311×10^{-2}	2.961×10^{-2}	2.884×101^{-2}	3.236×10^{-2}
	200	1.188×10^{-2}	1.909×10^{-2}	1.821×10^{-2}	2.789×10^{-2}	2.387×101^{-2}	2.855×10^{-2}
	500	9.032×10^{-3}	1.211×10^{-2}	1.587×10^{-2}	2.148×10^{-2}	1.880×101^{-2}	2.217×10^{-2}

从表 3-3 和表 3-4 的模拟结果可以发现：(i)在相同的 n，ρ 以及 θ 下，无论是 GMSE 还是 Bias，WDKLL 估计的结果要比 NW 估计好；(ii)两个估计的 GMSE 和 Bias 结果随着 n 越大变得越小；(iii)两个估计的模拟效果和 θ 有关，θ 越大意味着被截断掉的数据越少，自然模拟的效果越好；(iv)两个估计的 GMSE 和 Bias 结果随着 ρ 越大，效果越差；这也和所期望的结果一致，ρ 越大，意味着数据的相依程度越高。

表 3-4　在 $x=1$ 和 $\tau=0.5$ 下 WDKLL 和 NW 估计的 Bias 的模拟效果

θ	n	$\rho=0.1$		$\rho=0.5$		$\rho=0.9$	
		WDKLL	NW	WDKLL	NW	WDKLL	NW
30%	100	−0.0319	0.0434	−0.0488	0.0678	−0.0647	0.0901
	200	−0.0167	0.0215	−0.0343	0.0413	−0.0508	0.0617
	500	−0.0104	0.0178	−0.0199	0.0281	−0.0287	0.0345
60%	100	−0.0201	0.0288	−0.0322	0.0456	−0.0489	0.0741
	200	−0.0114	0.0165	−0.0246	0.0309	−0.0380	0.0508
	500	−0.0077	0.0088	−0.0151	0.0206	−0.0219	0.0299
90%	100	−0.0108	0.0188	−0.0278	0.0377	−0.0322	0.0502
	200	−0.0095	0.0109	−0.0153	0.0253	−0.0220	0.0398
	500	−0.0043	0.0059	−0.0090	0.0145	−0.0141	0.0206

从模型(3.2.7)发现，当 $\tau=0.5$ 时，$Q_{0.5}(x)=2.5+\sin(2x)++$

$2\exp\{-16x^2\}$，在图 3-1 中，取 $\rho=0.5$ 和 $\theta\approx 60\%$，在区间 $[-2,2]$ 上分别对 $n=200$ 和 500，画出 $Q_{0.5}(x)$ 、NW 估计以及 WDKLL 估计的图形，在图 3-2 中，取 $\rho=0.5$ 和 $n=500$，在区间 $[-2,2]$ 上分别对 $\theta\approx 30\%$ 和 $\theta\approx 90\%$，画出 $Q_{0.5}(x)$ 、NW 估计以及 WDKLL 估计的图形。下图实线为 $Q_{0.5}(x)$ 的图形，点线为 NW 估计的图形，虚线为 WDKLL 估计的图形。

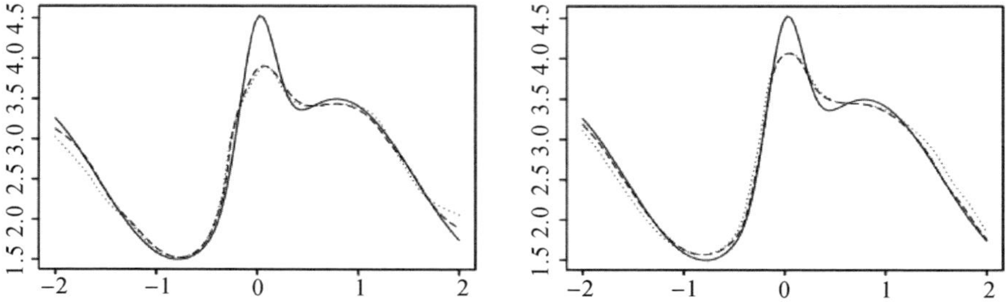

图 3-1　左图为 $n=200$ 下的图形，右图为 $n=500$ 下的图形

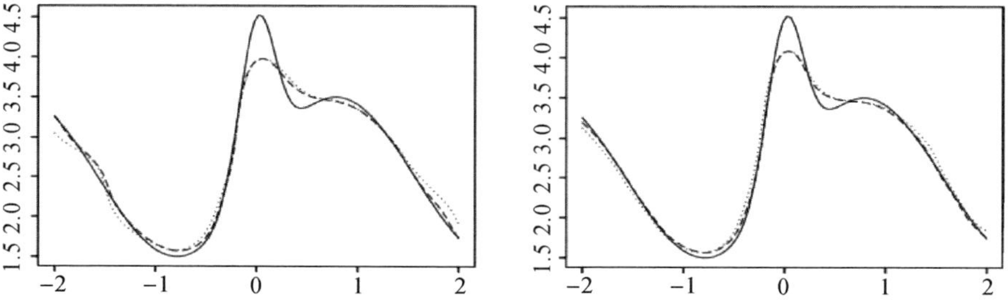

图 3-2　左图为 $\theta\approx 30\%$ 下的图形，右图为 $\theta\approx 90\%$ 下的图形

从图 3-1 和图 3-2 中可以发现：(i) 相同条件下，WDKLL 估计比 NW 估计更好，尤其在边界点上；(ii) 两个估计的图形随着 n 越大，越接近真实的图形；(iii) 两个估计的图形随着 θ 越大，效果越好。

(2) 渐近正态性的模拟

本节通过正态 Q－Q 图来模拟下 WDKLL 估计的渐近正态性效果。在图 3-3 中，取 $\theta\approx 30\%$ 以及 $n=200$，在 $x=1$ 和 $\tau=0.5$ 下，分别画出 $\rho=0.1$ 和 $\rho=0.9$ 下的正态 Q－Q 图；在图 3-4 中，取 $\rho=0.5$ 和 $n=500$，分别在 $\theta\approx 30\%$ 和 $\theta\approx 90\%$ 下，画出了 $Q_{0.5}(1)$ 的 WDKLL 估计的正态 Q－Q 图；图 3-5 中，取 $\rho=0.5$ 和 $\theta\approx 60\%$，分别在 $n=200$ 和 $n=800$ 下，画出了 $Q_{0.5}(1)$ 的 WDKLL 估计的正态 Q－Q 图。图 3-3 至图 3-5 中的数据都是基于 $M=500$ 的重复。

从图 3-3 可以发现，在相同的条件下，ρ 越大，WDKLL 估计的渐近正态性效果越差，即相依程度越高，模拟效果会越差；从图 3-4 可以看出，θ 越大，WDKLL 估计的渐近正态性效果越好；从图 3-5 可以发现，WDKLL 估计的渐近正态性随着 n 越大效果越好。

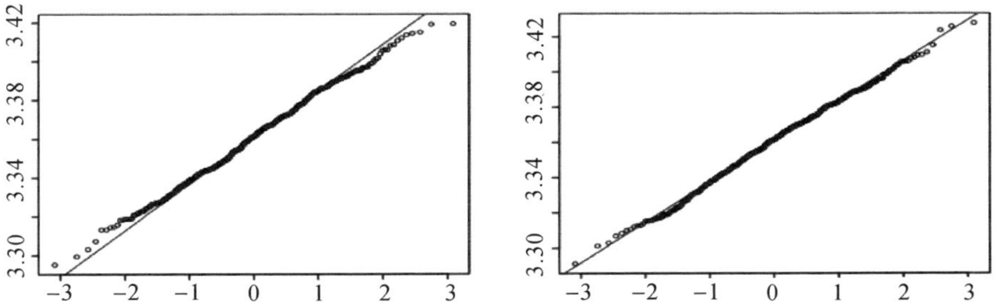

图 3-3　左图为 ρ=0.9 下的图形，右图为 ρ=0.1 下的图形

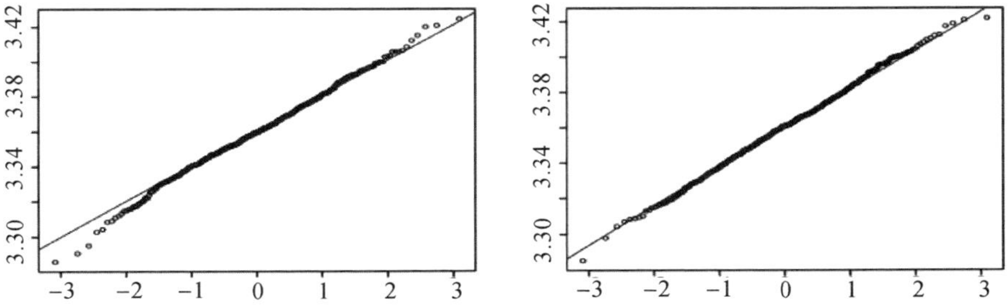

图 3-4　左图为 $\theta\approx30\%$下的图形，右图为 $\theta\approx90\%$下的图形

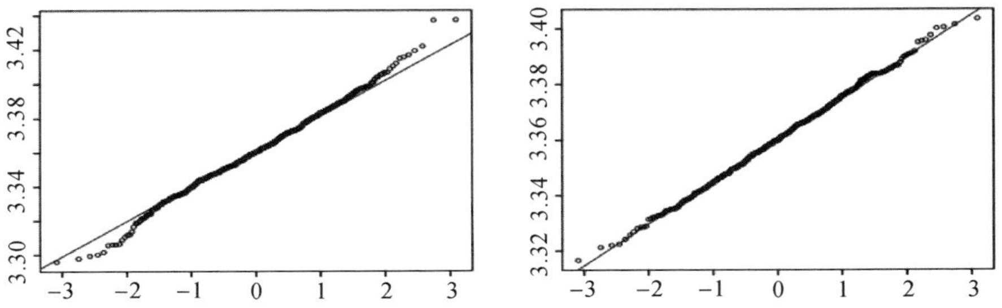

图 3-5　左图为 n=200 下的图形，右图为 n=800 下的图形

(3) 置信区间的模拟

本节根据式(3.2.6)，在置信水平为 95%下，来模拟 $Q_\tau(x)$ 的置信区间长度(AL)和覆盖真实值的概率(CP)。在表 3-5 中，对 $\rho=0.5$，$x=1$ 和

$\tau = 0.5$，分别取不同的样本容量 $n = 200, 500$ 和 800，取不同的 $\theta \approx 30\%$，60%和 90%，计算 $Q_\tau(x)$ 的 AL 和 CP，表中的每个值都是基于 $M = 500$ 次重复，然后求平均所得。

表 3-5　在置信水平 0.95 下 WDKLL 和 NW 估计的 AL 和 CP

θ	方法	$n=200$		$n=500$		$n=800$	
		AL	CP	AL	CP	AL	CP
30%	NW	0.5134	0.7819	0.4827	0.8013	0.4217	0.8312
	WDKLL	0.4983	0.8181	0.3907	0.8361	0.3527	0.8544
60%	NW	0.4836	0.8213	0.4356	0.8492	0.4019	0.8704
	WDKLL	0.4409	0.8411	0.3818	0.8731	0.3427	0.8931
90%	NW	0.4388	0.8351	0.4079	0.8661	0.3877	0.8971
	WDKLL	0.3970	0.8666	0.3515	0.8919	0.2917	0.9281

3.2.4　主要定理的证明

定理 3.2.1 的证明　设 $\hat{t}_n^* = (\hat{t}_{n0}^*, \hat{t}_{n1}^*)^\tau$，$t_n^* = (t_{n0}^*, t_{n1}^*)^\tau$，这里

$$\hat{t}_{nj}^* = \frac{\theta}{n}\sum_{i=1}^{n} G_n^{-1}(Y_i)K_{h_1}(x - X_i)\left(\frac{X_i - x}{h_1}\right)^j\left[\Omega\left(\frac{y - Y_i}{h_2}\right) - m(X_i, y)\right],$$

$$t_{nj}^* = \frac{\theta}{n}\sum_{i=1}^{n} G^{-1}(Y_i)K_{h_1}(x - X_i)\left(\frac{X_i - x}{h_1}\right)^j\left[\Omega\left(\frac{y - Y_i}{h_2}\right) - m(X_i, y)\right]。$$

通过泰勒式展开，有

$$\begin{aligned}(m(X_1, y), \cdots, m(X_n, y))^\tau = {} & \mathbf{X}(m(x, y), m^{10}(x, y))^\tau \\ & + \frac{m^{20}(x, y)}{2}((X_1 - x)^2, \cdots, (X_n - x)^2)^\tau \\ & + (o((X_1 - x)^2), \cdots, o((X_n - x)^2))^\tau。\end{aligned}$$

这样

$$\begin{aligned}\mathbf{S}_n^{-1}\mathbf{t}_n^* &= \mathbf{S}_n^{-1}\hat{\mathbf{t}}_n^* - S_n^{-1}(\hat{\mathbf{t}}_n^* - \mathbf{t}_n^*) \\ &= \mathrm{diag}(1, h_1)\begin{pmatrix}\hat{\beta}_0 - m(x, y) \\ \hat{\beta}_1 - m^{10}(x, y)\end{pmatrix} - \frac{h_1^2 m^{20}(x, y)}{2}\mathbf{S}_n^{-1}\begin{pmatrix}s_{n2} \\ s_{n3}\end{pmatrix} \\ &\quad - o(h_1^2)\mathbf{S}_n^{-1}\begin{pmatrix}s_{n2} \\ s_{n3}\end{pmatrix} - \mathbf{S}_n^{-1}(\hat{\mathbf{t}}_n^* - \mathbf{t}_n^*)。\end{aligned} \tag{3.2.8}$$

接下来的证明，分下面几个步骤。

第一步　证明 $s_{nj} \xrightarrow{P} f_X(x)\mu_j, 0 \leqslant j \leqslant 3$，从而 $\mathbf{S}_n \xrightarrow{P} f_X(x)\mathbf{S}$。因为

$$s_{nj} = \frac{\theta}{n}\sum_{i=1}^{n}\left[\frac{1}{G_n(Y_i)} - \frac{1}{G(Y_i)}\right]K_{h_1}(x - X_i)\left(\frac{X_i - x}{h_1}\right)^j + \frac{\theta}{n}\sum_{i=1}^{n}\frac{1}{G(Y_i)}K_{h_1}(x - X_i)\left(\frac{X_i - x}{h_1}\right)^j := s_{n1j} + s_{n2j}。\tag{3.2.9}$$

注意到

$$|s_{n1j}| \leqslant \frac{\sup_{y \geqslant a_F}|G_n(y) - G(y)|}{G(a_F) - \sup_{y \geqslant a_F}|G_n(y) - G(y)|} \cdot \frac{\theta}{nh_1}\sum_{i=1}^{n}\frac{1}{G(Y_i)}K\left(\frac{x - X_i}{h_1}\right)\left|\frac{X_i - x_0}{h_1}\right|^j。$$

通过式(1.4.1)，(A1)和(A2)(i)，有

$$\begin{aligned}
&P\left(\frac{\theta}{nh_1}\sum_{i=1}^{n}\frac{1}{G(Y_i)}K\left(\frac{x - X_i}{h_1}\right)\left|\frac{X_i - x}{h_1}\right|^j > \epsilon\right) \\
&\leqslant \frac{\theta}{\varepsilon h_1}E\left[\frac{1}{G(Y)}K\left(\frac{x - X}{h_1}\right)\left|\frac{X - x}{h_1}\right|^j\right] \\
&= \frac{\theta}{\varepsilon h_1}\int_{\mathbb{R}}\int_{\mathbb{R}}\frac{1}{G(t)}K\left(\frac{x - s}{h_1}\right)\left|\frac{s - x}{h_1}\right|^j f^*(s,t)dsdt \\
&= \frac{1}{\varepsilon h_1}\int_{\mathbb{R}}\int_{\mathbb{R}}K\left(\frac{x - s}{h_1}\right)\left|\frac{s - x}{h_1}\right|^j f(s,t)dsdt \\
&= \frac{1}{\varepsilon}\int_{\mathbb{R}}|\mu|^j K(\mu)f_X(x - \mu h_1)d\mu \to \frac{f_X(x)}{\varepsilon}\int_{\mathbb{R}}|\mu|^j K(\mu)d\mu,
\end{aligned}$$

这蕴涵了 $\frac{\theta}{nh_1}\sum_{i=1}^{n}\frac{1}{G(Y_i)}K\left(\frac{x - X_i}{h_1}\right)\left|\frac{X_i - x}{h_1}\right|^j = O_p(1)$。因此，由引理 1.7 得

$$|s_{n1j}| = O_p(n^{-1/2}) = o_p(1)。\tag{3.2.10}$$

通过条件(A1)和(A2)(i)，计算得到：

$$E(s_{n2j}) = \frac{\theta}{h_1}E\left[\frac{1}{G(Y)}K\left(\frac{x - X}{h_1}\right)\left(\frac{X - x}{h_1}\right)^j\right] \to f_X(x)\mu_j。\tag{3.2.11}$$

设 $\eta_{i,j} = \frac{1}{G(Y_i)}K\left(\frac{x - X_i}{h_1}\right)\left(\frac{X_i - x}{h_1}\right)^j$，则 $s_{n2j} = \frac{\theta}{nh_1}\sum_{i=1}^{n}\eta_{i,j}$。注意到

$$nh_1\mathrm{Var}(s_{n2j}) = \frac{\theta^2}{h_1}\mathrm{Var}(\eta_{1,j}) + \frac{2\theta^2}{h_1}\sum_{k=1}^{n-1}\left(1 - \frac{k}{n}\right)\mathrm{Cov}(\eta_{1,j}, \eta_{1+k,j}) := I_{n,1} + I_{n,2}。\tag{3.2.12}$$

根据式(1.4.1),(A1)以及(A2)(i),得到

$$I_{n,1} \leqslant \frac{\theta^2}{h_1} E\left[\frac{1}{G^2(Y_1)} K^2\left(\frac{x-X_1}{h_1}\right)\left(\frac{X_1-x}{h_1}\right)^{2j}\right]$$

$$\leqslant \frac{\theta^2}{h_1 G(a_F)} \int_{\mathbb{R}}\int_{\mathbb{R}} \frac{1}{G(y)} K^2\left(\frac{x-s}{h_1}\right)\left(\frac{s-x}{h_1}\right)^{2j} f^*(s,y)dsdy$$

$$= \frac{\theta}{G(a_F)} \int_{\mathbb{R}} t^{2j} K^2(t) f_X(x-th_1)dt \to \frac{\theta}{G(a_F)} f_X(x)\nu_{2j}。\quad (3.2.13)$$

利用条件(A1),(A2)(i)和(A4)(i),有

$$|\operatorname{Cov}(\eta_{1,j},\eta_{1+k,j})| \leqslant \frac{1}{G^2(a_F)} E\left|\left(\frac{X_1-x}{h_1}\right)^j\left(\frac{X_{1+k}-x}{h_1}\right)^j K\left(\frac{x-X_1}{h_1}\right) K\left(\frac{x-X_{1+k}}{h_1}\right)\right|$$

$$+\left[E\left(G^{-1}(Y_1)K\left(\frac{x-X_1}{h_1}\right)\left(\frac{X_1-x}{h_1}\right)^j\right)\right]^2$$

$$\leqslant \frac{h_1^2}{G^2(a_F)}\int_{\mathbb{R}}\int_{\mathbb{R}} h_k^*(x-sh_1,x-th_1)|s|^j|t|^j K(s)K(t)dsdt$$

$$+\frac{h_1^2}{\theta^2}\left[\int_{\mathbb{R}} s^j K(s) f_X(x-sh_1)ds\right]^2 = O(h_1^2)。$$

(3.2.14)

另外,由引理1.2得 $|\operatorname{Cov}(\eta_{1,j},\eta_{1+k,j})| \leqslant C[\alpha(k)]^{1-1/\lambda}(E|\eta_{1,j}|^{2\lambda})^{1/\lambda}$。根据条件(A1) 和(A2)(i),有

$$E|\eta_{1,j}|^{2\lambda} \leqslant G^{-(2\lambda-1)}(a_F) E\left[G^{-1}(Y_1)\left|K\left(\frac{x-X_1}{h_1}\right)\left(\frac{X_1-x}{h_1}\right)^j\right|^{2\lambda}\right]$$

$$= \frac{h_1}{\theta} G^{-(2\lambda-1)}(a_F) \int_{\mathbb{R}} |t|^{2\lambda j} K^{2\lambda}(t) f_X(x-th_1)dt = O(h_1)。$$

(3.2.15)

应用式(3.2.14)和式(3.2.15),并对某个 $1-1/\lambda<\eta<\lambda-2$,取 $c_n=[h_1^{-(1-1/\lambda)/\eta}]$,得到

$$|I_{n,2}| = O(h_1^{-1})\left(\sum_{j=1}^{c_n} + \sum_{j=c_n+1}^{n-1}\right)\min\{h_1^2,[\alpha(j)]^{1-1/\lambda}h_1^{1/\lambda}\}$$

$$= O(c_n h_1) + O(h_1^{-(1-1/\lambda)}) c_n^{-\eta} \sum_{j=c_n+1}^{\infty} j^{\eta}[\alpha(j)]^{1-1/\lambda}$$

$$= O(c_n h_1) + O\left(\sum_{j=c_n+1}^{\infty} j^{\eta-(\lambda-1)}\right) \to 0。\quad (3.2.16)$$

因此,由式(3.2.12),式(3.2.13)和式(3.2.16)得到 $\operatorname{Var}(s_{n2j}) \to 0$。注意到:

$$s_{n2j} = E(s_{n2j}) + O_p((\operatorname{Var}(s_{n2j}))^{1/2})。$$

根据式(3.2.9)—式(3.2.11),证明了第一步的结论。

第二步　证明 $\mathbf{S}_n^{-1}(\hat{\mathbf{t}}_n^* - \mathbf{t}_n^*) = O_p(n^{-1/2})$。对 $0 \leqslant j \leqslant 1$,注意到

$$|\hat{t}_{nj}^* - t_{nj}^*| \leqslant \frac{\sup\limits_{y \geqslant a_F} |G_n(y) - G(y)|}{G(a_F) - \sup\limits_{y \geqslant a_F} |G_n(y) - G(y)|}$$

$$\times \frac{\theta}{nh_1}\sum_{i=1}^{n}\left|\frac{1}{G(Y_i)}K\left(\frac{x - X_i}{h_1}\right)\left(\frac{X_i - x}{h_1}\right)^j\left(\Omega\left(\frac{y - Y_i}{h_2}\right) - m(X_i, y)\right)\right|$$

由于 $\frac{\theta}{nh_1}\sum_{i=1}^{n}\left|\frac{1}{G(Y_i)}K\left(\frac{x - X_i}{h_1}\right)\left(\frac{X_i - x}{h_1}\right)^j\left(\Omega\left(\frac{y - Y_i}{h_2}\right) - m(X_i, y)\right)\right|$ $= O_p(1)$,所以,由第一步的结论和引理 1.7,有 $\mathbf{S}_n^{-1}(\hat{\mathbf{t}}_n^* - \mathbf{t}_n^*) = O_p(n^{-1/2})$。

第三步　证明 $\sqrt{nh_1}\,\mathbf{t}_n^* \xrightarrow{\mathcal{D}} N(0, \theta\sigma^2(x,y)f_X(x)\mathbf{V})$。事实上,只需证明对任意的实数向量 $\mathbf{a} = (a_0, a_1)^\tau \neq 0$

$$(nh_1)^{1/2}(a_0 t_{n0}^* + a_1 t_{n1}^*) \xrightarrow{D} N(0, \theta\sigma^2(x,y)f_X(x)\mathbf{a}^\tau\mathbf{V}\mathbf{a})。\tag{3.2.17}$$

令 $W_i = \frac{\theta}{\sqrt{h_1}}K\left(\frac{X_i - x}{h_1}\right)G^{-1}(Y_i)\left[\Omega\left(\frac{y - Y_i}{h_2}\right) - m(X_i, y)\right]\left[a_0 + a_1\left(\frac{X_i - x}{h_1}\right)\right]$,则 $(nh_1)^{1/2}(a_0 t_{n0}^* + a_1 t_{n1}^*) = n^{-1/2}\sum_{i=1}^{n} W_i$。由条件(A6)可得,存在正整数列 $\delta_n \to \infty$,满足 $\delta_n q_n = o(\sqrt{nh_1})$,$\delta_n (nh_1^{-1})^{1/2}\alpha(q_n) \to 0$。令 $s_n = [(nh_n)^{1/2}/\delta_n]$ 和 $\pi_n = \left[\frac{n}{s_n + q_n}\right]$,则

$$q_n/s_n \to 0, \pi_n\alpha(q_n) \to 0, \pi_n q_n/n \to 0, s_n/n \to 0, s_n/(nh_1)^{1/2} \to 0。\tag{3.2.18}$$

接下来,使用 Bernstein 分块方法。定义

$$\zeta_{mn} = \sum_{i=k_m}^{k_m+s_n-1} W_i, \zeta'_{mn} = \sum_{j=l_m}^{l_m+q_n-1} W_i, \zeta''_{\pi_n n} = \sum_{k=\pi_n(s_n+q_n)+1}^{n} W_i,$$

其中 $k_m = (m-1)(s_n + q_n) + 1, l_m = (m-1)(s_n + q_n) + s_n + 1, m = 1, \cdots, \pi_n$。于是

$$(nh_1)^{1/2}(a_0 t_{n0}^* + a_1 t_{n1}^*) := n^{-1/2}\{S'_n + S''_n + S'''_n\},$$

这里 $S'_n = \sum_{m=1}^{\pi_n}\zeta_{mn}$,$S''_n = \sum_{m=1}^{\pi_n}\zeta'_{mn}$ 和 $S'''_n = \zeta''_{\pi_n n}$。注意到

$$EW_i = \sqrt{h_1}\int_{\mathbb{R}}\int_{\mathbb{R}}\left[\Omega\left(\frac{y - t}{h_2}\right) - m(x + sh_1, y)\right]K(s)(a_0 + a_1 s)f(x + sh_1, t)dsdt$$

$$= \sqrt{h_1}\int_{\mathbb{R}} K(s)(a_0 + a_1 s)f_X(x + sh_1)ds\left[\int_{\mathbb{R}}\Omega\left(\frac{y - t}{h_2}\right)f(t \mid x + sh_1)dt\right.$$

$$-m(x+sh_1,y)\Big]$$

$$=0。$$

因此，为了证明式(3.2.17)，这里只需证明

$$n^{-1}E(S''_n)^2\to 0, n^{-1}E(S'''_n)^2\to 0,$$

$$\mathrm{Var}(n^{-1/2}S'_n)\to\theta\sigma^2(x,y)f_X(x)\mathbf{a}^\tau\mathbf{V}\mathbf{a}, \tag{3.2.19}$$

$$\left|E\exp\left(it\sum_{m=1}^{\pi_n}n^{-1/2}\zeta_{mn}\right)-\prod_{m=1}^{\pi_n}E\exp(itn^{-1/2}\zeta_{mn})\right|\to 0, \tag{3.2.20}$$

$$g_n(\varepsilon)=\frac{1}{n}\sum_{m=1}^{\pi_n}E\zeta_{mn}^2I(|\zeta_{mn}|>\epsilon\sqrt{n})\to 0, \forall\epsilon>0。 \tag{3.2.21}$$

先证式(3.2.19)。显然

$$\frac{1}{n}E(S''_n)^2=\frac{1}{n}\sum_{m=1}^{\pi_n}\sum_{i=l_m}^{l_m+q_n-1}EW_i^2+\frac{2}{n}\sum_{m=1}^{\pi_n}\sum_{l_m\leqslant i<j\leqslant l_m+q_n-1}\mathrm{Cov}(W_i,W_j)$$
$$+\frac{2}{n}\sum_{1\leqslant i<j\leqslant\pi_n}\mathrm{Cov}(\zeta'_{in},\zeta'_{jn}):=L_{1n}+L_{2n}+L_{3n}。$$

注意到

$$EW_i^2=\frac{\theta^2}{h_1}E\left\{K^2\left(\frac{X-x}{h_1}\right)G^{-2}(Y)\left[\Omega\left(\frac{y-Y}{h_2}\right)-m(X,y)\right]^2\left[a_0+a_1\left(\frac{X-x}{h_1}\right)\right]^2\right\}$$
$$=\theta\int_{\mathbb{R}}\int_{\mathbb{R}}G^{-1}(t)\left[\Omega\left(\frac{y-t}{h_2}\right)-m(x+sh_1,y)\right]^2K^2(s)(a_0+a_1s)^2f(x+$$
$$sh_1,t)dsdt$$
$$=\theta\int_{\mathbb{R}}K^2(s)(a_0+a_1s)^2f_X(x+sh_1)$$
$$E\left\{\frac{1}{G(Y)}\left[\Omega\left(\frac{y-Y}{h_2}\right)-m(X,y)\right]^2\middle|X=x+sh_1\right\}ds$$
$$\to\theta\sigma^2(x,y)f_X(x)\int_{\mathbb{R}}K^2(s)(a_0+a_1s)^2ds=\theta\sigma^2(x,y)f_X(x)a^\tau Va, \tag{3.2.22}$$

即对充分大的 n，有 $EW_i^2=O(1)$，再结合式(3.2.18)可以得到 $L_{1n}=O(\pi_nq_n/n)\to 0$。由于

$$|L_{2n}|\leqslant\frac{2}{n}\sum_{1\leqslant i<j\leqslant n}|\mathrm{Cov}(W_i,W_j)|, |L_{3n}|\leqslant\frac{2}{n}\sum_{1\leqslant i<j\leqslant n}|\mathrm{Cov}(W_i,W_j)|。$$

为证明 $|L_{2n}|=o(1)$ 和 $|L_{3n}|=o(1)$，仅需证明

$$\frac{1}{n}\sum_{1\leqslant i<j\leqslant n}|\mathrm{Cov}(W_i,W_j)|\to 0。 \tag{3.2.23}$$

接下来，设 d_n(下面给定)为正整数序列，满足 $d_n\to\infty$ 和 $d_nh_1\to 0$。令

$$F_1=\{(i,j)\mid i,j\in\{1,2\cdots,n\},1\leqslant j-i\leqslant d_n\},$$
$$F_2=\{(i,j)\mid i,j\in\{1,2\cdots,n\},d_n+1\leqslant j-i\leqslant n-1\}。$$

这样

$$\frac{1}{n}\sum_{1\leqslant i<j\leqslant n}|\operatorname{Cov}(W_i,W_j)|=\frac{1}{n}\sum_{F_1}|\operatorname{Cov}(W_i,W_j)| +\frac{1}{n}\sum_{F_2}|\operatorname{Cov}(W_i,W_j)|。\tag{3.2.24}$$

一方面，利用条件(A4)得 $|\operatorname{Cov}(W_i,W_j)|=O(h_1)$。这样得到

$$\frac{1}{n}\sum_{F_1}|\operatorname{Cov}(W_i,W_j)|=\frac{1}{n}\frac{C}{n}\sum_{j=1}^{n}\sum_{j-i=1}^{d_n}|\operatorname{Cov}(W_i,W_j)|=O(d_nh_1)\rightarrow 0。\tag{3.2.25}$$

另一方面，由引理 1.2 得

$$\begin{aligned}|\operatorname{Cov}(W_i,W_j)|&\leqslant C[\alpha(j-i)]^{1-1/\lambda}(E|W_1|^{2\lambda})^{1/\lambda}\\&=O([\alpha(j-i)]^{1-1/\lambda}h_1^{-(\lambda-1)/\lambda})。\end{aligned}$$

对某个 $1-1/\lambda<\eta<\lambda-2$，取 $d_n=[h_1^{-(1-1/\lambda)/\eta}]$，有

$$\begin{aligned}\frac{1}{n}\sum_{F_2}|\operatorname{Cov}(W_i,W_j)|&=\frac{C}{n}\sum_{j=1}^{n}\sum_{j-i=d_n+1}^{n-1}[\alpha(j-i)]^{1-1/\lambda}h_n^{-(1-1/\lambda)}\\&=O(h_1^{-(1-1/\lambda)})d_n^{-\eta}\sum_{l=d_n+1}^{\infty}l^{\eta}[\alpha(l)]^{1-1/\lambda}\\&=O\Big(\sum_{l=d_n+1}^{\infty}l^{\eta-(\lambda-1)}\Big)\rightarrow 0。\end{aligned}\tag{3.2.26}$$

根据式(3.2.24)—式(3.2.26)，得到式(3.2.23)。因此 $n^{-1}E(S''_n)\rightarrow 0$。利用式(3.2.18)，式(3.2.22)和式(3.2.23)，得

$$\begin{aligned}\frac{1}{n}E(S'''_n)^2&=\frac{1}{n}\sum_{i=\pi_n(s_n+q_n))}^{n}EW_i^2+\frac{2}{n}\sum_{\pi_n(s_n+q_n)\leqslant i<j\leqslant n}\operatorname{Cov}(W_i,W_j)\\&\leqslant C\frac{n-\pi_n(s_n+q_n)}{n}+\frac{2}{n}\sum_{1\leqslant i<j\leqslant n}|\operatorname{Cov}(W_i,W_j)|\rightarrow 0。\end{aligned}$$

易见 $\operatorname{Var}(n^{-1/2}S'_n)=\frac{1}{n}\sum_{m=1}^{\pi_n}\operatorname{Var}(\zeta_{mn})+\frac{2}{n}\sum_{1\leqslant i<j\leqslant \pi_n}\operatorname{Cov}(\zeta_{in},\zeta_{jn})$ 和

$$\begin{aligned}\frac{1}{n}\sum_{m=1}^{\pi_n}\operatorname{Var}(\zeta_{mn})&=\frac{1}{n}\sum_{i=1}^{n}\operatorname{Var}(W_i)+\frac{2}{n}\sum_{m=1}^{\pi_n}\sum_{k_m\leqslant i<j\leqslant k_m+s_n-1}\operatorname{Cov}(W_i,W_j)\\&\quad-\frac{1}{n}\sum_{m=1}^{\pi_n}\sum_{i=l_m}^{l_m+q_n-1}\operatorname{Var}(W_i)-\frac{1}{n}\sum_{i=\pi_n(s_n+q_n)+1}^{n}\operatorname{Var}(W_i)。\end{aligned}$$

由式(3.2.18)，式(3.2.22)和式(3.2.23)，有 $\operatorname{Var}(n^{-1/2}S'_n)\rightarrow\theta\sigma^2(x,$

$y)f_X(x)\mathbf{a}^{\tau}\mathbf{V}\mathbf{a}$。

现在证明式(3.2.20)。注意 ζ_{mn} 关于 $F_{i_{m-1}+1}^{j_{m-1}+1}$ 是可测的,其中 $j_l = l(s_n + q_n) + s_n - 1$ 和 $i_l = l(s_n + q_n)$。因此,应用引理 1.1,取 $V_j = \exp(\mathrm{i}tn^{-1/2}\zeta_{jn})$ 和 $i_{l+1} - j_l = q_n + 1$,由式(3.2.18)得

$$\left| E\exp\left(\mathrm{i}t\sum_{m=1}^{\pi_n} n^{-1/2}\zeta_{mn}\right) - \prod_{m=1}^{\pi_n} E\exp(\mathrm{i}tn^{-1/2}\zeta_{mn}) \right| \leqslant 16\pi_n\alpha(q_n+1) \to 0。$$

最后证明式(3.2.21)。注意到 $\max_{1\leqslant m\leqslant \pi_n} |\zeta_{mn}| = O(s_n/\sqrt{h_1})$,这蕴含了对充分大的 n,因为 $s_n/(nh_1)^{1/2} \to 0$,所以 $I(|\zeta_{mn}| > \epsilon\sqrt{n}) \to 0$。因此 $g_n(\varepsilon) \to 0$。

综合上面三个步骤的结果和式(3.2.8),证明了定理 3.2.1 的结果。

定理 3.2.2 的证明 先证 $\hat{f}_n(y \mid x) \xrightarrow{P} f_n(y \mid x)$。设

$$\hat{\gamma}_{nj} = \frac{\theta}{n}\sum_{i=1}^{n}\left(\frac{X_i - x}{h_1}\right)^j K_{h_1}(X_i - x)G_n^{-1}(Y_i)W_{h_2}(y - Y_i),$$

$$\hat{\gamma}_{nj}^* = \frac{\theta}{n}\sum_{i=1}^{n}\left(\frac{X_i - x}{h_1}\right)^j K_{h_1}(X_i - x)G_n^{-1}(Y_i)[W_{h_2}(y - Y_i) - f(y \mid X_i)],$$

$$\gamma_{nj}^* = \frac{\theta}{n}\sum_{i=1}^{n}\left(\frac{X_i - x}{h_1}\right)^j K_{h_1}(X_i - x)G^{-1}(Y_i)[W_{h_2}(y - Y_i) - f(y \mid X_i)]。$$

通过对注 3.2.3 中的式(3.2.5)求解得

$$\hat{f}_n(y \mid x) = \frac{1}{s_{n0}s_{n2} - s_{n1}^2}(s_{n2}, -s_{n1})\begin{pmatrix}\hat{\gamma}_{n0}\\ \hat{\gamma}_{n1}\end{pmatrix}。$$

注意到 $f(y \mid X_i) = f(y \mid x) + f^{10}(y \mid x)(X_i - x) + \dfrac{f^{20}(y \mid x)}{2}(X_i - x)^2 + o((X_i - x)^2)$,这样得到

$$\begin{aligned}\hat{f}_n(y \mid x) = &\frac{1}{s_{n0}s_{n2} - s_{n1}^2}(s_{n2}, -s_{n1})\\ &\times\left[\begin{pmatrix}\hat{\gamma}_{n0}^*\\ \hat{\gamma}_{n1}^*\end{pmatrix} + \begin{pmatrix}s_{n0}\\ s_{n1}\end{pmatrix}f(y \mid x) + \begin{pmatrix}s_{n1}\\ s_{n2}\end{pmatrix}h_1 f^{10}(y \mid x)\right.\\ &\left.+ h_1^2\begin{pmatrix}s_{n2}\\ s_{n3}\end{pmatrix}\left(\frac{f^{20}(y \mid x)}{2} + o(1)\right)\right]。\end{aligned}$$

因此

$$\hat{f}_n(y \mid x) - f(y \mid x) = \frac{1}{s_{n0}s_{n2} - s_{n1}^2}(s_{n2}, -s_{n1})\begin{pmatrix}\hat{\gamma}_{n0}^*\\ \hat{\gamma}_{n1}^*\end{pmatrix} + o_p(1)。$$

由定理 3.2.1 的第一步证明知 $s_{nj} \xrightarrow{P} f_X(x)\mu_j$。这样,仅需要证明 $\hat{\gamma}_{nj}^* \xrightarrow{P}$

$0, j=0,1$。注意到 $\hat{\gamma}_{nj}^{*}=\gamma_{nj}^{*}+(\hat{\gamma}_{nj}^{*}-\gamma_{nj}^{*})$，而

$$|\hat{\gamma}_{nj}^{*}-\gamma_{nj}^{*}| \leqslant \frac{\sup\limits_{y\geqslant a_F}|G_n(y)-G(y)|}{G(a_F)-\sup\limits_{y\geqslant a_F}|G_n(y)-G(y)|} \times \frac{\theta}{nh_1}\sum_{i=1}^{n}\left|\frac{1}{G(Y_i)}K\left(\frac{x-X_i}{h_1}\right)\left(\frac{X_i-x}{h_1}\right)^j [W_{h_2}(y-Y_i)-f(y\mid X_i)]\right|,$$

并且通过条件(A4)，有

$$\frac{\theta}{nh_1}\sum_{i=1}^{n}\left|\frac{1}{G(Y_i)}K\left(\frac{x-X_i}{h_1}\right)\left(\frac{X_i-x}{h_1}\right)^j [W_{h_2}(y-Y_i)-f(y\mid X_i)]\right|=O_p(1)。$$

这样，由引理 1.7 得 $\hat{\gamma}_{nj}^{*}-\gamma_{nj}^{*}=O_p(n^{-1/2})=o_p(1)$。

接下来，仅需要证明 $\gamma_{nj}^{*}\xrightarrow{P}0$。通过式(1.4.1)和条件(A1)，有

$$\begin{aligned}E\gamma_{nj}^{*} &= E\left\{\frac{\theta}{h_1}\frac{1}{G(Y_1)}K\left(\frac{x-X_1}{h_1}\right)\left(\frac{X_1-x}{h_1}\right)^j [W_{h_2}(y-Y_1)-f(y\mid X_1)]\right\} \\ &= \int_{\mathbb{R}}\int_{\mathbb{R}} s^j K(s)W(t)[f(x+h_1s, y+h_2t)-f(x+h_1s, y)]dsdt \\ &= \frac{\mu_j f^{02}(x,y)h_2^2}{2}\int_{\mathbb{R}} t^2 W(t)dt+o(h_2^2)=o(1)。\end{aligned}$$

类似于定理 3.2.1 的证明，有

$$\sqrt{nh_1h_2}\,\mathrm{Var}(\gamma_{nj}^{*})\rightarrow \frac{\theta\nu_0 f_X(x)f(y\mid x)}{G(y)}\int_{\mathbb{R}} W^2(t)dt。$$

由条件(A8)得 $\mathrm{Var}(\gamma_{nj}^{*})=o(1)$。注意 $\gamma_{nj}^{*}=E\gamma_{nj}^{*}+O_p(\sqrt{\mathrm{Var}(\gamma_{nj}^{*})})$。因此 $\gamma_{nj}^{*}\xrightarrow{P}0$。

由条件 (A8) 得 $\hat{F}_n(y\mid x)$ 关于 y 为连续的严格增函数，故存在反函数 $\hat{F}_n^{-1}(y\mid x)$，并且也为连续的严格增函数，从而 $F(Q_\tau(x)\mid x)=\hat{F}_n(Q_{\tau,n}(x)\mid x)=\tau$，且对任意的 $\varepsilon>0$，存在 $\delta=\delta(\varepsilon)>0$，对任意的 y，有 $|\hat{F}_n(y\mid x)-\hat{F}_n(Q_\tau(x)\mid x)|\leqslant\delta \Rightarrow |y-Q_\tau(x)|\leqslant\varepsilon$，这蕴含了对任意的 $\varepsilon>0$，存在 $\delta=\delta(\varepsilon)>0$，

$$\begin{aligned}P(|Q_{\tau,n}(x)-Q_\tau(x)|>\varepsilon) &\leqslant P(|\hat{F}_n(Q_{\tau,n}(x)\mid x)-\hat{F}_n(Q_\tau(x)\mid x)|>\delta) \\ &= P(|F(Q_\tau(x)\mid x)-\hat{F}_n(Q_\tau(x)\mid x)|>\delta)。\end{aligned}$$

由推论 3.2.1 知，$\hat{F}_n(Q_\tau(x)\mid x)\xrightarrow{P}F(Q_\tau(x)\mid x)$，从而 $Q_{\tau,n}(x)\xrightarrow{P}Q_\tau(x)$。根据中值定理有

$$Q_{\tau,n}(x)-Q_\tau(x)=\frac{\hat{F}_n(Q_{\tau,n}(x)\mid x)-\hat{F}_n(Q_\tau(x)\mid x)}{\hat{f}_n(Q_{\tau,n}^{*}(x)\mid x)}$$

$$= \frac{F(Q_\tau(x) \mid x) - \hat{F}_n(Q_\tau(x) \mid x)}{\hat{f}_n(Q^*_{\tau,n}(x) \mid x)},$$

这里 $Q^*_{\tau,n}(x)$ 落在 $Q_\tau(x)$ 与 $Q_{\tau,n}(x)$ 之间。注意到 $Q_{\tau,n}(x) \xrightarrow{P} Q_\tau(x)$ 蕴含 $Q^*_{\tau,n}(x) \xrightarrow{P} Q_\tau(x)$。由 $f(\cdot \mid x)$ 的连续性和 $\hat{f}_n(y \mid x) \xrightarrow{P} f_n(y \mid x)$，得

$$\hat{f}_n(Q^*_{\tau,n}(x) \mid x) \xrightarrow{P} f(Q_\tau(x) \mid x)。$$

根据推论 3.2.1 的结果，证明了定理 3.2.2。

第 4 章　左截断数据下分位数回归方法的研究

4.1　左截断数据下回归函数的局部线性 CQR 估计

本节讨论下面误差具有异方差结构的非参数回归模型：

$$Y = m(X) + \sigma(X)\varepsilon, \tag{4.1.1}$$

这里 Y 为响应变量，X 为协变量，回归函数 $m(X) = E(Y \mid X)$，条件标准方差函数 $\sigma(X) > 0$，ε 为误差变量，且满足 $\mathbb{E}(\varepsilon) = 0$ 和 $\mathbb{E}(\varepsilon^2) = 1$。

在过去几十年里，有许多方法对回归函数进行估计，比如核估计、样条估计以及局部多项式估计。在这些估计中，局部多项式估计有许多好的统计特性，但是由于它是由最小二乘法导过来的，当碰到具有离群或重尾特征的数据时估计起来不稳健。另外，当误差有无限的方差时，局部多项式估计也会失效。为了解决这个问题，Kai 等(2010)提出了非参数回归函数的局部复合分位数回归(CQR)估计，并且和局部多项式估计进行比较，发现当误差在非标准正态分布下，局部 CQR 估计更好。CQR 方法实际上是由 Zou 和 Yuan(2008)首次提出的，用来估计线性回归模型中的系数。Kai 等(2011)对部分变系数线性回归模型分别构造了变系数的 QR 估计以及 CQR 估计，但这些文章都是在完全数据下进行的。而对左截断数据或右删失数据下，还很少有人研究分位数回归方法。王等(2015)和王等(2019)应用复合分位数回归方法分别在左截断数据和右删失数据下对非参数回归函数进行估计，并建立了这些估计的渐近结果。

4.1.1　回归函数局部线性 CQR 估计的构造

设 $(X_i, Y_i), i = 1, 2, \cdots, N$ 是来自模型(4.1.1)下一组完全独立的样本数据。考虑 $m(x)$ 在 x_0 附近的近似值，$m(x) \approx m(x_0) + m'(x_0)(x - x_0)$。Kai 等(2010)提出了局部加权目标函数如下：

$$\sum_{k=1}^{q}\left[\sum_{i=1}^{N}\rho_{\tau_k}\{Y_i - a_k - b(X_i - x_0)\}K\left(\frac{X_i - x_0}{h_N}\right)\right], \tag{4.1.2}$$

这里 $\rho_{\tau_k}(r)=\tau_k r-rI(r<0)$，$\tau_k=k/(q+1)$，$k=1,2,\cdots,q$，$h_N$ 为窗宽满足 $0<h_N\to 0\ (N\to\infty)$，$K(\cdot)$ 为核函数。设 $(\tilde{a}_1,\cdots\tilde{a}_q,\tilde{b})$ 是使式(4.1.2)达到最小的一组解，则 $m(x_0)$ 的局部线性 CQR 估计可定义为 $\widetilde{m}(x_0)=\dfrac{1}{q}\sum\limits_{k=1}^{q}\tilde{a}_k$。

在左截断数据下，观察的样本为 $\{(X_i,Y_i,T_i),Y_i\geqslant T_i,1\leqslant i\leqslant n\}$，因此式(4.1.2)的构造方法不能直接应用。Zhou(2011)利用加权的方法对线性回归模型的系数构造了 QR 估计如下：

$$\hat{\boldsymbol{\beta}}(\tau)=\arg\min_{\beta}\sum_{i=1}^{n}\rho_\tau(Y_i-\mathbf{X}_i^T\boldsymbol{\beta})G_n^{-1}(Y_i)。$$

这样利用 Zhou(2011)的加权方法以及式(4.1.2)，在左截断数据下，可以构造一个加权目标函数为：

$$\sum_{k=1}^{q}\left[\sum_{i=1}^{n}\rho_{\tau_k}\{Y_i-a_k-b(X_i-x_0)\}K\left(\frac{X_i-x_0}{h_n}\right)G_n^{-1}(Y_i)\right]。\tag{4.1.3}$$

设 $(\hat{a}_1,\cdots,\hat{a}_q,\hat{b})$ 是使式(4.1.3)达到最小的一组解，则 $m(x_0)$ 的局部线性复合分位数回归估计为

$$\hat{m}_n(x_0)=\frac{1}{q}\sum_{k=1}^{q}\hat{a}_k。$$

4.1.2 假设条件和主要定理

首先给出一些符号和假设。设 $F_\varepsilon(\cdot)$ 和 $f_\varepsilon(\cdot)$ 分别表示误差 ε 的分布函数和密度函数，

$$\mu_j=\int t^jK(t)\mathrm{d}t,v_j=\int t^jK^2(t)\mathrm{d}t,j=0,1,2,\cdots。$$

令 $c_k=F_\varepsilon^{-1}(\tau_k)$，$\Sigma_1(x,y)=\displaystyle\int_{-\infty}^{y}\frac{f(x,s)}{G(s)}\mathrm{d}s$，$\Sigma_2(x)=\displaystyle\int_R\frac{f(x,s)}{G(s)}\mathrm{d}s$，

$$R(q)=\frac{1}{q^2}\sum_{k=1}^{q}\sum_{k'=1}^{q}\frac{\lambda_{kk'}(x_0)}{f_\varepsilon(c_k)f_\varepsilon(c_{k'})},$$

这里

$$\lambda_{kk'}(x_0)=\Sigma_1(x_0,m(x_0)+\sigma(x_0)(c_k\wedge c_{k'}))-\tau_k\Sigma_1(x_0,m(x_0)+\sigma(x_0)c_{k'})-\tau_{k'}\Sigma_1(x_0,m(x_0)+\sigma(x_0)c_k)+\tau_k\tau_{k'}\Sigma_2(x_0)。$$

设 $\mathbf{S}_{11}$ 是对角元素为 $f_\varepsilon(c_k),k=1,\cdots,q$ 的 $q\times q$ 对角矩阵，$\mathbf{S}_{12}=\mu_1(f(c_1),\cdots,f(c_q))^{\mathrm{T}}$，$\mathbf{S}_{21}=\mathbf{S}_{12}^{\mathrm{T}}$，$S_{22}=\mu_2\sum_{k=1}^{q}f_\varepsilon(c_k)$。类似地，令 Σ_{11} 的

(k,k') 元素为 $v_0\lambda_{kk'}(x_0), k,k'=1,\cdots,q$, $\Sigma_{12}=v_1\left(\sum_{k'=1}^{q}\lambda_{1k'}(x_0),\cdots,\sum_{k'=1}^{q}\lambda_{qk'}(x_0)\right)^{\mathrm{T}}$, $\Sigma_{21}=\Sigma_{21}^{\mathrm{T}}$, $\Sigma_{22}=v_2\sum_{k,k'=1}^{q}\lambda_{kk'}(x_0)$。定义

$$S=\begin{pmatrix}\mathbf{S}_{11} & \mathbf{S}_{12}\\ \mathbf{S}_{21} & S_{22}\end{pmatrix} \text{和} \Sigma=\begin{pmatrix}\Sigma_{11} & \Sigma_{12}\\ \Sigma_{21} & \Sigma_{22}\end{pmatrix}。$$

记 $K_i=K\left(\dfrac{X_i-x_0}{h_n}\right)$, $\eta_{i,k}^{*}=I\{\varepsilon_i\leqslant c_k-d_{i,k}/\sigma(X_i)\}-\tau_k$, $\mathbf{Z}_{i,k}=\left(\mathbf{e}_k^{\mathrm{T}},\dfrac{X_i-x_0}{h_n}\right)^{\mathrm{T}}$，其中 $d_{i,k}=c_k(\sigma(X_i)-\sigma(x_0))+r_i$, $r_i=m(X_i)-m(x_0)-m'(x_0)(X_i-x_0)$, $\mathbf{e}_k$ 是一个除了第 k 项为 1,其余项全部为 0 的 q 维向量。

(A1) $a_G<a_F$ 和 $b_G<b_F$。

(A2) $K(\cdot)$ 为连续的概率密度函数,在 $[-M,M]$ 上紧支撑。

(A3) X 的密度函数 $f_X(x)$ 在 x_0 上连续且 $f_X(x_0)>0$。

(A4) 条件误差函数 $\sigma^2(x)$ 在 x_0 上连续。

(A5) 回归函数 $m(\cdot)$ 在 x_0 上具有连续的二阶导数。

(A6) ε 的密度函数 $f_\varepsilon(\cdot)$ 是对称的,且 $f_\varepsilon(\cdot)>0$。

(A7) 窗宽 h_n 满足 $h_n\to 0$ 和 $nh_n\to+\infty$。

定理 4.1.1　设 $\hat{\boldsymbol{\beta}}_n=\sqrt{nh_n}(\hat{a}_1-m(x_0)-\sigma(x_0)c_1,\cdots,\hat{a}_q-m(x_0)-\sigma(x_0)c_q, h_n(\hat{b}-m'(x_0))^T$。假设(A1)—(A7)成立,则有

$$\hat{\boldsymbol{\beta}}_n+\frac{\theta\sigma(x_0)}{f_X(x_0)}\mathbf{S}^{-1}EW_n^{*}\xrightarrow{\mathcal{D}}N\left(\mathbf{0},\frac{\theta\sigma^2(x_0)}{f_X^2(x_0)}\mathbf{S}^{-1}\Sigma\mathbf{S}^{-1}\right),$$

其中 $W_n^{*}=\sqrt{nh_n}\sum_{k=1}^{q}\sum_{i=1}^{n}K_iG^{-1}(Y_i)\eta_{i,k}^{*}\mathbf{Z}_{i,k}$。

定理 4.1.2　假设(A1)—(A7)成立,则有

$$\sqrt{nh_n}\left(\hat{m}_n(x_0)-m(x_0)-\frac{1}{2}m''(x_0)\mu_2h_n^2\right)\xrightarrow{\mathcal{D}}N\left(0,\frac{\theta v_0\sigma^2(x_0)R(q)}{f_X^2(x_0)}\right)。$$

注 4.1.1　若 $\theta=1$, $\Sigma_2(x_0)=f_X(x_0)$,则

$\Sigma_1(x_0,m(x_0)+\sigma(x_0)c_k)=\int_{-\infty}^{m(x_0)+\sigma(x_0)c_k}f(x_0,s)\mathrm{d}s=f_X(x_0)\int_{-\infty}^{m(x_0)+\sigma(x_0)c_k}f_{Y|X}(s\mid x_0)\mathrm{d}s=f_X(x_0)\mathbb{E}[I(Y\leqslant m(X)+\sigma(X)c_k)\mid X=x_0]=f_X(x_0)\mathbb{E}[I(\varepsilon\leqslant c_k)\mid X=x_0]=f_X(x_0)\tau_k$。

同理:

$\Sigma_1(x_0,m(x_0)+\sigma(x_0)(c_k\wedge c_{k'}))=f_X(x_0)\tau_k\wedge\tau_{k'}$, $\Sigma_1(x_0,m(x_0)+$

$\sigma(x_0)c_{k'}) = f_X(x_0)\tau_{k'}$ 这时 $\lambda_{kk'}(x_0) = f_X(x_0)(\tau_k \wedge \tau_{k'} - \tau_k\tau_{k'}) \triangleq f_X(x_0)\tau_{kk'}$。因此，由定理 4.1.2 可以得到

$$\sqrt{nh_n}\left(\hat{m}_n(x_0) - m(x_0) - \frac{1}{2}m''(x_0)\mu_2 h_n^2\right) \xrightarrow{\mathcal{D}} N\left(0, \frac{v_0\sigma^2(x_0)R_1(q)}{f_X(x_0)}\right),$$

这里 $R_1(q) = \frac{1}{q^2}\sum_{k=1}^{q}\sum_{k'=1}^{q}\frac{\tau_{kk'}(x_0)}{f_\varepsilon(c_k)f_\varepsilon(c_{k'})}$。这个结果和 Kai 等(2010)的结果完全一致。

注 4.1.2 通过定理 4.1.2，$\hat{m}_n(x_0)$ 的渐近均方误差(AMSE)为

$$\text{AMSE}(\hat{m}_n(x_0)) = \frac{h_n^4[m''(x_0)]^2\mu_2^2}{4} + \frac{\theta v_0\sigma^2(x_0)R(q)}{nh_n f_X^2(x_0)},$$

这样使得 AMSE$(\hat{m}_n(x_0))$ 达到最小的最优窗宽为

$$h_{opt} = \left[\frac{\theta v_0\sigma^2(x_0)R(q)}{(f_X(x_0)\mu_2 m''(x_0))^2}\right]^{1/5} n^{-1/5}。$$

4.1.3 局部线性 CQR 估计的模拟研究

这一小节主要对 $m(x)$ 的局部线性 CQR 估计 $\hat{m}_n(x)$(CQR$_q$) 在有限样本下进行模拟研究，主要研究局部线性 CQR 估计 $\hat{m}_n(x)$ 与局部线性估计 $\hat{m}_{LS}(x)$ 在常用的非正态分布时的特性。估计 $\hat{m}_n(x)$ 通过均方误差(ASE) 来衡量其特性，且 ASE 定义为

$$\text{ASE}(\hat{f}) = \frac{1}{n_{grid}}\sum_{k=1}^{n_{grid}}\{\hat{f}(x_k) - f(x_k)\}^2,$$

其中，$\{x_k, k = 1, \cdots, n_{grid}\}$ 表示函数 $\hat{f}(\cdot)$ 的估值点。在模拟中比较两个估计时，用 ASE 的比

$$\text{RASE}(\hat{m}_n, \hat{m}_{LS}) = \frac{\text{ASE}(\hat{m}_{LS})}{\text{ASE}(\hat{m}_n)}。$$

考虑下面的模型：

$$Y = X\sin(2\pi X) + \sigma(X)\varepsilon \tag{4.1.4}$$

这里，$X \sim U(0,1)$，$\sigma(X) = [2 + \cos(2\pi X)]/10$。这个模型在 Kai 等(2010)中用过。为了获得左截断数据，取截断变量 $T \sim N(\mu, 1)$，这里 μ 用来决定获得不同的 θ。给定 n (N 是随机的)，可以产生观察数据 (X_i, Y_i, T_i)，$Y_i \geqslant T_i$，$i = 1, \cdots, n$。本例中，取 Epanechnikov 核函数 $K(x) = \frac{3}{4}(1 - x^2)I_{\{|x|<1\}}$，并考虑 ε_i 服从不同的分布：

(a)标准正态分布：$\varepsilon_i \sim N(0,1)$；

(b) t—分布：$\varepsilon_i \sim t(3)$；

(c)混合正态分布：$\varepsilon_i \sim 0.95N(0,1) + 0.05N(0,100)$；

(d) 柯西分布：$\varepsilon_i \sim C(0,1)$。

在表 4-1—表 4-4 中，分别对 ε_i 的不同分布下进行模拟。在每张表格中，分别产生样本容量为 200 和 80 的观察数据，θ 分别取不同的数值，为 $\theta = 30\%, 60\%, 90\%$；取 $n_{grid} = 200$，估计点均匀取值于区间 $[-1.5, 1.5]$，基于 $M = 500$ 重复得到 RASE($\hat{m}_n, \hat{m}_{LS}$)；这里窗宽 h_n 的取值范围从 0.01 到 1.0，增量为 0.02，分别选择使得 ASE($\hat{m}_{LS}$) 和 ASE($\hat{m}_n$) 达到最小的窗宽。另外，在 $x_0 = 0.4$，分别估计局部线性估计 (LS)，CQR_5，CQR_9，CQR_{19} 估计的偏差和标准差，这里窗宽的选取范围依然为上述范围，分别选择使它们的标准差达到最小的窗宽。

表 4-1　$\varepsilon_i \sim N(0,1)$ 的模拟研究

θ	Methods	$n=200$			$n=800$		
		RASE	$x_0=0.4$		RASE	$x_0=0.4$	
			Bias	Sd		Bias	Sd
30%	LS	—	0.0533	0.0311	—	0.0418	0.0213
	CQR_5	0.9137	0.0697	0.0324	0.9218	−0.0449	0.0241
	CQR_9	0.9347	−0.0634	0.0357	0.9433	−0.0417	0.0237
	CQR_{19}	0.9519	0.0547	0.0314	0.9688	0.0399	0.0221
60%	LS	—	0.0403	0.0268	—	0.0379	0.0181
	CQR_5	0.9179	0.0506	0.0314	0.9311	0.0401	0.0213
	CQR_9	0.9455	−0.0487	0.0304	0.95077	−0.0377	0.0200
	CQR_{19}	0.9606	0.0421	0.0298	0.9713	−0.0330	0.0195
90%	LS	—	−0.0378	0.0253	—	0.0305	0.0151
	CQR_5	0.9223	0.0477	0.0268	0.9409	0.0447	0.0169
	CQR_9	0.9531	−0.0432	0.0261	0.9725	0.0399	0.0163
	CQR_{19}	0.9710	0.0398	0.0258	0.9809	−0.0318	0.0160

表 4-2 $\varepsilon_i \sim t(3)$的模拟研究

θ	Methods	$n=200$			$n=800$		
		RASE	$x_0=0.4$		RASE	$x_0=0.4$	
			Bias	Sd		Bias	Sd
30%	LS	—	0.0703	0.0405	—	0.0611	0.0376
	CQR_5	1.1521	−0.06731	0.0389	1.1234	0.0519	0.0321
	CQR_9	1.2133	−0.0615	0.0355	1.1929	−0.0498	0.0301
	CQR_{19}	1.0557	0.0688	0.0391	1.0413	0.0574	0.0356
60%	LS	—	0.0675	0.0388	—	0.0513	0.0361
	CQR_5	1.1467	0.0653	0.0374	1.1321	0.0498	0.0299
	CQR_9	1.2311	0.0601	0.0351	1.2031	0.0432	0.0276
	CQR_{19}	1.0437	0.0645	0.0369	1.0645	0.0486	0.0334
90%	LS	—	0.0611	0.0353	—	0.0478	0.0311
	CQR_5	1.1409	0.0587	0.0331	1.1121	−0.0452	0.0275
	CQR_9	1.1934	−0.0566	0.0319	1.1876	0.0412	0.0242
	CQR_{19}	1.0331	0.0598	0.0342	1.0339	−0.0443	0.0287

表 4-3 $\varepsilon_i \sim 0.95N(0,1)+0.05N(0,100)$的模拟研究

θ	Methods	$n=200$			$n=800$		
		RASE	$x_0=0.4$		RASE	$x_0=0.4$	
			Bias	Sd		Bias	Sd
30%	LS	—	0.0412	0.0304	—	0.0392	0.0291
	CQR_5	1.3245	−0.0378	0.0287	1.4531	0.0339	0.0249
	CQR_9	1.6139	−0.0335	0.0245	1.9298	−0.0317	0.0217
	CQR_{19}	1.1673	0.0389	0.0273	1.1978	0.0369	0.0245
60%	LS	—	0.0393	0.0268	—	0.0314	0.0277
	CQR_5	1.4204	0.0352	0.0231	1.3950	0.0298	0.0213
	CQR_9	1.76124	0.0313	0.0209	1.8311	0.0264	0.0179
	CQR_{19}	1.1752	0.0363	0.0258	1.1781	−0.0283	0.0459

续　表

θ	Methods	$n=200$			$n=800$		
		RASE	$x_0=0.4$		RASE	$x_0=0.4$	
			Bias	Sd		Bias	Sd
90%	LS	—	−0.0371	0.0227	—	0.0275	0.0208
	CQR_5	1.2561	0.0329	0.0209	1.5715	−0.0247	0.0191
	CQR_9	1.7983	−0.0298	0.0198	1.8509	−0.0213	0.0163
	CQR_{19}	1.1456	0.0351	0.0218	1.2879	0.0256	0.0186

表 4-4　$\varepsilon_i \sim C(0,1)$的模拟研究

θ	Methods	$n=200$			$n=800$		
		RASE	$x_0=0.4$		RASE	$x_0=0.4$	
			Bias	Sd		Bias	Sd
30%	LS	—	1.6712	12.1455	—	1.4367	10.7366
	CQR_5	9.8709	0.4120	0.9789	8.3567	0.6341	0.5955
	CQR_9	10.4320	0.4458	0.7311	9.1908	0.3987	0.5955
	CQR_{19}	8.3899	0.3579	0.4901	10.7789	0.3269	0.3450
60%	LS	—	1.2335	9.1102	—	0.9981	7.3576
	CQR_5	10.5689	0.6112	0.8312	8.1229	0.5410	0.6799
	CQR_9	9.8098	0.3417	0.6091	9.8790	0.2834	0.5101
	CQR_{19}	11.788	0.2936	0.3887	9.1809	0.2477	0.2914
90%	LS	—	0.8450	6.2245	—	0.6809	5.3678
	CQR_5	7.9987	0.2513	0.5419	8.5598	0.2047	0.4981
	CQR_9	10.4456	0.1998	0.4980	9.5332	0.1313	0.3163
	CQR_{19}	12.8819	0.1345	0.3278	10.9988	0.1099	0.2794

通过表 4-1—表 4-4 可以观察到,(1)当 $\varepsilon_i \sim N(0,1)$ 时,RASE 都略小于 1。也就是说,这种情况下 LS, CQR_5,CQR_9 和 CQR_{19} 的估计效果差不多。(2)在非正态分布下,RASE 明显大于 1,尤其是在 $\varepsilon_i \sim C(0,1)$ 的情况下,说明 CQR_5,CQR_9 和 CQR_{19} 估计都明显优于 LS 估计。(3)各估计的偏差和标准差受 θ 的影响,θ 越大,估计的效果越好。这是因为 θ 越大,受截断

变量的影响越小。(4)估计的效果也受 n 的影响，n 越大，效果越好。

4.1.4 主要定理的证明

定理 4.1.1 的证明 设 $\boldsymbol{\beta}=\sqrt{nh_n}(a_1-m(x_0)-\sigma(x_0)c_1,\cdots,a_q-m(x_0)-\sigma(x_0)c_q,h_n(b-m'(x_0)))^T$，$\Delta_{i,k}=\mathbf{Z}_{i,k}^{\mathrm{T}}\boldsymbol{\beta}/\sqrt{nh_n}=a_k-m(x_0)-\sigma(x_0)c_k+(b-m'(x_0))(X_i-x_0)$，则 $Y_i-a_k-b(X_i-x_0)=\sigma(X_i)(\varepsilon_i-c_k)+d_{i,k}-\Delta_{i,k}$。这样式(4.1.3)的最优问题等价于下式的最优问题：$\hat{L}_n(\boldsymbol{\beta})=\sum_{k=1}^{q}\sum_{i=1}^{n}[\rho_{\tau_k}\{\sigma(X_i)(\varepsilon_i-c_k)+d_{i,k}-\Delta_{i,k}\}-\rho_{\tau_k}\{\sigma(X_i)(\varepsilon_i-c_k)+d_{i,k}\}]K_iG_n^{-1}(Y_i)$。

应用等式 $\rho_\tau(x-y)-\rho_\tau(x)=y[I(x\leqslant 0)-\tau]+\int_0^y[I(x\leqslant z)-I(x\leqslant 0)]\mathrm{d}z$ (见 Knight (1998))可得，

$$\begin{aligned}\hat{L}_n(\beta)=&\sum_{k=1}^{q}\sum_{i=1}^{n}\Big[\Delta_{i,k}\{I(\sigma(X_i)(\varepsilon_i-c_k)+d_{i,k}\leqslant 0)-\tau_k\}\\&+\int_0^{\Delta ik}\{I(\sigma(X_i)(\varepsilon_i-c_k)+d_{i,k}\leqslant z)-I(\sigma(X_i)(\varepsilon_i-c_k)+d_{i,k}\leqslant 0)\}\mathrm{d}z\Big]\\&K_iG_n^{-1}(Y_i)\\=&\sum_{k=1}^{q}\sum_{i=1}^{n}K_iG_n^{-1}(Y_i)\frac{\mathbf{Z}_{i,k}^{\mathrm{T}}\boldsymbol{\beta}}{\sqrt{nh_n}}\eta_{i,k}^{*}+\sum_{k=1}^{q}\hat{B}_{n,k}(\boldsymbol{\beta})\\=&(\hat{\mathbf{W}}_n^{*})^{\mathrm{T}}\boldsymbol{\beta}+\sum_{k=1}^{q}\hat{B}_{n,k}(\boldsymbol{\beta}),\end{aligned}\tag{4.1.5}$$

其中，$\hat{W}_n^{*}=\frac{1}{\sqrt{nh_n}}\sum_{k=1}^{q}\sum_{i=1}^{n}K_iG_n^{-1}(Y_i)\eta_{i,k}^{*}Z_{i,k}$，$\hat{B}_{n,k}(\beta)=\sum_{i=1}^{n}\frac{K_i}{G_n(Y_i)}\int_0^{\Delta_{i,k}}[I(\sigma(X_i)(\varepsilon_i-c_k)+d_{i,k}\leqslant z)-I(\sigma(X_i)(\varepsilon_i-c_k)+d_{i,k}\leqslant 0)]\mathrm{d}z$。

首先证明：

$$\sum_{k=1}^{q}\hat{B}_{n,k}(\boldsymbol{\beta})=\frac{f_X(x_0)}{2\theta\sigma(x_0)}\boldsymbol{\beta}^{\mathrm{T}}\mathbf{S}\boldsymbol{\beta}+o_P(1)。\tag{4.1.6}$$

设 $B_{n,k}(\boldsymbol{\beta})=\sum_{i=1}^{n}\frac{K_i}{G(Y_i)}\int_0^{\Delta_{i,k}}[I(\sigma(X_i)(\varepsilon_i-c_k)+d_{i,k}\leqslant z)-I(\sigma(X_i)(\varepsilon_i-c_k)+d_{i,k}\leqslant 0)]\mathrm{d}z$，应用式(1.4.1)得

$$\begin{aligned}&E\Big[\sum_{k=1}^{q}B_{n,k}(\boldsymbol{\beta})\Big]\\=&\sum_{k=1}^{q}\sum_{i=1}^{n}E\left\{\frac{K_i}{G(Y_i)}\int_0^{\Delta i,k}\left[I\left(\varepsilon_i\leqslant c_k-\frac{d_{i,k}}{\sigma(X_i)}+\frac{z}{\sigma(X_i)}\right)-I\left(\varepsilon_i\leqslant c_k-\frac{d_{i,k}}{\sigma(X_i)}\right)\right]\mathrm{d}z\right\}\end{aligned}$$

$$= \sum_{k=1}^{q}\sum_{i=1}^{n}\iint \frac{1}{G(y)}K\left(\frac{x-x_0}{h_n}\right)\int_0^{\Delta_k(x)}[I(y\leqslant m(x)+z-d_k(x)+\sigma(x)c_k)$$

$$-I(y\leqslant m(x)-d_k(x)+\sigma(x)c_k)]dzf^*(x,y)dxdy$$

$$=\frac{1}{\theta}\sum_{k=1}^{q}\sum_{i=1}^{n}\mathbb{E}\left\{K_i\int_0^{\Delta_{i,k}}\left[I\left(\varepsilon_i\leqslant c_k-\frac{d_{i,k}}{\sigma(X_i)}+\frac{z}{\sigma(X_i)}\right)-I\left(\varepsilon_i\leqslant c_k-\frac{d_{i,k}}{\sigma(X_i)}\right)\right]\mathrm{d}z\right\}$$

$$=\frac{1}{\theta}\sum_{k=1}^{q}\sum_{i=1}^{n}\mathbb{E}\left\{K_i\mathbb{E}\left[\int_0^{\Delta_i,k}\left[I\left(\varepsilon_i\leqslant c_k-\frac{d_{i,k}}{\sigma(X_i)}+\frac{z}{\sigma(X_i)}\right)-I\left(\varepsilon_i\leqslant c_k-\frac{d_{i,k}}{\sigma(X_i)}\right)\right]\mathrm{d}z\mid X\right]\right\}$$

$$=\frac{1}{\theta}\sum_{k=1}^{q}\sum_{i=1}^{n}\mathbb{E}\left\{K_i\int_0^{\Delta_{i,k}}\left[F_{\varepsilon_i}\left(c_k-\frac{d_{i,k}}{\sigma(X_i)}+\frac{z}{\sigma(X_i)}\right)-F_{s_i}\left(c_k-\frac{d_{i,k}}{\sigma(X_i)}\right)\right]\mathrm{d}z\right\}$$

$$=\frac{1}{\theta}\sum_{k=1}^{q}\sum_{i=1}^{n}\mathbb{E}\left\{K_i\int_0^{\Delta_{i,k}}\left[f_{\varepsilon_i}\left(c_k-\frac{d_{i,k}}{\sigma(X_i)}\right)\frac{z}{\sigma(X_i)}+o(z)\right]\mathrm{d}z\right\}$$

$$=\frac{1}{2\theta}\sum_{k=1}^{q}\sum_{i=1}^{n}\mathbb{E}\left\{\frac{K_i}{\sigma(X_i)}\Delta_{i,k}^2f_{\varepsilon_i}\left(c_k-\frac{d_{i,k}}{\sigma(X_i)}\right)\right\}+o(1)$$

$$=\frac{1}{2\theta}\sum_{k=1}^{q}\sum_{i=1}^{n}\mathbb{E}\left\{\frac{K_i}{\sigma(X_i)}\boldsymbol{\beta}^{\mathrm{T}}\mathbf{Z}_{i,k}\mathbf{Z}_{i,k}^{\mathrm{T}}\boldsymbol{\beta}f_{\varepsilon_i}\left(c_k-\frac{d_{i,k}}{\sigma(X_i)}\right)\right\}+o(1)\rightarrow\frac{f_X(x_0)}{2\theta\sigma(x_0)}\boldsymbol{\beta}^{\mathrm{T}}\mathbf{S}\boldsymbol{\beta},\tag{4.1.7}$$

上面第二等式中，$\Delta_k(x)$，$d_k(x)$ 和 $\sigma(x)$ 分别为 $\Delta_{i,k}$，$d_{i,k}$ 和 $\sigma(X_i)$ 中的 X_i 被 x 替换所得。另外，由式(1.4.1)得

$\mathrm{Var}[B_{n,k}(\boldsymbol{\beta})]$

$$\leqslant\sum_{i=1}^{n}E\left\{K_i^2G^{-2}(Y_i)\left(\int_0^{\Delta_i k}\left[I\left(\varepsilon_i\leqslant\frac{z}{\sigma(X_i)}-\frac{d_{i,k}}{\sigma(X_i)}+c_k\right)-I\left(\varepsilon_i\leqslant c_k-\frac{d_{i,k}}{\sigma(X_i)}\right)\right]\mathrm{d}z\right)^2\right\}$$

$$\leqslant\frac{1}{G(a_F)}\sum_{i=1}^{n}E\left\{\frac{K_i^2}{G(Y_i)}\left(\int_0^{\Delta_{i,k}}\left[I\left(\varepsilon_i\leqslant\frac{z}{\sigma(X_i)}-\frac{d_{i,k}}{\sigma(X_i)}+c_k\right)-I\left(\varepsilon_i\leqslant c_k-\frac{d_{i,k}}{\sigma(X_i)}\right)\right]\mathrm{d}z\right)^2\right\}$$

$$=\frac{1}{\theta G(a_F)}\sum_{i=1}^{n}E\left\{K_i^2\left(\int_0^{\Delta_{i,k}}\left[I\left(\varepsilon_i\leqslant\frac{z}{\sigma(X_i)}-\frac{d_{i,k}}{\sigma(X_i)}+c_k\right)-I\left(\varepsilon_i\leqslant c_k-\frac{d_{i,k}}{\sigma_{X_i}}\right)\right]\mathrm{d}z\right)^2\right\}$$

$$=\frac{1}{\theta G(a_F)}\sum_{i=1}^{n}E\left\{K_i^2E\left(\int_0^{\Delta_{i,k}}\left[I\left(\varepsilon_i\leqslant c_k-\frac{d_{i,k}}{\sigma(X_i)}+\frac{z}{\sigma(X_i)}\right)\right.\right.\right.$$

$$\left.\left.\left.-I\left(\varepsilon_i\leqslant c_k-\frac{d_{i,k}}{\sigma(X_i)}\right)\right]\mathrm{d}z\right)^2\mid X\right\}$$

$$\leqslant\frac{1}{\theta G(a_F)}\sum_{i=1}^{n}E\left\{K_i^2\int_0^{|\Delta_{i,k}|}\int_0^{|\Delta_{i,k}|}F_{\varepsilon_i}\left(c_k+\left|\frac{\Delta_{i,k}}{\sigma(X_i)}\right|-\frac{d_{i,k}}{\sigma(X_i)}\right)-F_{\varepsilon_i}\left(c_k-\frac{d_{i,k}}{\sigma(X_i)}\right)\mathrm{d}z_1\mathrm{d}z_2\right\}$$

$$=o\left(\sum_{i=1}^{n}E[K_i^2\mid\Delta_{i,k}\mid^2]\right)=o(1)。\tag{4.1.8}$$

通过式(4.1.7)和式(4.1.8)，有

$$\sum_{k=1}^{q}B_{n,k}(\beta)=\frac{f_X(x_0)}{2\theta\sigma(x_0)}\beta^{\mathrm{T}}\boldsymbol{S}\beta+o_P(1)。\tag{4.1.9}$$

又因为

$$|B_{n,k}(\boldsymbol{\beta})-\hat{B}_{n,k}(\boldsymbol{\beta})|\leqslant\frac{\sup_y|G_n(y)-G(y)|}{G(a_F)-\sup_y|G_n(y)-G(y)|}$$

$$\times\sum_{i=1}^{n}K_iG^{-1}(Y_i)\left|\int_0^{\Delta_{i,k}}\left[I\left(\varepsilon_i\leqslant c_k-\frac{d_{i,k}}{\sigma(X_i)}+\frac{z}{\sigma(X_i)}\right)-I\left(\varepsilon_i\leqslant c_k-\frac{d_{i,k}}{\sigma(X_i)}\right)\right]\mathrm{d}z\right|,$$

而

$$\sum_{i=1}^{n}E\left[K_iG^{-1}(Y_i)\left|\int_0^{\Delta_{i,k}}\left[I\left(\varepsilon_i\leqslant c_k-\frac{d_{i,k}}{\sigma(X_i)}+\frac{z}{\sigma(X_i)}\right)-I\left(\varepsilon_i\leqslant c_k-\frac{d_{i,k}}{\sigma(X_i)}\right)\right]\mathrm{d}z\right|\right]$$

$$\leqslant\sum_{i=1}^{n}E[K_iG^{-1}(Y_i)\mid\Delta_{i,k}\mid]=\frac{1}{\theta}\sum_{i=1}^{n}\mathbb{E}[K_i\mid\Delta_{i,k}\mid]=O(\sqrt{nh_n})。$$

另外，由引理 1.7 得 $\sup_y|G_n(y)-G(y)|=O_P(\sqrt{n})$，所以

$$|B_{n,k}(\boldsymbol{\beta})-\hat{B}_{n,k}(\boldsymbol{\beta})|=O_P(h_n^{\frac{1}{2}})=o_P(1)。\tag{4.1.10}$$

结合式(4.1.9)，证明了式(4.1.6)。由式(4.1.5)和式(4.1.6)得

$$\hat{L}_n(\boldsymbol{\beta})=(\hat{\mathbf{W}}_n^*)^{\mathrm{T}}\boldsymbol{\beta}+\frac{f_X(x_0)}{2\theta\sigma(x_0)}\boldsymbol{\beta}^{\mathrm{T}}\mathbf{S}\boldsymbol{\beta}+o_P(1)。$$

这样由二次逼近引理(见 Fan 和 Gijbels(1996)，第 210 页)可以得到

$$\hat{\boldsymbol{\beta}}_n=-\frac{\theta\sigma(x_0)}{f_X(x_0)}\mathbf{S}^{-1}\hat{\mathbf{W}}_n^*+o_P(1)。\tag{4.1.11}$$

设 $\eta_{i,k}=I(\varepsilon_i\leqslant c_k)-\tau_k$，$\mathbf{W}_n=(nh_n)^{-1/2}\sum_{k=1}^{q}\sum_{i=1}^{n}K_iG^{-1}(Y_i)\eta_{i,k}\mathbf{Z}_{i,k}\triangleq(\omega_{11},\cdots,\omega_{1q},\omega_{21})^T$，其中 $\omega_{1k}=\frac{1}{\sqrt{nh_n}}\sum_{i=1}^{n}K_iG^{-1}(Y_i)\eta_{i,k},k=1,\cdots,q$，$\omega_{21}=\frac{1}{\sqrt{nh_n}}\sum_{k=1}^{q}\sum_{i=1}^{n}K_iG^{-1}(Y_i)\eta_{i,k}\left(\frac{X_i-x_0}{h_n}\right)$。

$$\begin{aligned}E\omega_{1k}&=\frac{1}{\sqrt{nh_n}}\sum_{i=1}^{n}E\{K_iG^{-1}(Y_i)\eta_{i,k}\}\\&=\frac{1}{\theta\sqrt{nh_n}}\sum_{i=1}^{n}\mathbb{E}\{K_i\mathbb{E}[(I(\varepsilon_i\leqslant c_k)-\tau)_k\mid X]\}\\&=\frac{1}{\theta\sqrt{nh_n}}\sum_{i=1}^{n}\mathbb{E}(K_i[F(c_k)-\tau_k])=0。\end{aligned}$$

同理，也可得到 $E\omega_{21}=0$。另外，根据式(1.4.1)得

$$\begin{aligned}
\mathrm{Cov}(\omega_{1k},\omega_{1k'}) &= E(\omega_{1k}\omega_{1k'}) = \frac{1}{nh_n}\sum_{i=1}^{n}E[K_i^2G^{-2}(Y_i)\eta_{i,k}\eta_{i,k'}] \\
&= \frac{1}{h_n}\iint K^2\left(\frac{x-x_0}{h_n}\right)\frac{1}{G^2(y)}[I(y\leqslant m(x)+c_k\sigma(x))-\tau_k] \\
&\quad \times [I(y\leqslant m(x)+c_{k'}\sigma(x))-\tau_{k'}]f^*(x,y)dxdy \\
&= \frac{1}{\theta h_n}\iint K^2\left(\frac{x-x_0}{h_n}\right)\frac{f(x,y)}{G(y)}\{I(y\leqslant m(x)+(c_k\wedge c_{k'})\sigma(x)) \\
&\quad -\tau_k I(y\leqslant m(x)+c_{k'}\sigma(x))-\tau_{k'}I(y\leqslant m(x)+c_k\sigma(x))+ \\
&\quad \tau_k\tau_{k'}\}dxdy \\
&\to \frac{1}{\theta}\iint K^2(t)\,\frac{f(x_0,y)}{G(y)}\{I(y\leqslant m(x_0)+(c_k\wedge c_{k'})\sigma(x_0)) \\
&\quad -\tau_k I(y\leqslant m(x_0)+c_{k'}\sigma(x_0))-\tau_{k'}I(y\leqslant m(x_0)+c_k\sigma(x_0)) \\
&\quad +\tau_k\tau_{k'}\}dtdy \\
&= \frac{v_0}{\theta}\lambda_{kk'}(x_0)。
\end{aligned}$$

同理有

$$\mathrm{Cov}(\omega_{1k},\omega_{21}) = \frac{v_1}{\theta}\sum_{k'=1}^{q}\lambda_{kk'}(x_0),\ \mathrm{Var}(\omega_{21}) = \frac{v_2}{\theta}\sum_{k=1}^{q}\sum_{k'=1}^{q}\lambda_{kk'}(x_0)。$$

这样通过 Cramér-Wald 定理得

$$W_n - EW_n \xrightarrow{\mathcal{D}} N(0,\theta^{-1}\Sigma)。\tag{4.1.12}$$

设 $\omega_{1k}^* = \frac{1}{\sqrt{nh_n}}\sum_{i=1}^{n}K_iG^{-1}(Y_i)\eta_{i,k}^*, k=1,\cdots,q, \omega_{21}^* = \frac{1}{\sqrt{nh_n}}\sum_{k=1}^{q}\sum_{i=1}^{n}K_iG^{-1}(Y_i)\eta_{i,k}^*\left(\frac{X_i-x_0}{h_n}\right)$，这样 $\mathbf{W}_n^* = (\omega_{11}^*,\cdots,\omega_{1q}^*,\omega_{21}^*)^T$。对 $|X_i-x_0|\leqslant Mh_n$ $(i=1,\cdots,n)$，有

$$\max_{1\leqslant i\leqslant n}|r_i|\leqslant \frac{1}{2}\sup_{x\in x_0\pm Mh_n}|m''(x)|\max_{1\leqslant i\leqslant n}|X_i-x_0|^2 = O(h_n^2),$$

因此，$\max_k d_{i,k} = \max_k[c_k(\sigma(X_i)-\sigma(x_0))+r_i] = o_P(1)$。通过条件(A2)—(A4)得

$$\mathrm{Var}(\omega_{1k}^*-\omega_{1k})\leqslant \frac{1}{nh_n}\sum_{i=1}^{n}E[K_i^2G^{-2}(Y_i)(\eta_{i,k}^*-\eta_{i,k})^2]$$

$$\leqslant \frac{1}{nh_n\theta G(a_F)}\sum_{i=1}^{n}\mathbb{E}[K_i^2(\eta_{i,k}^*-\eta_{i,k})^2] = \frac{1}{nh_n\theta G(a_F)}\sum_{i=1}^{n}\mathbb{E}\{E[K_i^2(\eta_{i,k}^*-\eta_{i,k})^2\mid X]\}$$

$$\leqslant \frac{1}{nh_n\theta G(a_F)}\sum_{i=1}^{n}\mathbb{E}\{\mathbb{E}\{K_i^2[(I(\varepsilon_i\leqslant c_k+|d_{i,k}|/\sigma(X_i))-\tau_k)$$

$$- (I(\varepsilon_i \leqslant c_k) - \tau_k)] \mid X\}\}$$

$$\leqslant \frac{1}{nh_n\theta G(a_F)}\sum_{i=1}^{n} E\{K_i^2 \max_k [F_\varepsilon(c_k + | d_{i,k} | /\sigma(X_i)) - F_\varepsilon(c_k)]\} = o(1)。$$

同理得到 $\mathrm{Var}(\omega_{21}^* - \omega_{21}) = o(1)$，这样有 $\mathrm{Var}(\mathbf{W}_n^* - \mathbf{W}_n) = o(1)$。因此，通过式(4.1.12)和 Slutsky 定理得

$$\mathbf{W}_n^* - E\mathbf{W}_n^* \xrightarrow{\mathcal{D}} N(0, \theta^{-1}\Sigma)。\tag{4.1.13}$$

注意到 $\hat{\mathbf{W}}_n^* = (\hat{\mathbf{W}}_n^* - \mathbf{W}_n^*) + (\mathbf{W}_n^* - E\mathbf{W}_n^*) + E\mathbf{W}_n^*$。

类似于式(4.1.10)的证明，可以得到

$$\hat{\mathbf{W}}_n^* - \mathbf{W}_n^* = O_P(h_n^{1/2}) = o_P(1)。$$

结合式(4.1.11)和式(4.1.13)，有

$$\hat{\boldsymbol{\beta}}_n + \frac{\theta\sigma(x_0)}{f_X(x_0)}\mathbf{S}^{-1}E\mathbf{W}_n^* \xrightarrow{\mathcal{D}} N\left(\mathbf{0}, \frac{\theta\sigma^2(x_0)}{f_X^2(x_0)}\mathbf{S}^{-1}\Sigma\mathbf{S}^{-1}\right)。$$

定理 4.1.2 的证明 设 $\hat{\beta}_{1k} = \sqrt{nh_n}(\hat{a}_k - m(x_0) - c_k\sigma(x_0))$, $k = 1, \cdots, q$, $\hat{\beta}_{21} = \sqrt{nh_n}h_n(\hat{b} - m'(x_0))$，则 $\hat{\beta}_n = (\hat{\beta}_{11}, \cdots, \hat{\beta}_{1q}, \hat{\beta}_{21})^{\mathrm{T}}$。由(A6)知 $\sum_{k=1}^{q} c_k = 0$，这样有

$$\begin{aligned}
\hat{m}_n(x_0) &= \frac{1}{q}\sum_{k=1}^{q}\hat{a}_k = \frac{1}{q}\sum_{k=1}^{q}\left\{\frac{\hat{\beta}_{1k}}{\sqrt{nh_n}} + m(x_0) + c_k\sigma(x_0)\right\} \\
&= \frac{1}{q\sqrt{nh_n}}\sum_{k=1}^{q}\hat{\beta}_{1k} + \sigma(x_0)\frac{1}{q}\sum_{k=1}^{q}c_k + m(x_0) \\
&= \frac{1}{q\sqrt{nh_n}}\sum_{k=1}^{q}\hat{\beta}_{1k} + m(x_0)。
\end{aligned}$$

设 $(\mathbf{S}^{-1})_{q\times q}$ 为 $\mathbf{S}^{-1}$ 左上角 $q \times q$ 的子矩阵，$\mathbf{e}_{q\times 1} = (1, \cdots, 1)^{\mathrm{T}}$, $\mathbf{W}_{1n}^* = (\omega_{11}^*, \cdots, \omega_{1q}^*)^{\mathrm{T}}$，因此：

$$\mathrm{bias}\{\hat{m}_n(x_0)\} = -\frac{1}{q\sqrt{nh_n}}\frac{\theta\sigma(x_0)}{f_X(x_0)}\mathbf{e}_{q\times 1}^{\mathrm{T}}(\mathbf{S}^{-1})_{q\times q}E\mathbf{W}_{1n}^*。$$

而对 $k = 1, \cdots, q$，有

$$\begin{aligned}
&\frac{1}{\sqrt{nh_n}}E\omega_{1k}^* = \frac{1}{nh_n}E\left(\sum\nolimits_{i=1}^{n} K_i G^{-1}(Y_i)\eta_{i,k}^*\right) \\
&= \frac{1}{\theta h_n}\mathbb{E}\{K_i\mathbb{E}[(I(\varepsilon_i \leqslant c_k - d_{i,k}/\sigma(X_i)) - \tau_k) \mid X]\} \\
&= \frac{1}{\theta h_n}\mathbb{E}\{K_i[F_\varepsilon(c_k - d_{i,k}/\sigma(X_i)) - F_\varepsilon(c_k)]\} \\
&= \frac{1}{\theta h_n}E\{K_i f_\varepsilon(c_k)(-d_{i,k}/\sigma(X_i))(1 + o_p(1))\} = \frac{f_\varepsilon(c_k)}{\theta h_n}\iint K\left(\frac{x - x_0}{h_n}\right)
\end{aligned}$$

$$\times\left(\frac{c_k(\sigma(x)-\sigma(x_0))+m(x)-m(x_0)-m'(x_0)(x-x_0)}{-\sigma(x)}\right)f(x,y)\mathrm{d}x\mathrm{d}y+o(1)$$

$$=\frac{f_\varepsilon(c_k)}{\theta}\iint\left(\frac{c_k(\sigma(x_0+th_n)-\sigma(x_0))+m(x_0+th_n)-m(x_0)-m'(x_0)th_n}{-\sigma(x_0+th_n)}\right)$$

$$\times K(t)f(x_0+th_n,y)\mathrm{d}t\mathrm{d}y+o(1)\to-\frac{1}{\theta}\mu_2 f_\varepsilon(c_k)\frac{m''(x_0)h_n^2}{2\sigma(x_0)}f_X(x_0),$$

因此

$\text{bias}\{\hat{m}_n(x_0)\}$

$$=-\frac{1}{q}\frac{\theta\sigma(x_0)}{f_X(x_0)}\left(-\frac{1}{\theta}\right)\mu_2\frac{m''(x_0)}{2\sigma(x_0)}h_n^2 f_X(x_0)\mathbf{e}_{q\times1}(\mathbf{S}^{-1})_{q\times q}\begin{pmatrix}f_\varepsilon(c_1)\\ \vdots\\ f_\varepsilon(c_q)\end{pmatrix}+o(1)$$

$$=\frac{\mu_2 m''(x_0)h_n^2}{2q}(1,\cdots,1)\begin{pmatrix}f_\varepsilon^{-1}(c_1) & & \\ & \ddots & \\ & & f_\varepsilon^{-1}(c_q)\end{pmatrix}\begin{pmatrix}f_\varepsilon(c_1)\\ \vdots\\ f_\varepsilon(c_q)\end{pmatrix}+o(1)$$

$$=\frac{1}{2}m''(x_0)\mu_2 h_n^2+o(1)。$$

另外，由定理 4.1.1 的结论，有

$$\text{Var}(\hat{m}_n(x_0))=\frac{\theta\sigma^2(x_0)}{q^2nh_nf_X^2(x_0)}\mathbf{e}_{q\times1}^{\mathrm{T}}(\mathbf{S}^{-1}\Sigma\mathbf{S}^{-1})_{q\times q}\mathbf{e}_{q\times1}$$

$$=\frac{\theta\sigma^2(x_0)}{q^2nh_nf_X^2(x_0)}(1,\cdots,1)\begin{pmatrix}f_\varepsilon^{-1}(c_1) & & \\ & \ddots & \\ & & f_\varepsilon^{-1}(c_q)\end{pmatrix}$$

$$\begin{pmatrix}v_0\lambda_{11}(x_0) & \cdots & v_0\lambda_{1q}(x_0)\\ \vdots & & \vdots\\ v_0\lambda_{q1}(x_0) & \cdots & v_0\lambda_{qq}(x_0)\end{pmatrix}\begin{pmatrix}f_\varepsilon^{-1}(c_1) & & \\ & \ddots & \\ & & f_e^{-1}(c_q)\end{pmatrix}\begin{pmatrix}1\\ \vdots\\ 1\end{pmatrix}$$

$$=\frac{\theta\sigma^2(x_0)}{q^2nh_nf_X^2(x_0)}\sum_{k=1}^{q}\sum_{k'=1}^{q}v_0\frac{\lambda_{k,k'}(x_0)}{f_\varepsilon(c_k)f_\varepsilon(c_{k'})}=\frac{\theta v_0\sigma^2(x_0)}{nh_nf_X^2(x_0)}R(q),$$

这里，$(\mathbf{S}^{-1}\Sigma\mathbf{S}^{-1})_{q\times q}$ 为 $\mathbf{S}^{-1}\Sigma\mathbf{S}^{-1}$ 左上角的 $q\times q$ 子矩阵。这样就证明了定理 4.1.2 的结论。

4.2　左截断相依数据下局部线性分位数回归估计

分位数回归（QR）方法由 Koenker 和 Basset（1978）提出，已广泛应用于金融、经济学、医学和生物学等各个学科。在独立和完全观察的数据下，许多作者研究了 QR 方法，参见 Yu 和 Jones(1998)和 Gannoun 等(2003)。在相依数据下，Hallin 等(2009)构建了局部线性空间 QR 估计，Cai 和 Xu(2009)考虑了动态平滑系数模型的非参数分位数估计。在删失相依数据下，ElGhouch 和 VanKeilegom(2009)研究了条件分位数的局部线性 QR 估计。

本节在左截断相依数据下，构造条件分位数的局部线性 QR 估计，并得到该估计的 Bahadur 型表达式，最后建立该估计的渐近正态性结果，见 Wang 等(2015)。

4.2.1 条件分位数的局部线性 QR 估计的构造

(1) 完全数据

在完全数据的情况下，样本为 $\{X_i, Y_i\}, i=1,\cdots,N$。设 (X,Y) 的联合密度函数为 $f(x,y)$，在 $X=x$ 下 Y 的条件分布函数为 $F_{Y|X}(y\mid x)$，这时条件分位数函数 $Q_\tau(x)$ 定义为，对于 $0<\tau<1$，

$$Q_\tau(x) = \arg\min_a \mathbb{E}\{\rho_\tau(Y-a) \mid X=x\}, \qquad (4.2.1)$$

这里 $\rho_\tau(y)=y(\tau-I)(y<0)$ 称为损失函数，$I(\cdot)$ 称为示性函数。在实际应用中，条件分位数函数 $Q_\tau(x)$ 的结构都是未知的。在这种情况下，Yu 和 Jones(1998)提出了 $Q_\tau(x)$ 的局部线性 QR 估计。假设 $Q_\tau(x)$ 在点 x_0 处的二次导数存在并且是连续的，这样在 x_0 附近 $Q_\tau(z)$ 可以用线性函数近似

$$Q_\tau(z) \approx Q_\tau(x_0) + Q'_\tau(x_0)(z-x_0) := \beta_0(x_0)+\beta_1(x_0)(z-x_0),$$

这里 $Q'_\tau(x)=\partial Q_\tau(x)/\partial x$。因此，$\boldsymbol{\beta}_\tau(x_0) := (\beta_0(x_0),\beta_1(x_0))^T$ 的局部线性估计定义为：

$$\arg\min_{(\beta_0,\beta_1)} \sum_{i=1}^{N} K_{h_N}(X_i-x_0)\rho_\tau(Y_i-\beta_0-\beta_1(X_i-x_0)), \qquad (4.2.2)$$

这里，$K(\cdot)$ 在 $\mathbb{R}$ 上的核函数为 $K_{h_N}(\cdot)=K(\cdot/h_N)/h_N$，$h_N$ 为窗宽，满足 $0<h_N\to 0$。

(2) 左截断数据

在左截断数据下，设 $\eta=P(Y\geqslant T)$，$(X_1,Y_1,T_1),\cdots,(X_n,Y_n,T_n)$ 为实际观察到的样本(即 $Y_i\geqslant T_i, 1\leqslant i\leqslant n$)，因此式(4.2.2)不能直接使用。利用 Zhou(2011)的加权方法，可以构造 $\boldsymbol{\beta}_\tau(x_0)=(\beta_0(x_0),\beta_1(x_0))^T$ 的局部线性估计量为 $\hat{\boldsymbol{\beta}}_\tau(x_0)=(\hat\beta_0(x_0),\hat\beta_1(x_0))^T$，即使得下式关于 β_0 和 β_1 的最小值

$$\sum_{i=1}^{n} G_n^{-1}(Y_i) K_{h_n}(X_i - x_0) \rho_\tau(Y_i - \beta_0 - \beta_1(X_i - x_0))。\quad (4.2.3)$$

4.2.2　假设条件和主要结果

设 $a_n = (nh_n)^{-1/2}$，$\mathbf{H} = \mathrm{diag}(1, h_n)$，$\mathbf{X}_i^* = (1, X_i - x_0)^T$，$\widetilde{\mathbf{X}}_{ih_n} = \mathbf{H}^{-1}\mathbf{X}_i^*$，$Y_i^* = Y_i - X_i^{*T}\boldsymbol{\beta}_\tau(x_0)$，$Q''_\tau(x) = \partial^2 Q_\tau(x)/\partial x^2$，$\mu_j = \int_{\mathbb{R}} t^j K(t) dt$，$v_j = \int_{\mathbb{R}} t^j K^2(t) dt$，

$$\mathbf{S} = \begin{pmatrix} \mu_0 & \mu_1 \\ \mu_1 & \mu_2 \end{pmatrix}, \mathbf{S}^* = \begin{pmatrix} v_0 & v_1 \\ v_1 & v_2 \end{pmatrix}, \boldsymbol{\mu} = \begin{pmatrix} \mu_2 \\ \mu_3 \end{pmatrix}。$$

假设是 $\mathbf{S}$ 正定的。对于任何 $y < a_F$，令 $\Sigma_1(x, y) = \int_{-\infty}^{y} \frac{f(x,s)}{G(s)} ds$，$\Sigma_2(x) = \int_{\mathbb{R}} \frac{f(x,s)}{G(s)} ds$ 和 $\Sigma_\tau(x, y) = \tau^2 \Sigma_2(x) + (1 - 2\tau)\Sigma_1(x, y)$。

在给出主要定理之前，先给出一些假设条件。

(A1) τ 使得 $Q_\tau(x_0) < b_F$。

(A2) $K(\cdot)$ 在 $[-1, 1]$ 上为具有有界支撑的非负有界核函数。

(A3)函数 $Q_\tau(x)$ 在点 x_0 处有一个连续的二阶导数。

(A4) X 的密度函数 $f_X(x)$ 在点 x_0 处是连续的，且 $f_X(x_0) > 0$。

(A5) $F_{Y|X}(y \mid x)$ 对 y 的导数 $f_{Y|X}(y \mid x)$ 在点 $(x, y) = (x_0, Q_x(x_0))$ 处是连续的。

(A6)窗宽 h_n 满足 $nh_n \to \infty$。

(A7) $\Sigma_2(x)$ 在点 x_0 处连续，$\Sigma_1(x, y)$ 在点 $(x, y) = (x_0, Q_\tau(x_0))$ 处连续。

(A8)存在 $\delta > 2$ 和 $\dot{b} > 1 - 2/\delta$，使得 $\sum_{l=1}^{\infty} l^b [\alpha(l)]^{1-2)\delta} < \infty$。

(A9)对于 $0 < C < \infty$，$\sup_{j \geqslant 1} \sup_{(\mu, v) \in U(x_0) \times U(x_0)} f^*(\mu, v; j) < C$，这里 $f^*(\mu, v; j)$ 是 X_1 和 X_{1+j} 关于 P 在 $\mathbb{R} \times \mathbb{R}$ 上的条件联合密度函数，$U(x_0)$ 表示 x_0 的一个邻域。

(A10)存在 q_n 使得 $q_n = o((nh_n)^{1/2})q_n = o((nh_n)^{1/2})$ 和 $\lim_{n \to \infty}(nh_n^{-1})^{1/2}\alpha(q_n) = 0$。

注 4.2.1　注意到 $\Sigma_2(x_0) \geqslant f_0(x_0)$，对 $y < b_F$，有 $0 < \Sigma_1(x_0, y) < \Sigma_2(x_0)$，因此在条件(A1)，(A3)和(A5)下，$\Sigma_\tau(x_0, Q_\tau(x_0))$ 为正。

定理 4.2.1　设对于某个 $k > 3$，$\alpha(n) = O(n^{-k})$。在条件(A1)—(A9)

下，如果 $nh_n^5 = O(1)$，有

$$\sqrt{nh_n}\mathbf{H}[\hat{\boldsymbol{\beta}}_\tau(x_0) - \boldsymbol{\beta}_\tau(x_0)] = \frac{\eta\mathbf{S}^{-1}}{\sqrt{nh_n}f(x_0, Q_\tau(x_0))}\sum_{i=1}^{n} G^{-1}(Y_i)K(X_{ih_n})\widetilde{\mathbf{X}}_{ih_n}\psi_\tau(Y_i^*)$$

$+o_p(1)$，这里 $\psi_\tau(y) = \tau - I(y < 0)$ 和 $X_{ih_n} = h_n^{-1}(X_i - x_0)$。

定理 4.2.2 在定理 4.2.1 的假设下，假设(A10)成立，那么

$$\sqrt{nh_n}\left(\mathbf{H}[\hat{\boldsymbol{\beta}}_\tau(x_0) - \boldsymbol{\beta}_\tau(x_0)] - \frac{h_n^2}{2}Q''_\tau(x_0)\mathbf{S}^{-1}\boldsymbol{\mu}\right) \xrightarrow{\mathcal{D}} N\left(\mathbf{0}, \frac{\eta\Sigma_\tau(x_0, Q_\tau(x_0))}{f^2(x_0, Q_\tau(x_0))}\mathbf{S}^{-1}\mathbf{S}^*\mathbf{S}^{-1}\right)。$$

特别地，从定理 4.2.2 中得到 $\hat{Q}_\tau(x_0) = \hat{\beta}_0(x_0)$ 的渐近正态性如下。

推论 4.2.1 在定理 4.2.2 的假设下，有

$$\sqrt{nh_n}\left(\hat{Q}_\tau(x_0) - Q_\tau(x_0) - \frac{h_n^2}{2}Q''_\tau(x_0)B_0\right) \xrightarrow{\mathcal{D}} N\left(0, \frac{\eta\Sigma_\tau(x_0, Q_\tau(x_0))}{f^2(x_0, Q_\tau(x_0))}V_0\right),$$

这里，$B_0 = (\mu_2^2 - \mu_1\mu_3)/(\mu_0\mu_2 - \mu_1^2)$ 和 $V_0 = (\mu_2^2 v_0 - 2\mu_1\mu_2 v_1 + \mu_1^2 v_2)/(\mu_0\mu_2 - \mu_1^2)^2$。

推论 4.2.2 在推论 4.2.1 的假设下，如果 $\mu_1 = v_1 = 0$，即 $K(\cdot)$ 是对称的，则

$$\sqrt{nh_n}\left(\hat{Q}_\tau(x_0) - Q_\tau(x_0) - \frac{\mu_2}{2\mu_0}h_n^2 Q''_\tau(x_0)\right) \xrightarrow{\mathcal{D}} N\left(0, \frac{v_0\eta\sum_\tau(x_0, Q_\tau(x_0))}{\mu_0^2 f^2(x_0, Q_\tau(x_0))}\right)。$$

在定理 4.2.1 和定理 4.2.2 中，如果 $\eta = 1$，即对于所有 j，$G(Y_j) \equiv 1$ 成立，在完整相依数据下得到了下面的结果，这与 Cai 和 Xu(2009)及 Hallin 等(2009)中的相关结果类似。

推论 4.2.3 在定理 4.2.1 的假设下，如果 $\eta = 1$，则

$$\sqrt{nh_n}\mathbf{H}[\hat{\boldsymbol{\beta}}_\tau(x_0) - \boldsymbol{\beta}_\tau(x_0)] = \frac{\mathbf{S}^{-1}}{\sqrt{nh_n}f(x_0, Q_\tau(x_0))}\sum_{i=1}^{n} K(X_{ih_n})\widetilde{\mathbf{X}}_{ih_n}\psi_\tau(Y_i^*) + o_p(1)。$$

推论 4.2.4 在定理 4.2.2 的假设下，如果 $\eta = 1$，则

$$\sqrt{nh_n}\left(\mathbf{H}[\hat{\boldsymbol{\beta}}_\tau(x_0) - \boldsymbol{\beta}_\tau(x_0)] - \frac{h_n^2}{2}Q''_\tau(x_0)\mathbf{S}^{-1}\boldsymbol{\mu}\right) \xrightarrow{\mathcal{D}} N\left(\mathbf{0}, \frac{\tau(1-\tau)f_0(x_0)}{f^2(x_0, Q_\tau(x_0))}\mathbf{S}^{-1}\mathbf{S}^*\mathbf{S}^{-1}\right)。$$

注 4.2.2 从推论 4.2.1 中，可以得到 $\hat{Q}_\tau(x_0)$ 的渐近均方误差(AMSE)为

$$AMSE = \frac{1}{4}h_n^4[Q''_\tau(x_0)B_0]^2 + \frac{\eta\Sigma_\tau(x_0, Q_\tau(x_0))V_0}{nh_n f^2(x_0, Q_\tau(x_0))},$$

这意味着，对上面 AMSE 关于 h_n 达到最小，得到最佳窗宽为：

$$h_{\nu,\mathrm{opt}} = \left(\frac{\eta\Sigma_\tau(x_0, Q_\tau(x_0))V_0}{(Q''_\tau(x_0)B_0 f(x_0, Q_\tau(x_0)))^2}\right)^{1/5} n^{-1/5}。$$

4.2.3　局部线性 QR 估计的模拟研究

本节通过模拟研究估计量 $\hat{Q}_\tau(x_0)$ 在有限样本下的表现。为了获得左截断后的样本数据为 α 混合序列，这里按照 Wang 等(2011)中使用的方法生成观测样本 $\{(X_k,Y_k,T_k),1\leqslant k\leqslant n\}$，满足以下条件：

(1) $X_i=\varphi X_{i-1}+e_i$，$|\varphi|<1$，其中 $e_i\sim N(0,1)$。

(2) $Y_i=1+2X_i-X_i^2+\varepsilon_i$，其中 $\varepsilon_i\sim N(0,0.5^2)$。

(3) $T_i\sim N(\mu,1)$，其中为了得到 η 的不同值，对 μ 进行了调整。

为了研究相依性的影响，考虑不同程度的相依性，即上述模型中取 $\varphi=0.1$ 和 0.9，分别研究了 $\tau=0.25$，0.5 和 0.75 下的估计量 $\hat{Q}_\tau(x_0)$。在模拟中，选择 Epanechnikov 核函数 $K(x)=\frac{3}{4}(1-x^2)I(|x|\leqslant 1)$，并分别生成样本量 $n=200$ 和 500 的观测数据。在表 4-5 中，选取不同的截断比分别为 $\eta\approx25\%$，50%，75% 和 100%，并基于 $B=500$ 次重复估计均方误差(MSE)，其定义为

$$\mathrm{MSE}=\frac{1}{B}\sum_{l=1}^{B}(\hat{Q}_\tau(x_0)-Q_\tau(x_0))^2。$$

此外，这里采用了一种简单的方法来选择窗宽，即 h_n 取值一个范围内，如从 0.05 到 2，增量为 0.02，选择 MSE 达到最小的窗宽。

从表 4-5 和表 4-6 可以看出：(i)随着样本量 n 的增加，估计表现更好；(ii)估计的质量受截断比例 η 的百分比影响，并且随着 η 的增大，估计的性能更好，这是因为 η 越大，Y 被左截断的数据越少；(iii)估计效果随着 φ 值的增加而降低，这是因为 φ 越大，相依程度越高。

表 4-5　$\varphi=0.1$ 的模拟研究

θ	n	$\tau=0.25$		$\tau=0.5$		$\tau=0.75$	
		BIAS	MSE	BIAS	MSE	BIAS	MSE
25%	200	0.0321	3.9711×10^{-3}	0.0298	3.1270×10^{-3}	−0.0354	4.5677×10^{-3}
	500	0.0219	3.3254×10^{-3}	−0.0254	2.7711×10^{-3}	0.0317	4.2566×10^{-3}
50%	200	−0.0287	3.3977×10^{-3}	−0.0246	2.8871×10^{-3}	−0.0309	3.9613×10^{-3}
	500	0.0182	2.7825×10^{-3}	0.0221	2.3567×10^{-3}	−0.0289	3.8091×10^{-3}
75%	200	−0.0236	2.6991×10^{-3}	−0.0208	2.4068×10^{-3}	0.0278	3.3446×10^{-3}
	500	−0.0152	2.3572×10^{-3}	0.0198	2.0899×10^{-3}	−0.0223	3.1245×10^{-3}

续 表

θ	n	$\tau=0.25$		$\tau=0.5$		$\tau=0.75$	
		BIAS	MSE	BIAS	MSE	BIAS	MSE
100%	200	0.0175	2.0091×10^{-3}	0.0187	1.9877×10^{-3}	0.0217	2.8711×10^{-3}
	500	0.0117	1.4556×10^{-3}	−0.0156	1.5890×10^{-3}	0.0206	2.4456×10^{-3}

表 4-6　$\varphi=0.9$ 的模拟研究

θ	n	$\tau=0.25$		$\tau=0.5$		$\tau=0.75$	
		BIAS	MSE	BIAS	MSE	BIAS	MSE
25%	200	−0.0513	6.1112×10^{-3}	0.0489	5.8761×10^{-3}	−0.0543	6.1773×10^{-3}
	500	−0.0467	5.7809×10^{-3}	−0.0423	5.2333×10^{-3}	−0.0489	5.9113×10^{-3}
50%	200	0.0487	5.8812×10^{-3}	0.0441	5.1711×10^{-3}	0.0501	5.8110×10^{-3}
	500	−0.0401	5.1087×10^{-3}	0.0396	4.8109×10^{-3}	−0.0443	5.9052×10^{-3}
75%	200	0.0421	5.0198×10^{-3}	−0.0392	4.7098×10^{-3}	0.0471	5.3347×10^{-3}
	500	0.0254	4.6657×10^{-3}	0.0332	4.3116×10^{-3}	−0.0389	5.0099×10^{-3}
100%	200	−0.0389	4.2997×10^{-3}	−0.0320	4.0095×10^{-3}	−0.0455	4.8934×10^{-3}
	500	0.0221	3.6133×10^{-3}	−0.0299	3.8977×10^{-3}	0.0350	4.6679×10^{-3}

4.2.4　主要结果的证明

首先给出一些符号。设 $\boldsymbol{\beta}=(\beta_0,\beta_1)^T$，$\boldsymbol{\theta}=a_n^{-1}\mathbf{H}[\boldsymbol{\beta}-\boldsymbol{\beta}_\tau(x_0)]$ 和 $\hat{\boldsymbol{\theta}}=a_n^{-1}\mathbf{H}[\hat{\boldsymbol{\beta}}_\tau(x_0)-\boldsymbol{\beta}_\tau(x_0)]$。由式(4.2.3)可知，$\hat{\boldsymbol{\theta}}=\arg\min_\theta \ell_n(\boldsymbol{\theta})$，这里

$$\ell_n(\boldsymbol{\theta})=\sum_{i=1}^{n}G_n^{-1}(Y_i)K(X_{ih_n})\rho_\tau(Y_i^*-a_n\boldsymbol{\theta}^T\widetilde{\mathbf{X}}_{ih_n})。$$

定义

$$\mathbf{V}_n(\boldsymbol{\theta})=a_n\sum_{ji=1}^{n}G^{-1}(Y_i)K(X_{ih_n})\widetilde{\mathbf{X}}_{ih_n}\psi_\tau(Y_i^*-a_n\boldsymbol{\theta}^T\widetilde{\mathbf{x}}_{ih_n}),$$

$$\hat{\mathbf{V}}_n(\boldsymbol{\theta})=a_n\sum_{i=1}^{n}G_n^{-1}(Y_i)K(X_{ih_0})\widetilde{\mathbf{X}}_{ih_n}\psi_\tau(Y_i^*-a_n\boldsymbol{\theta}^T\widetilde{\mathbf{X}}_{ih_n})。$$

定理证明之前，先给出一个引理，其证明放在本节最后。

引理 4.2.1　在定理 4.2.1 的假设下，有：

(a) $\sup\limits_{\boldsymbol{\theta}\in\mathbf{A}_M}\|\mathbf{V}_n(\boldsymbol{\theta})-\mathbf{V}_n(\mathbf{0})-E[\mathbf{V}_n(\theta)-\mathbf{V}_n(\mathbf{0})]\|=o_p(1)$。

(b) $\sup_{\boldsymbol{\theta}\in \mathbf{A}_M}\|E[\mathbf{V}_n(\theta)-\mathbf{V}_n(\mathbf{0})]+\mathbf{D\theta}\|=o(1)$。

(c) $\|\mathbf{V}_n(\mathbf{0})\|=O_p(1)$。

这里 $\mathbf{A}_M:=\{\theta:\|\theta\|\leqslant M\}$ 和 $\mathbf{D}=\eta^{-1}f(x_0,Q_\tau(x_0))\mathbf{S}$。

定理 4.2.1 的证明　首先证明

$$\sup_{\|\boldsymbol{\theta}\|\leqslant M}\|\hat{\mathbf{V}}_n(\theta)+\mathbf{D\theta}-\mathbf{V}_n(\mathbf{0})\|=o_p(1);\tag{4.2.4}$$

$$\|\hat{\mathbf{V}}_n(\hat{\boldsymbol{\theta}})\|=o_p(1);\tag{4.2.5}$$

$$-\boldsymbol{\theta}^T\hat{\mathbf{V}}_n(\lambda\boldsymbol{\theta})\geqslant-\boldsymbol{\theta}^T\hat{\mathbf{V}}_n(\theta),\forall\lambda\geqslant 1。\tag{4.2.6}$$

现在,建立式(4.2.4),注意到

$$\begin{aligned}\|\hat{\mathbf{V}}_n(\boldsymbol{\theta})+\mathbf{D\theta}-\mathbf{V}_n(0)\|\leqslant&\|\hat{\mathbf{V}}_n(\boldsymbol{\theta})-\mathbf{V}_n(\theta)\|+\|E[\mathbf{V}_n(\boldsymbol{\theta})-\mathbf{V}_n(\mathbf{0})]+\mathbf{D\theta}\|\\&+\|\mathbf{V}_n(\theta)-\mathbf{V}_n(\mathbf{0})-E[\mathbf{V}_n(\boldsymbol{\theta})-\mathbf{V}_n(\mathbf{0})]\|。\end{aligned}\tag{4.2.7}$$

通过(A2),有

$$\sup_{\|\theta\|\leqslant M}\|\hat{\mathbf{V}}_n(\boldsymbol{\theta})-\mathbf{V}_n(\boldsymbol{\theta})\|\leqslant\frac{C\sqrt{nh_n}\sup|G_n(y)-G(y)|}{G(a_F)-\sup_y|G_n(y)-G(y)|}\cdot\frac{1}{nh_n}\sum_{i=1}^{n}G^{-1}(Y_i)K(X_{ih_n})。\tag{4.2.8}$$

利用(A2),(A4)和式(1.4.1),对于任意 $\epsilon>0$,有

$$\begin{aligned}P\left(\frac{1}{nh_n}\sum_{i=1}^{n}G^{-1}(Y_i)K(X_{ih_n})>\epsilon\right)&\leqslant\frac{1}{\epsilon h_n}\int_{\mathbb{R}}\int_{\mathbb{R}}\frac{1}{G(y)}K\left(\frac{s-x_0}{h_n}\right)f^*(s,y)dsdy\\&=\frac{1}{\epsilon\eta}\int_{\mathbb{R}}K(t)f_X(x_0+th_n)dt\rightarrow\frac{f_X(x_0)}{\epsilon\eta}\int_{\mathbb{R}}K(t)dt,\end{aligned}$$

这意味着 $(nh_n)^{-1}\sum_{i=1}^{n}G^{-1}(Y_i)K(X_{ih_n})=O_p(1)$。因此,通过引理 1.7 得

$$\sup_{\|\theta\|\leqslant M}\|\hat{\mathbf{V}}_n(\boldsymbol{\theta})-\mathbf{V}_n(\boldsymbol{\theta})\|=O_p(h_n^{1/2})=o_p(1),$$

结合引理 4.2.1 的结论(a)和(b),式子(4.2.4)显然成立。

接下来,建立式(4.2.5)。从 Ruppert 和 Carroll(1980)的引理 A.2 得到

$$\begin{aligned}\|\hat{\mathbf{V}}_n(\hat{\boldsymbol{\theta}})\|&\leqslant Ca_n\max_{1\leqslant i\leqslant n}\|G_n^{-1}(Y_i)K(X_{ih_n})\tilde{\mathbf{X}}_{ih_h}\|\\&\leqslant Ca_n\max_{1\leqslant i\leqslant n}|[G_n^{-1}(Y_i)-G^{-1}(Y_i)]K(X_{ih_n})|\\&\quad+Ca_n\max_{1\leqslant i\leqslant n}[G^{-1}(Y_i)K(X_{ih_n})].\end{aligned}\tag{4.2.9}$$

与式(4.2.8)类似,有 $a_n\max_{1<i<n}|[G_n^{-1}(Y_i)-G^{-1}(Y_i)]K(X_{ih_n})|=o_p(1)$。另外,对于任何 $\epsilon>0$ 和 $\kappa>0$,有

$$P(a_n \max_{1\leqslant i\leqslant n}[G^{-1}(Y_i)K(X_{ih_n})] > \epsilon)$$

$$\leqslant \sum_{i=1}^{n} P(G^{-1}(Y_i)K(X_{ih_n}) > \epsilon\sqrt{nh_n})$$

$$\leqslant \frac{n}{(\epsilon^2 nh_n)^{(2+\kappa)/2}} E[G^{-1}(Y_1)K(X_{1h_n})]^{2+\kappa}$$

$$= \frac{nh_n G^{-(1+\kappa)}(a_F)}{\eta(\epsilon^2 nh_n)^{(2+\kappa)/2}} \int_{\mathbb{R}} K^{2+\kappa}(t) f_X(x_0 + th_n)dt = O((nh_n)^{-\kappa/2})。$$

因此，通过(A6)得到 $a_n \max_{1\leqslant i\leqslant n}[G^{-1}(Y_i)K(X_{ih_n})] = o_p(1)$，结合式(4.2.9)，证明了式(4.2.5)。

最后，建立了式(4.2.6)。注意到 $G_n(Y_i)$ 和 $K(X_{ih_n})$ 是非负的，因为 $\psi_\tau(x)$ 关于 x 是增函数，显然

$$-\boldsymbol{\theta}^T \hat{\mathbf{V}}_n(\lambda\boldsymbol{\theta}) = a_n \sum_{i=1}^{n} G_n^{-1}(Y_i)K(X_{ih_n})(-\boldsymbol{\theta}^T\tilde{\mathbf{X}}_{ih_n})\psi_\tau(Y_i^* + \lambda a_n(-\boldsymbol{\theta}^T\tilde{\mathbf{X}}_{ih_n}))$$

关于 λ 也是增函数，所以式(4.2.6)成立。

从式(4.2.4)—式(4.2.6)和引理4.2.1得，Koenker 和 Zhao(1996)中引理A4的条件都满足，因此有

$$\hat{\boldsymbol{\theta}} = \mathbf{D}^{-1}\mathbf{V}_n(\mathbf{0}) + o_p(1)$$

$$= \frac{\eta\mathbf{S}^{-1}}{\sqrt{nh_n} f(x_0, Q_\tau(x_0))} \sum_{i=1}^{n} G^{-1}(Y_i)K(X_{ih_n})\tilde{\mathbf{X}}_{ih_n}\psi_\tau(Y_i^*) + o_p(1)。$$

定理4.2.2的证明　先设 $e_i = \tau - I(Y_i < Q_\tau(X_i))$。通过定理4.2.1，得到

$$\hat{\boldsymbol{\theta}} = \frac{\eta\mathbf{S}^{-1}}{\sqrt{nh_n} f(x_0, Q_\tau(x_0))} \sum_{i=1}^{n} G^{-1}(Y_i)K(X_{ih_n})\tilde{\mathbf{X}}_{ih_n} e_i$$

$$+ \frac{\eta\mathbf{S}^{-1}}{\sqrt{nh_n} f(x_0, Q_\tau(x_0))} \sum_{i=1}^{n} G^{-1}(Y_i)K(X_{ih_n})\tilde{\mathbf{X}}_{ih_n}[\psi_\tau(Y_i^*) - e_i] + o_p(1)$$

$$= \mathbf{B}_n + \mathbf{W}_n + o_p(1)。 \tag{4.2.10}$$

现在先来计算 $\mathbf{W}_n$。设 $W_{nl}^* = (nh_n)^{-1/2} \sum_{i=1}^{n} G^{-1}(Y_i)K(X_{ih_n})X_{ih_n}^l[\psi_\tau(Y_i^*) - e_i]$，$l = 0, 1$ 和 $a_1(t) = \beta_0(x_0) + \beta_1(x_0)$。通过 $F_{Y|X}(t \mid s)$ 和 $Q_\tau(t)$ 关于 t 一阶和二阶泰勒展开，存在某个 $0 < \delta_1, \delta_2 < 1$，使得

$$EW_{nl}^* = \frac{\sqrt{n}}{\sqrt{h_n}} E\left[G^{-1}(Y_1)K(X_{1h_n})\left(\frac{X_1 - x_0}{h_n}\right)^l [\psi_\tau(Y_1^*) - e_1]\right]$$

$$= \frac{\sqrt{n}}{\sqrt{h_n}} \int_{\mathbb{R}}\int_{\mathbb{R}} \frac{1}{G(y)} K\left(\frac{s - x_0}{h_n}\right)\left(\frac{s - x_0}{h_n}\right)^l [I(y < Q_\tau(s)) - I(y < a_1(s))]$$

$$\frac{G(y)}{\eta}f(s,y)dsdy$$

$$= \frac{\sqrt{n}}{\eta\sqrt{h_n}}\int_{\mathbb{R}} K\left(\frac{s-x_0}{h_n}\right)\left(\frac{s-x_0}{h_n}\right)^l [F_{Y|X}(Q_\tau(s) \mid s) - F_{Y|X}(a_1(s) \mid s)] f_X(s)ds$$

$$= \frac{\sqrt{n}}{\eta\sqrt{h_n}}\int_{\mathbb{R}} K\left(\frac{s-x_0}{h_n}\right)\left(\frac{s-x_0}{h_n}\right)^l [Q_\tau(s) - a_1(s)] f_{Y|X}(a_1(s) + \delta_1(Q_\tau(s) - a_1(s)) \mid s) f_X(s)ds$$

$$= \frac{\sqrt{n}}{\eta\sqrt{h_n}}\int_{\mathbb{R}} K\left(\frac{s-x_0}{h_n}\right)\left(\frac{s-x_0}{h_n}\right)^l \frac{1}{2}(s-x_0)^2 Q''_\tau(s+\delta_2(s-x_0)) \times f_{Y|X}(a_1(s) + \delta_1(Q_\tau(s) - a_1(s)) \mid s) f_X(s)ds$$

$$= (\eta a_n)^{-1}\frac{h_n^2}{2}\mu_{2+l}Q''_\tau(x_0)f(x_0, Q_\tau(x_0))(1+o(1))。 \quad (4.2.11)$$

设 $Z_{i,l} = G^{-1}(Y_i)K(X_{ih_n})X_{ih_n}^l[\psi_\tau(Y_i^*) - e_i]$，则 $W_{nl}^* = (nh_n)^{-1/2}\sum_{i=1}^n Z_{i,l}$，而

$$\begin{aligned}\mathrm{Var}(W_{nl}^*) &= \frac{1}{h_n}\mathrm{Var}(Z_{1,l}) + \frac{2}{h_n}\sum_{j=1}^{n-1}\left(1-\frac{j}{n}\right)\mathrm{Cov}(Z_{1,l}, Z_{1+j,l}) \\ &:= I_{n,1} + I_{n,2}。\end{aligned} \quad (4.2.12)$$

由于 $\psi_\tau(Y_i^*) - e_i = I(Y_i < Q_\tau(X_i)) - I(Y_i < a_1(X_i))$，然后对于 $k^* > 0$ 有

$$|\psi_\tau(Y_i^*) - e_i|^{k^*} = I(d_1(X_i) < Y_i < d_2(X_i)), \quad (4.2.13)$$

这里 $d_1(X_i) = \min\{Q_\tau(X_i), a_1(X_i)\}$ 和 $d_2(X_i) = \max\{Q_\tau(X_i), a_1(X_i)\}$。通过泰勒式展开，得 $d_2(s) - d_1(s) = \frac{1}{2}(s-x_0)^2|Q''_\tau(s+\delta_2(s-x_0))|$ 或者 $-\frac{1}{2}(s-x_0)^2|Q''_\tau(s+\delta_2(s-x_0))|$，

其中，δ_2 在式(4.2.11)中给出。通过式(4.2.13)和 $F_{Y|X}(t \mid s)$ 关于 t 的泰勒式展开，得存在某个 $0 < \delta_3 < 1$，有

$$I_{n,1} \leqslant \frac{1}{h_n}E\left(\frac{1}{G^2(Y_1)}K^2(X_{1h_n})\left(\frac{X_1-x_0}{h_n}\right)^{2l}[\psi_\tau(Y_1^*) - e_1]^2\right)$$

$$\leqslant \frac{1}{h_nG(a_F)}\int_{\mathbb{R}}\int_{\mathbb{R}} \frac{1}{G(y)}K^2\left(\frac{s-x_0}{h_n}\right)\left(\frac{s-x_0}{h_n}\right)^{2l} I(d_1(s) < y < d_2(s)) \frac{G(y)}{\eta}f(s,y)dsdy$$

$$= \frac{1}{h_n\eta G(a_F)}\int_{\mathbb{R}} K^2\left(\frac{s-x_0}{h_n}\right)\left(\frac{s-x_0}{h_n}\right)^{2l}[d_2(s) - d_1(s)]$$

$$\times f_{Y|X}(d_1(s)+\delta_3(d_2(s)-d_1(s))\mid s)f_X(s)ds$$
$$=O(h_n^2)。\tag{4.2.14}$$

一方面，从(A2)，(A9)和 $\psi_\tau(Y_i^*)-e_i$ 的有界性，有

$$\begin{aligned}&|\operatorname{Cov}(Z_{1,l},Z_{1+j,l})|\\ \leqslant&\frac{C}{G^2(a_F)}E\left|\left(\frac{X_1-x_0}{h_n}\right)^l\left(\frac{X_{1+j}-x_0}{h_n}\right)^lK(X_{1h_n})K(X_{(1+j)h_n})\right|\\ &+\left[E\left(G^{-1}(Y_1)K(X_1)\left(\frac{X_1-x_0}{h_n}\right)^l[\psi_\tau(Y_1^*)-e_1]\right)\right]^2\\ \leqslant&\frac{Ch_n^2}{G^2(a_F)}\int_{\mathbb{R}}\int_{\mathbb{R}}|s|^l|t|^lK(s)K(t)f^*(x_0+sh_n,x_0+th_n;j)dsdt+O(h_n^6)\\ =&O(h_n^2)。\end{aligned}\tag{4.2.15}$$

另一方面，根据引理1.2得 $|\operatorname{Cov}(Z_{1,l},Z_{1+j,l})|\leqslant C[\alpha(j)]^{1-2/\delta}(E|Z_{1,l}|^\delta)^{2/\delta}$。由条件(A2)和(A4)得：

$$\begin{aligned}E|Z_{1,l}|^\delta&\leqslant G^{1-\delta}(a_F)E\left[G^{-1}(Y_1)K^\delta(X_{1h_n})\left|\frac{X_1-x_0}{h_n}\right|^{l\delta}\right]\\&=O(h_n)。\end{aligned}\tag{4.2.16}$$

通过(A8)，式(4.2.15)和式(4.2.16)，取 $c_n=[h_n^{-(\delta-2)/(b\delta)}]$，有：

$$\begin{aligned}|I_{n,2}|&=O(h_n^{-1})\left(\sum_{j=1}^{c_n}+\sum_{j=c_n+1}^{n-1}\right)\min\{h_n^2,[\alpha(j)]^{1-2/\delta}h_n^{2/\delta}\}\\&=O(c_nh_n)+O(h_n^{-(\delta-2)/\delta})c_n^{-b}\sum_{j=c_n+1}^{\infty}j^b[\alpha(j)]^{1-2/\delta}\to0。\end{aligned}\tag{4.2.17}$$

因此，由式(4.2.12)，式(4.2.14)和式(4.2.17)得到 $\operatorname{Var}(W_{nl}^*)\to0$。注意到 $W_{nl}^*=EW_{nl}^*+O_p((\operatorname{Var}(W_{nl}^*))^{1/2})$，结合式(4.2.11)，有

$$W_{nl}^*=(2\eta a_n)^{-1}h_n^2\mu_{2+l}Q''_\tau(x_0)f(x_0,Q_\tau(x_0))(1+o_p(1)),$$

这蕴含了

$$\mathbf{W}_n=a_n^{-1}\frac{h_n^2}{2}Q''_\tau(x_0)\mathbf{S}^{-1}\boldsymbol{\mu}(1+o_p(1))。\tag{4.2.18}$$

接下来，来计算 $\mathbf{B}_n$。设 $B_{nl}^*=(nh_n)^{-1/2}\sum_{i=1}^nG^{-1}(Y_i)K(X_{ih_n})X_{ih_n}^le_i,l=0,1$，$\mathbf{B}^*=(B_{n0}^*,B_{n1}^*)^T$。现在来证明

$$\mathbf{B}^*\xrightarrow{\mathcal{D}}N(\mathbf{0},\eta^{-1}\Sigma_\tau(x_0,Q_\tau(x_0))\mathbf{S}^*)。$$

通过 Cramér-Wold 方法，对任何给定的实数 $\mathbf{c}=(c_0,c_1)^T\neq0$，则不难得到

$$c_0B_{n0}^*+c_1B_{n1}^*\xrightarrow{D}N(0,\eta^{-1}\Sigma_\tau(x_0,Q_\tau(x_0))\mathbf{c}^T\mathbf{S}^*\mathbf{c})。$$

这样

$$\mathbf{B}_n \xrightarrow{\mathcal{D}} N\left(\mathbf{0},\ \frac{\eta\Sigma_\tau(x_0, Q_\tau(x_0))}{f^2(x_0, Q_\tau(x_0))}\mathbf{S}^{-1}\mathbf{S}^*\mathbf{S}^{-1}\right)。\tag{4.2.19}$$

通过式(4.2.10)，式(4.2.18)和式(4.2.19)，完成了定理 4.2.2 的证明。

引理 4.2.1 的证明　(a)首先证明，对于任何 $\boldsymbol{\theta} \in \mathbf{A}_M$，

$$\|\mathbf{V}_n(\boldsymbol{\theta}) - \mathbf{V}_n(\mathbf{0}) - E[\mathbf{V}_n(\boldsymbol{\theta}) - \mathbf{V}_n(\mathbf{0})]\| = o_p(1)。\tag{4.2.20}$$

注意到 $\mathbf{V}_n(\theta) - \mathbf{V}_n(\mathbf{0}) = a_n\sum_{i=1}^n G^{-1}(Y_i)K(X_{ih_n})\widetilde{\mathbf{X}}_{ih_n}[\psi_\tau(Y_i^* - a_n\boldsymbol{\theta}^T\widetilde{\mathbf{X}}_{ih_n}) - \psi_\tau(Y_i^*)]$，设 $U_{i,l} = G^{-1}(Y_i)K(X_{ih_n})X_{ih_n}^l[\psi_\tau(Y_i^* - a_n\theta^T\widetilde{X}_{ih_n}) - \psi_\tau(Y_i^*)]$，$l = 0,1$。因此，有

$$\begin{aligned}
&\|\mathbf{V}_n(\theta) - \mathbf{V}_n(\mathbf{0}) - E[\mathbf{V}_n(\theta) - \mathbf{V}_n(\mathbf{0})]\| \\
&\leqslant \left|a_n\sum_{i=1}^n(U_{i,0} - EU_{i,0})\right| + \left|a_n\sum_{i=1}^n(U_{i,1} - EU_{i,1})\right| \\
&:= V_n^0 + V_n^1。
\end{aligned}\tag{4.2.21}$$

观察到

$$\begin{aligned}
E(V_n^0)^2 &= \frac{1}{h_n}\mathrm{Var}(U_{1,0}) + \frac{2}{h_n}\sum_{j=1}^{n-1}\left(1 - \frac{j}{n}\right)\mathrm{Cov}(U_{1,0}, U_{1+j,0}) \\
&:= J_{n,1} + J_{n,2}。
\end{aligned}\tag{4.2.22}$$

对于任意 $k^* > 0$，有

$$|\psi_\tau(Y_i^* - a_n\boldsymbol{\theta}^T\widetilde{\mathbf{X}}_{ih_n}) - \psi_\tau(Y_i^*)|^{k^*} = I(d_3(X_i) < Y_i < d_4(X_i)),\tag{4.2.23}$$

这里 $d_3(X_i) = a_1(X_i) \wedge (a_1(X_i) + a_2(X_i))$，$d_4(X_i) = a_1(X_i) \vee (a_1(X_i) + a_2(X_i))$，且 $a_2(X_i) = a_n\boldsymbol{\theta}^T\widetilde{\mathbf{X}}_{ih_n}$。通过泰勒展开得到，存在某个 $0 < \delta_4 < 1$，有

$$\begin{aligned}
J_{n,1} &\leqslant \frac{1}{h_n}E\left(\frac{1}{G^2(Y_1)}K^2(X_{1h_n})[\psi_\tau(Y_1^* - a_n\boldsymbol{\theta}^T\widetilde{\mathbf{X}}_{1h_n}) - \psi_\tau(Y_1^*)]^2\right) \\
&\leqslant \frac{1}{h_nG(a_F)}\int_{\mathbb{R}}\int_{\mathbb{R}}\frac{1}{G(y)}K^2\left(\frac{s - x_0}{h_n}\right)I(d_3(s) < y < d_4(s))\frac{G(y)}{\eta}f(s,y)dsdy \\
&= \frac{1}{h_n\eta G(a_F)}\int_{\mathbb{R}}K^2\left(\frac{s - x_0}{h_n}\right)[d_4(s) - d_3(s)]f_{Y|X}(d_3(s) + \delta_4(d_4(s) \\
&\quad - d_3(s)) \mid s)f_X(s)ds \\
&= O(a_n)。
\end{aligned}$$

因为 $\psi_\tau(\cdot)$ 是有界的，类似式(4.2.15)—式(4.2.17)的计算，有 $J_{n,2} = o(1)$。因此，通过式(4.2.22)得 $E(V_n^0)^2 = o(1)$。

类似地，也可以证明 $E(V_n^1)^2 = o(1)$。这样根据式(4.2.21)，证明了式(4.2.20)。

接下来，使用 Bickel(1975)的方法来证明

$$\sup_{\|\theta\| \leqslant M} \|\mathbf{V}_n(\boldsymbol{\theta}) - \mathbf{V}_n(\mathbf{0}) - E[\mathbf{V}_n(\theta) - \mathbf{V}_n(\mathbf{0})]\| = o_p(1)。\quad (4.2.24)$$

基于网格点 $(j_1\gamma M, \cdots, j_k\gamma M)$ 把 $\{\boldsymbol{\theta}: \|\boldsymbol{\theta}\| \leqslant M\}$ 分解成若干个立方体，这里 γ 是一个不依赖于 n 的小正数，$j_i = 0, \pm 1, \cdots, \pm [1/\gamma] + 1$。设 $\mathbf{r}(\boldsymbol{\theta})$ 是包含 θ 的立方体的下顶点。显然 $\|\mathbf{r}(\boldsymbol{\theta}) - \boldsymbol{\theta}\| < C\gamma$，并且 $\{\mathbf{r}(\boldsymbol{\theta}): \|\theta\| < M\}$ 的元素个数是有限的，这样有

$$\begin{aligned}
&\sup_{\|\theta\| \leqslant M} \|\mathbf{V}_n(\boldsymbol{\theta}) - \mathbf{V}_n(\mathbf{0}) - E[\mathbf{V}_n(\theta) - \mathbf{V}_n(\mathbf{0})]\| \\
\leqslant &\sup_{\|\theta\| \leqslant M} \|\mathbf{V}_n(\mathbf{r}(\boldsymbol{\theta})) - \mathbf{V}_n(\mathbf{0}) - E[\mathbf{V}_n(\mathbf{r}(\boldsymbol{\theta})) - \mathbf{V}_n(\mathbf{0})]\| \\
+ &\sup_{\|\theta\| \leqslant M} \|\mathbf{V}_n(\boldsymbol{\theta}) - \mathbf{V}_n(\mathbf{r}(\boldsymbol{\theta}))\| + \sup_{\|\theta\| \leqslant M} \|E[\mathbf{V}_n(\boldsymbol{\theta}) - \mathbf{V}_n(\mathbf{r}(\boldsymbol{\theta}))]\|。
\end{aligned} \quad (4.2.25)$$

通过式(4.2.20)，有 $\sup_{\|\theta\| \leqslant M} \|\mathbf{V}_n(\mathbf{r}(\boldsymbol{\theta})) - \mathbf{V}_n(\mathbf{0}) - E[\mathbf{V}_n(\mathbf{r}(\boldsymbol{\theta})) - \mathbf{V}_n(\mathbf{0})]\| = o_p(1)$。注意到 $|I(y < b) - I(y < a)| \leqslant I(b - |a - b| \leqslant y \leqslant b + |a - b|)$，这样对 $C > 0$ 和 $|X_i - x_0| \leqslant h_n$，有

$$\begin{aligned}
&|\psi_\tau(Y_i^* - a_n\boldsymbol{\theta}^T\widetilde{\mathbf{X}}_{ih_n}) - \psi_\tau(Y_i^* - a_n\mathbf{r}(\boldsymbol{\theta})^T\widetilde{\mathbf{X}}_{ih_n})| \\
\leqslant &I(a_1(X_i) + a_n\mathbf{r}(\boldsymbol{\theta})^T\widetilde{\mathbf{X}}_{ih_n} - C\gamma a_n \leqslant Y_i \leqslant a_1(X_i) + a_n\mathbf{r}(\boldsymbol{\theta})^T\widetilde{\mathbf{X}}_{ih_n} + C\gamma a_n) \\
:= &R_i(\mathbf{r}(\boldsymbol{\theta}))。
\end{aligned}$$

根据 $\mathbf{r}(\boldsymbol{\theta})$ 的定义，$R_i(\mathbf{r}(\boldsymbol{\theta}))$ 只依赖于 $\mathbf{r}(\boldsymbol{\theta})$，而不依赖于 $\boldsymbol{\theta}$ 本身，所以有

$$\sup_{\|\theta\| \leqslant M} \|E[\mathbf{V}_n(\boldsymbol{\theta}) - \mathbf{V}_n(\mathbf{r}(\boldsymbol{\theta}))]\| \leqslant a_n E\left[\sum_{i=1}^n G^{-1}(Y_i)K(X_{ih_n})\|\widetilde{\mathbf{X}}_{ih_n}\|R_i(\mathbf{r}(\boldsymbol{\theta}))\right],$$

$$\sup_{\|\theta\| \leqslant M} \|\mathbf{V}_n(\boldsymbol{\theta}) - \mathbf{V}_n(\mathbf{r}(\boldsymbol{\theta}))\| \leqslant a_n \sum_{i=1}^n G^{-1}(Y_i)K(X_{ih_n})\|\widetilde{\mathbf{X}}_{ih_n}\|R_i(\mathbf{r}(\boldsymbol{\theta}))。$$

通过简单的计算得 $a_n E\left[\sum_{i=1}^n G^{-1}(Y_i)K(X_{ih_n})\|\widetilde{\mathbf{X}}_{ih_n}\|R_i(\mathbf{r}(\boldsymbol{\theta}))\right] \leqslant C\gamma$。因此，令 $n \to \infty$ 和 $\gamma \to 0$，得到 $\sup_{\|\theta\| \leqslant M} \|\mathbf{V}_n(\boldsymbol{\theta}) - \mathbf{V}_n(\mathbf{r}(\boldsymbol{\theta}))\| = o_p(1)$，$\sup_{\|\theta\| \leqslant M} \|E[\mathbf{V}_n(\boldsymbol{\theta}) - \mathbf{V}_n(\mathbf{r}(\boldsymbol{\theta}))]\| = o(1)$，结合式(4.2.25)，证明了式(4.2.24)成立。

(b)通过式(4.2.23)，有

$$\begin{aligned}
&E[\mathbf{V}_n(\boldsymbol{\theta}) - \mathbf{V}_n(\mathbf{0})] \\
= &na_n E\{G^{-1}(Y_1)K(X_{1h_n})\widetilde{\mathbf{X}}_{1h_n}[\psi_\tau(Y_1^* - a_n\boldsymbol{\theta}^T\widetilde{\mathbf{X}}_{1h_n}) - \psi_\tau(Y_1^*)]\} \\
= &\eta^{-1} na_n \mathbb{E}\{K(X_{1h_n})\widetilde{\mathbf{X}}_{1h_n}[F_{Y|X}(d_4(X_1) \mid X_1) - F_{Y|X_1}(d_3(X_1) \mid X_1)]\}
\end{aligned}$$

$= (h_n\eta)^{-1}\mathbb{E}\{K(X_{1h_n})\widetilde{\mathbf{X}}_{1h_n}\widetilde{\mathbf{X}}_{1h_n}^T f_{Y|X}(d_3(X_1)+\delta_4(d_4(X_1)-d_3(X_1))\mid X_1)\}\boldsymbol{\theta}$。

注意到：$\sup_{\|\theta\|\leqslant M,|s-x_0|<h_n}|f_{Y|X}(d_3(s)+\delta_4(d_4(s)-d_3(s))\mid s)-f_{Y|X}(Q_\tau(x_0)\mid x_0)|\to 0$ 和 $\frac{1}{h_n}\int_{\mathbb{R}}\left(\frac{s-x_0}{h_n}\right)^i K\left(\frac{s-x_0}{h_n}\right)f_X(s)ds\to f_X(x_0)\mu_i$，$i=0,1,2$。

因此，有 $E[\mathbf{V}_n(\boldsymbol{\theta})-\mathbf{V}_n(\mathbf{0})]=\eta^{-1}f(x_0,Q_\tau(x_0))\mathbf{S}\boldsymbol{\theta}(1+o(1))$。

(c) 注意到：$\tau=F_{Y|X}(Q_\tau(s)\mid s)$。类似式(4.2.11)的计算，对于 $l=0,1$，有 $E\left[a_n\sum_{i=1}^n G^{-1}(Y_i)K(X_{ih_n})X_{ih_n}^l\psi_\tau(Y_i^*)\right]=a_n^{-1}\frac{h_n^2}{2}\mu_{2+l}Q''_\tau(x_0)f(x_0,\beta(x_0))(1+o(1))=O(1)$。通过 $nh_n^5=O(1)$ 这个条件，以及类似定理 4.2.2 证明中 $\mathrm{Var}(W_{nl}^*)$ 的计算，有 $\mathrm{Var}\left[a_n\sum_{i=1}^n G^{-1}(Y_i)K(X_{ih_n})X_{ih_n}^l\psi_\tau(Y_i^*)\right]=O(1)$。因此，得到 $\|\mathbf{V}_n(\mathbf{0})\|=O_p(1)$。

4.3　左截断数据下线性模型的 CQR 估计和变量选择

本节考虑如下线性模型：

$$Y=\mathbf{X}^T\boldsymbol{\beta}+\varepsilon,\tag{4.3.1}$$

这里，$\mathbf{X}$ 是 $p\times 1$ 维随机向量，$\boldsymbol{\beta}$ 是 $p\times 1$ 维未知参数，并且 ε 是与 $\mathbf{X}$ 相互独立的随机误差项。

在过去的几十年里，回归模型由于其广泛的应用而越来越受到关注。参数的估计和变量选择一直以来都是大家关心的问题。Knight(1998)提出了一般条件下回归参数的 L_1 估计量；Fan 和 Li(2001)通过非凹惩罚似然方法作变量选择，并证明其最小二乘法(LS)估计的 Oracle 性质；Zou(2006)提出了自适应 LASSO 方法，并证明其具有 Oracle 性质。与基于 LS 方法相比，QR 方法可作为一种稳健的替代方法(Koenker 和 Bassett(1978))，但 QR 估计可能会受到分位数点的影响。为了克服 QR 估计的这个缺点，Zou 和 Yuan(2008)提出了线性模型的 CQR 估计，通过验证 CQR 方法可以显著提高参数估计的相对效率，尤其是在非正态误差分布下。

上面提到的这些文献都是在完整数据下研究的。对于右删失数据，Wang 和 Wang(2009)提出了一种局部加权 QR 方法；Shows 等(2010)提出了一种自适应 LASSO 加权最小绝对偏差(LAD)方法，用于多个线性模型中进行变量选择；Jiang 等(2012)对线性模型研究了基于 CQR 方法的自适应 LASSO 变量选择方法。

本节专注于左截断模型，He 和 Yang(2003)对线性模型提出了一个加权 LS 估计；基于权重方法，Zhou(2011)提出了一种用于线性回归模型加权 QR 方法，而 CQR 方法尚未用于左截断数据下。Yao 等(2018)研究线性回归参数的 CQR 估计；此外，还考虑了变量选择的自适应 LASSO 惩罚方法，并建立了这些估计量的渐近正态性和 Oracle 性质。

4.3.1 CQR 估计的构造和变量选择

在左截断数据下，设 $(\mathbf{X}_1, Y_1, T_1), \cdots, (\mathbf{X}_n, Y_n, T_n)$ 是观察到的样本(即 $Y_i \geqslant T_i, 1 \leqslant i \leqslant n$)，$\alpha = P(Y \geqslant T)$。对于线性模型(4.3.1)，He 和 Yang(2003)提出了加权 LS 估计量 $\hat{\boldsymbol{\beta}}_{LS}$，即下式达到最小

$$\sum_{i=1}^{n} \frac{1}{G_n(Y_i)} (Y_i - \mathbf{X}_i^T \boldsymbol{\beta})^2 \text{。} \tag{4.3.2}$$

有限方差假设对于基于 LS 的 Oracle 变量选择方法至关重要。如果误差方差无穷大，LS 估计就不再是一致估计量，这样不能作为变量选择和系数估计的理想方法。为了提高估计的相对效率，Zou 和 Yuan(2008)在完整数据下提出了线性系数的 CQR 估计，即下式目标函数达到最小

$$\sum_{k=1}^{K} \left[\sum_{i=1}^{N} \rho_{\tau_k} (Y_i - b_k - \mathbf{X}_i^T \boldsymbol{\beta}) \right], \tag{4.3.3}$$

这里，$\rho_{\tau_k}(r) = \tau_k r - rI(r < 0)$，$k = 1, 2, \cdots, K$，$\tau_k = k/(K+1)$。在左截断模型下，式(4.3.3)不能直接使用。基于 He 和 Yang(2003)的加权方法思想，提出了线性系数的加权 CQR 估计量为

$$(\tilde{b}_1, \cdots, \tilde{b}_K, \tilde{\boldsymbol{\beta}}^{\mathrm{CQR}}) = \mathop{\arg\min}_{b_1, \cdots, b_K, \beta} \sum_{k=1}^{K} \left[\sum_{i=1}^{n} \frac{1}{G_n(Y_i)} \rho_{\tau_k} (Y_i - b_k - \mathbf{X}_i^T \boldsymbol{\beta}) \right] \text{。} \tag{4.3.4}$$

众所周知，变量选择是高维回归建模的关键步骤。Fan 和 Li(2001)对特征选择进行了全面概述，并提出了惩罚似然框架来解决变量选择问题。在这里，遵循 Zou (2006)的思想，使用 $\tilde{\boldsymbol{\beta}}^{\mathrm{CQR}}$ 来构造自适应加权的 LASSO 惩罚，并考虑带惩罚 CQR 估计量为

$$(\hat{b}_1, \cdots, \hat{b}_K, \hat{\boldsymbol{\beta}}^{\mathrm{ACQR}}) = \mathop{\arg\min}_{b_1, \cdots, b_K, \beta} \sum_{k=1}^{K} \left[\sum_{i=1}^{n} \frac{1}{G_n(Y_i)} \rho_{\tau_k} (Y_i - b_k - \mathbf{X}_i^T \boldsymbol{\beta}) \right] + \sum_{j=1}^{p} \frac{n\lambda \mid \beta_j \mid}{\mid \tilde{\beta}_j^{\mathrm{CQR}} \mid} \text{。} \tag{4.3.5}$$

4.3.2　假设条件和主要定理

在给出定理前，先做如下假设：

(A1) $a_G < a_F$ 且 $b_G < b_F$。

(A2) $\int_{a_G}^{\infty} \frac{dF^2(s)}{G^2(s)} < \infty$ 和 $\int_{-\infty}^{b_F} \frac{dG(s)}{F^2(s)} < \infty$。

(A3) 有一个 $p \times p$ 正定矩阵 $\mathbf{C}$，使得 $\lim_{n\to\infty} \frac{1}{n}\sum_{i=1}^{n} \mathbb{E}(\mathbf{X}_i^T X_i) = \mathbf{C}$。

(A4) ε 具有累积分布函数 $F_\varepsilon(\cdot)$ 和密度函数 $f_\varepsilon(\cdot)$，对于每个 p 维向量 $\mathbf{u}$，满足：

$$\frac{1}{n}\sum_{i=1}^{n} \mathbb{E}\left\{\int_0^{u_0+X_i^T u} \sqrt{n}\left[F_\varepsilon\left(a+\frac{t}{\sqrt{n}}\right)-F_\varepsilon(a)\right]dt\right\}$$

$$\to \frac{f_\varepsilon(a)}{2}(u_0, \mathbf{u}^T)\begin{pmatrix} 1 & 0 \\ 0 & \mathbf{C} \end{pmatrix}(u_0, \mathbf{u}^T)^T。$$

定理 4.3.1　在假设(A1)—(A4)下，则

$$\sqrt{n}(\tilde{\boldsymbol{\beta}}^{\mathrm{CQR}} - \boldsymbol{\beta}^*) \xrightarrow{\mathcal{D}} N\left(\mathbf{0}, \frac{\alpha^2}{\left(\sum_{k=1}^{K} f_\varepsilon(b_{\tau_k}^*)\right)^2}\mathbf{C}^{-1}\Sigma\mathbf{C}^{-1}\right),$$

这里，$\boldsymbol{\beta}^*$ 是参数 $\boldsymbol{\beta}$ 的真实值，$b_{\tau_k}^*$ 是误差 ε 的 τ_k 分位数，Σ 的定义在 4.3.4 节证明中给出。设 $\boldsymbol{\beta}^* = (\boldsymbol{\beta}_a^*, \boldsymbol{\beta}_b^*)$ 和 $\hat{\boldsymbol{\beta}}^{\mathrm{ACQR}} = (\hat{\boldsymbol{\beta}}_a^{\mathrm{ACQR}}, \hat{\boldsymbol{\beta}}_b^{\mathrm{ACQR}})$ 分别是参数向量 $\boldsymbol{\beta}$ 的真实值和带惩罚 CQR 估计量。不失一般性，假设 $\boldsymbol{\beta}_a^*$ 由 $\boldsymbol{\beta}^*$ 的所有非零向量组成，并且 $\boldsymbol{\beta}_b^* = 0$。

接下来，建立带惩罚 CQR 估计量 $\hat{\boldsymbol{\beta}}^{\mathrm{ACQR}}$ Oracle 性质和渐近正态性结果。

定理 4.3.2　($\sqrt{n}$ 一致性)假设条件(A1)—(A4)成立，如果 $\sqrt{n}\lambda = O_p(1)$，则 $\sqrt{n}\|\hat{\boldsymbol{\beta}}^{\mathrm{ACQR}} - \boldsymbol{\beta}^*\| = O_p(1)$。

定理 4.3.3　假设条件(A1)—(A4)成立，若 $\sqrt{n}\lambda \to 0$ 且 $n\lambda \to \infty$，则

(i)(选择一致性) $P(\hat{\boldsymbol{\beta}}_b^{\mathrm{ACQR}} = \mathbf{0}) \to 1\ (n \to \infty)$；

(ii)(渐近正态性) $\sqrt{n}(\hat{\boldsymbol{\beta}}_a^{\mathrm{ACQR}} - \boldsymbol{\beta}_a^*) \xrightarrow{\mathcal{D}} N\left(\mathbf{0}, \frac{\alpha^2}{\left(\sum_{k=1}^{K} f_\varepsilon(b_{t_k}^*)\right)^2}\mathbf{C}_a^{-1}\Sigma_a\mathbf{C}_a^{-1}\right)$，

这里，Σ_a 和 $\mathbf{C}_a$ 的定义在 4.3.4 节证明中给出。

4.3.3 CQR 估计的模拟研究

本节通过模拟研究来说明我们提出的估计量在有限样本下的效果，具体内容有：(i)在例 1 中比较 CQR 估计与 LS 估计的模拟效果；(ii)在例 2 中，模拟带惩罚 CQR 估计量的一致性以及变量选择的表现。

例 1 在本例中，考虑以下单变量线性模型：

$$Y_i = \beta_0 + \beta_1 X_i + \varepsilon_i, i = 1, \cdots, N, \tag{4.3.6}$$

这里，$\beta_0 = 1, \beta_1 = 2$，X_i 独立服从 $U(0,1)$ 分布，且与 ε_i 相互独立，ε_i 的分布下面给出。这里模拟了 N 个相互独立随机变量 $T_i \sim N(\mu,1)$，其中 μ 被调整以获得不同的 θ 值，然后保留数据 $Y_i \geqslant T_i$ 的样本数据 $(X_i, Y_i, T_i), i = 1, \cdots, n$。为了比较 CQR 估计量 $\tilde{\boldsymbol{\beta}}^{CQR}$ 和 LS 估计量 $\hat{\boldsymbol{\beta}}_{LS}$，考虑不同的误差分布 ε_i。(a)标准正态分布：$\varepsilon_i \sim N(0,1)$；(b)t—分布：$\varepsilon_i \sim t(3)$；(c)标准柯西分布：$\varepsilon_i \sim C(0,1)$。

表 4-7—表 4-9 为从模型(4.3.6)中生成样本大小为 $n = 500$ 的观测数据。截断数据百分比取不同的值：$\alpha \approx 30\%, 60\%$，和 90%。对于每个情形，LS、CQR_9 ($K = 9$) 和 CQR_{19} ($K = 19$) 估计量在重复 400 次模拟中求平均值、偏差和标准偏差(sd)。

表 4-7 $\varepsilon_i \sim N(0,1)$的模拟结果

α	Methods	$\hat{\beta}_0$			$\hat{\beta}_1$		
		Average	Bias	Sd	Average	Bias	Sd
30%	LS	0.9891	−0.0277	0.3405	2.032	0.0383	0.3766
	CQR_9	0.9871	−0.0271	0.3683	1.9824	−0.0369	0.3801
	CQR_{19}	1.0145	0.0231	0.2966	1.9901	−0.0329	0.3131
60%	LS	0.9988	−0.0189	0.3134	2.0207	0.0278	0.3012
	CQR_9	1.0137	0.0209	0.3293	2.0196	0.0284	0.3117
	CQR_{19}	1.0193	0.0197	0.2874	1.9945	−0.0199	0.1991
90%	LS	1.0132	0.0155	0.2617	1.9914	−0.0178	0.2504
	CQR_9	0.9904	−0.0161	0.2409	2.0112	0.0188	0.2499
	CQR_{19}	1.0038	0.0153	0.2089	2.0029	0.0113	0.1867

表 4-8　$\varepsilon_i \sim t(3)$的模拟结果

α	Methods	$\hat{\beta}_0$			$\hat{\beta}_1$		
		Average	Bias	Sd	Average	Bias	Sd
30%	LS	0.9695	−0.0415	0.4612	2.0821	0.0612	0.4913
	CQR_9	1.0318	0.0381	0.4291	2.0679	0.0559	0.4322
	CQR_{19}	1.0217	0.0288	0.3909	1.9634	−0.0511	0.3809
60%	LS	1.0275	0.0349	0.3911	2.0677	0.0549	0.4566
	CQR_9	0.9824	−0.0291	0.3518	2.0511	0.0499	0.4171
	CQR_{19}	1.0199	0.0255	0.3044	1.9738	−0.0445	0.3444
90%	LS	0.9880	−0.0279	0.3476	2.0387	0.0488	0.3991
	CQR_9	1.0204	0.0253	0.2822	1.9691	−0.0411	0.3460
	CQR_{19}	1.0188	0.0198	0.1906	2.0218	0.0399	0.2339

表 4-9　$\varepsilon_i \sim C(0,1)$的模拟结果

α	Methods	$\hat{\beta}_0$			$\hat{\beta}_1$		
		Average	Bias	Sd	Average	Bias	Sd
30%	LS	0.1931	−2.3785	15.2389	4.1465	3.8735	17.2139
	CQR_9	0.9258	−0.0688	0.6098	2.1507	0.1506	0.5609
	CQR_{19}	1.0517	0.0472	0.4821	1.9087	−0.1258	0.4212
60%	LS	0.3578	2.2633	12.9867	3.9683	2.6916	13.7408
	CQR_9	0.9338	−0.0591	0.5187	2.1019	0.0897	0.4878
	CQR_{19}	1.0403	0.0422	0.4123	1.9439	−0.0554	0.3211
90%	LS	0.4164	−3.1945	11.2871	2.8381	2.5418	12.4661
	CQR_9	0.9414	−0.0389	0.4809	2.0819	0.0466	0.4286
	CQR_{19}	1.0322	0.0266	0.3778	1.9609	−0.0322	0.3008

从表 4-7 到表 4-9 可以看出,(i)当误差为标准正态分布时,LS、CQR_9 和 CQR_{19} 估计的表现差不多;而对于非正态分布,CQR_9 和 CQR_{19} 估计量的性能优于 LS 估计量,特别是在标准柯西分布下,LS 估计的表现非常糟糕。(ii)估计量的平均值、偏差和标准差受观测数据百分比 α 的影响,并且随着 α 变大它们表现更好。

例 2 在本例中，考虑以下多变量线性模型：

$$Y = \mathbf{X}^T \boldsymbol{\beta} + \varepsilon, \tag{4.3.7}$$

这里，$\boldsymbol{\beta} = (3, 1.5, 0, 0, 2, 0, 0, 0)$，$\mathbf{X} \sim N(\mathbf{0}, \boldsymbol{\Sigma}_{\mathbf{x}})$ 与 $(\boldsymbol{\Sigma}_{\mathbf{x}})_{i,j} = 0.5^{|i-j|}$，$1 \leqslant i, j \leqslant 8$。Fan 和 Li (2001)，Zou 和 Yuan(2008)也考虑了这个回归模型。在这里，仍考虑了上述 3 种不同的误差分布。使用符号(NC，NIC)来表示变量选择结果，其中：NC 表示 (X_1, X_2, X_5) 中具有非零系数向量的预测变量数量，NIC 表示 $(X_3, X_4, X_6, X_7, X_8)$ 中具有非零系数向量的预测变量数量。表 4-10 显示了 ACQR_9 和 ACQR_{19} 估计量的变量选择和总体平均绝对偏差(MAD)的结果。

从表 4-10 中的结果发现，ACQR 方法在变量选择方面做得很好，即使 ε 服从 $C(0,1)$。此外，当误差为非正态分布时，ACQR_{19} 估计明显优于 ACQR_9 估计。

表 4-10 变量选择的模拟结果

α	Methods	$\varepsilon_i \sim N(0,1)$		$\varepsilon_i \sim t(3)$		$\varepsilon_i \sim C(0,1)$	
		MAD	(NC，NIC)	MAD	(NC，NIC)	MAD	(NC，NIC)
30%	ACQR_9	0.410	(3.00，0.32)	0.515	(2.93，0.41)	0.848	(2.79，0.53)
	ACQR_{19}	0.381	(3.00，0.29)	0.483	(2.96，0.38)	0.715	(2.82，0.51)
60%	ACQR_9	0.390	(3.00，0.31)	0.501	(3.00，0.38)	0.790	(3.00，0.49)
	ACQR_{19}	0.377	(3.00，0.26)	0.452	(2.98，0.34)	0.687	(2.87，0.42)
90%	ACQR_9	0.366	(3.00，0.29)	0.464	(2.97，0.29)	0.661	(2.94，0.46)
	ACQR_{19}	0.332	(3.00，0.22)	0.401	(3.00，0.25)	0.594	(3.00，0.39)

4.3.4 主要定理的证明

引理 4.3.1 (He 和 Yang(1998)，Lemma 3.1) 如果 F 和 G 是连续的，满足

$$\int_{a_G}^{\infty} \frac{dF(s)}{G^2(s)} < \infty \text{ and } \int_{-\infty}^{b_F} \frac{dG(s)}{F^2(s)} < \infty,$$

则对于 $x \in (a_G, b_F)$，有

$$\frac{G_n(x) - G(x)}{G(x)} = -\frac{1}{n}\sum_{i=1}^{n} W_i(x) + O\left(\frac{\ln^3 n}{n}\right), \text{ a. s.}$$

这里，$W_i(x) = \dfrac{I(T_i > x)}{C(T_i)} - \displaystyle\int_x^{\infty} \frac{I(T_i \leqslant s \leqslant Y_i)}{C^2(s)} dG^*(s)$ 是独立同分布的

随机变量，且 $EW_i=0$，$\mathrm{Var}(W_i(x))=\int_x^{b_{G^*}}\frac{dG^*(s)}{C^2(s)}$。

定理 4.3.1 的证明　设 $\sqrt{n}(\tilde{\boldsymbol{\beta}}^{\mathrm{CQR}}-\boldsymbol{\beta}^*)=\tilde{\mathbf{u}}_n$，$\sqrt{n}(\tilde{b}_k-b^*_{\tau_k})=\tilde{v}_k$，$\tilde{\theta}=(\tilde{v}_1,\cdots\tilde{v}_K,\tilde{u}_n)$，则 $\tilde{\boldsymbol{\theta}}$ 是如下目标函数的最小值

$$\tilde{L}_n(G_n,\boldsymbol{\theta})=\sum_{k=1}^K\sum_{i=1}^n\frac{1}{G_n(Y_i)}\left[\rho_{\tau_k}\left(\varepsilon_i-b^*_{\tau_k}-\frac{v_k+\mathbf{X}_i^T\mathbf{u}}{\sqrt{n}}\right)-\rho_{\tau_k}(\varepsilon_i-b^*_{\tau_k})\right]。$$

注意到

$$\begin{aligned}\tilde{L}_n(G_n,\boldsymbol{\theta})=&\sum_{k=1}^K\sum_{i=1}^n\frac{1}{G(Y_i)}\left[\rho_{\tau_k}\left(\varepsilon_i-b^*_{\tau_k}-\frac{v_k+\mathbf{X}_i^T\mathbf{u}}{\sqrt{n}}\right)-\rho_{\tau_k}(\varepsilon_i-b^*_{\tau_k})\right]\\&+\sum_{k=1}^K\sum_{i=1}^n\left(\frac{1}{G_n(Y_i)}-\frac{1}{G(Y_i)}\right)\rho_{\tau_k}\left(\varepsilon_i-b^*_{\tau_k}-\frac{v_k+\mathbf{X}_i^T\mathbf{u}}{\sqrt{n}}\right)\\&-\sum_{k=1}^K\sum_{i=1}^n\left(\frac{1}{G_n(Y_i)}-\frac{1}{G(Y_i)}\right)\rho_{\tau_k}(\varepsilon_i-b^*_{\tau_k})\\:=&I_{n1}+I_{n2}-I_{n3}\end{aligned}\tag{4.3.8}$$

首先考虑 I_{n1}。通过应用下列等式(Knight(1998))

$$\rho_\tau(x-y)-\rho_\tau(x)=y[I(x\leqslant 0)-\tau]+\int_0^y[I(x\leqslant z)-I(x\leqslant 0)]dz。$$

可以得到

$$\begin{aligned}I_{n1}=&\sum_{k=1}^K\sum_{i=1}^n\frac{1}{G(Y_i)}\left[\frac{v_k+\mathbf{X}_i^T\mathbf{u}}{\sqrt{n}}(I(\varepsilon_i<b^*_{\tau_k})-\tau_k)\right]\\&+\sum_{k=1}^K\sum_{i=1}^n\frac{1}{G(Y_i)}\int_0^{\frac{v_k+x_i^Tu}{\sqrt{n}}}[I(\varepsilon_i<b^*_{\tau_k}+t)-I(\varepsilon_i<b^*_{\tau_k})]dt\\=&\sum_{k=1}^K z_{nk}v_k+\mathbf{W}_{n1}^T\mathbf{u}+\sum_{k=1}^K B_{nk},\end{aligned}\tag{4.3.9}$$

这里 $z_{nk}\equiv\frac{1}{\sqrt{n}}\sum_{i=1}^n\frac{1}{G(Y_i)}[(I(\varepsilon_i<b^*_{\tau_k})-\tau_k)]$,

$$\mathbf{W}_{n1}\equiv\frac{1}{\sqrt{n}}\sum_{i=1}^n\frac{1}{G(Y_i)}X_i^T\sum_{k=1}^K[(I(\varepsilon_i<b^*_{\tau_k})-\tau_k)],$$

$$B_{nk}\equiv\sum_{i=1}^n\frac{1}{G(Y_i)}\int_0^{\frac{v_k+x_i^Tu}{\sqrt{n}}}[I(\varepsilon_i<b^*_{\tau_k}+t)-I(\varepsilon_i<b^*_{\tau_k})]dt。$$

由于 $b^*_{\tau_k}$ 是 ε_i 的 τ_k 分位数，由式(1.4.1)得

$$Ez_{nk}=nE\left\{\frac{1}{G(Y_1)}[(I(\varepsilon_1<b^*_{\tau_k})-\tau_k)]\right\}$$

$$= n\iint \frac{1}{G(y)}[(I(y < \mathbf{x}^T\boldsymbol{\beta}^* + b_{\tau_k}^*) - \tau_k)]f^*(\mathbf{x},y)d\mathbf{x}dy$$

$$= \frac{n}{\alpha}\iint[(I(y < \mathbf{x}^T\boldsymbol{\beta}^* + b_{\tau_k}^*) - \tau_k)]f(\mathbf{x},y)d\mathbf{x}dy$$

$$= \frac{n}{\alpha}\mathbb{E}[(I(\varepsilon_1 < b_{\tau_k}^*) - \tau_k)]$$

$$= 0。$$

同理可得 $E\mathbf{W}_{n1} = \mathbf{0}$。由 Cramér-Wold 法则和中心极限定理可得

$$(z_{n1},\cdots,z_{nK},\mathbf{W}_{n1}^T)^T \to_d (z_1,\cdots,z_K,\mathbf{W}_1^T)^T,$$

$$\sum_{k=1}^{K} z_{nk}v_k + \mathbf{W}_{n1}^T\mathbf{u} \to_d \sum_{k=1}^{K} z_k v_k + \mathbf{W}_1^T\mathbf{u}, \tag{4.3.10}$$

其中，z_k 是均值为 0 的正态随机变量，$\mathbf{W}_1$ 是均值为 $\mathbf{0}$ 的 p 维正态随机变量。

接下来估计 B_{nk}。设

$$B_{nk,i} = \frac{1}{G(Y_i)}\int_0^{\frac{v_k + x_i^T u}{\sqrt{n}}}[I(\varepsilon_i < b_{\tau_k}^* + t) - I(\varepsilon_i < b_{\tau_k}^*)]dt$$

对于任意 $\epsilon > 0$，有

$$[B_{nk,i}]^2 = [B_{nk,i}]^2 I\left(\frac{v_k + \mathbf{X}_i^T\mathbf{u}}{\sqrt{n}} \geqslant \epsilon\right) + [B_{nk,i}]^2 I\left(\frac{v_k + \mathbf{X}_i^T\mathbf{u}}{\sqrt{n}} < \epsilon\right)。 \tag{4.3.11}$$

一方面，容易得到

$$nE\left\{[B_{nk,1}]^2 I\left(\frac{v_k + \mathbf{X}_1^T\mathbf{u}}{\sqrt{n}} \geqslant \epsilon\right)\right\}$$

$$\leqslant nE\left[\frac{1}{G^2(Y_1)}\left(\int_0^{\frac{v_k + \mathbf{x}_1^T\mathbf{u}}{\sqrt{n}}} 2dt\right)^2 I\left(\frac{v_k + \mathbf{X}_1^T\mathbf{u}}{\sqrt{n}} \geqslant \epsilon\right)\right]$$

$$\leqslant \frac{4}{\alpha G(a_F)}\mathbb{E}\left[(v_k + \mathbf{X}_1^T\mathbf{u})^2 I\left(\frac{v_k + \mathbf{X}_1^T\mathbf{u}}{\sqrt{n}} \geqslant \epsilon\right)\right] \to 0。 \tag{4.3.12}$$

另一方面，有

$$nE\left\{[B_{nk,1}]^2 I\left(\frac{v_k + \mathbf{X}_1^T\mathbf{u}}{\sqrt{n}} < \epsilon\right)\right\}$$

$$\leqslant nE\left\{\frac{2}{G^2(Y_1)}\int_0^{\frac{v_k + \mathbf{x}_1^T\mathbf{u}}{\sqrt{n}}} dt\int_0^{\frac{v_k + x_1^T u}{\sqrt{n}}}[I(\varepsilon_1 < b_{\tau_k}^* + t) - I(\varepsilon_1 < b_{\tau_k}^*)]dtI\left(\frac{v_k + \mathbf{X}_1^T\mathbf{u}}{\sqrt{n}} < \epsilon\right)\right\}$$

$$\leqslant \frac{2n\epsilon}{G(a_F)}E\left\{\frac{1}{G(Y_1)}\int_0^{\frac{v_k + \mathbf{x}_1^T\mathbf{u}}{\sqrt{n}}}[I(\varepsilon_1 < b_{\tau_k}^* + t) - I(\varepsilon_1 < b_{\tau_k}^*)]dtI\left(\frac{v_k + \mathbf{X}_1^T\mathbf{u}}{\sqrt{n}} < \epsilon\right)\right\}$$

$$= \frac{2n\epsilon}{\alpha G(a_F)}\mathbb{E}\left\{\int_0^{\frac{v_k+\mathbf{x}_1^T\mathbf{u}}{\sqrt{n}}}[I(\varepsilon_1 < b_{\tau_k}^* + t) - I(\varepsilon_1 < b_{\tau_k}^*)]dtI\left(\frac{v_k + \mathbf{X}_1^T\mathbf{u}}{\sqrt{n}} < \epsilon\right)\right\}$$

$$= \frac{2n\epsilon}{\alpha G(a_F)}\mathbb{E}\left\{\int_0^{\frac{v_k+\mathbf{x}_1^T\mathbf{u}}{\sqrt{n}}}[F_\varepsilon(b_{\tau_k}^* + t) - F_\varepsilon(b_{\tau_k}^*)]dtI\left(\frac{v_k + \mathbf{X}_1^T\mathbf{u}}{\sqrt{n}} < \epsilon\right)\right\}$$

$$\leqslant \frac{2n\epsilon}{\alpha G(a_F)}\mathbb{E}\left\{\int_0^{\frac{v_k+\mathbf{x}_1^T\mathbf{u}}{\sqrt{n}}} f_\varepsilon(b_{\tau_k}^*)t(1+o(1))dtI\left(\frac{v_k + \mathbf{X}_1^T\mathbf{u}}{\sqrt{n}} < \epsilon\right)\right\}$$

$$\leqslant \frac{C_0\epsilon f_\varepsilon(b_{\tau_k}^*)}{\alpha G(a_F)}\mathbb{E}\left|v_k + \mathbf{X}_1^T\mathbf{u}\right|^2 \to 0(\epsilon \to 0)。\quad (4.3.13)$$

因此，当 $n \to \infty$，由式(4.3.11)—式(4.3.13)，可推出

$$\mathrm{Var}\left(\sum_{i=1}^n B_{nk,i}\right) = \sum_{i=1}^n \mathrm{Var}(B_{nk,i}) \leqslant nE[B_{nk,1}]^2 \to 0,$$

这意味着 $B_{nk} - EB_{nk} = o_P(1)$。此外，可以观察到

$$EB_{nk} = \sum_{i=1}^n E\left\{\frac{1}{G(Y_i)}\int_0^{\frac{v_k+\mathbf{x}_i^T\mathbf{u}}{\sqrt{n}}}[I(\varepsilon_i < b_{\tau_k}^* + t) - I(\varepsilon_i < b_{\tau_k}^*)]dt\right\}$$

$$= \frac{1}{\alpha}\sum_{i=1}^n \mathbb{E}\left\{\int_0^{\frac{v_k+\mathbf{x}_i^T\mathbf{u}}{\sqrt{n}}}[I(\varepsilon_i < b_{\tau_k}^* + t) - I(\varepsilon_i < b_{\tau_k}^*)]dt\right\}$$

$$= \frac{1}{n\alpha}\sum_{i=1}^n \mathbb{E}\left\{\int_0^{v_k+\mathbf{x}_i^T\mathbf{u}}\sqrt{n}\left[F_\varepsilon\left(b_{\tau_k}^* + \frac{t}{\sqrt{n}}\right) - F_\varepsilon(b_{\tau_k}^*)\right]dt\right\}$$

$$\to \frac{f_\varepsilon(b_{\tau_k}^*)}{2\alpha}(v_k, \mathbf{u}^T)\begin{pmatrix}1 & 0\\ 0 & \mathbf{C}\end{pmatrix}(v_k, \mathbf{u}^T)^T。$$

因此，

$$B_{nk} \to_P \frac{f_\varepsilon(b_{\tau_k}^*)}{2\alpha}(v_k, \mathbf{u}^T)\begin{pmatrix}1 & 0\\ 0 & \mathbf{C}\end{pmatrix}(v_k, \mathbf{u}^T)^T,$$

结合式(4.3.9)和式(4.3.10)得到

$$I_{n1} \to_d \sum_{k=1}^K z_k v_k + \mathbf{W}_1^T\mathbf{u} + \frac{1}{2\alpha}\sum_{k=1}^K f_\varepsilon(b_{\tau_k}^*)v_k^2 + \frac{1}{2\alpha}\left(\sum_{k=1}^K f_\varepsilon(b_{\tau_k}^*)\right)\mathbf{u}^T\mathbf{C}\mathbf{u}。\quad (4.3.14)$$

接下来，计算 I_{n2} 和 I_{n3}。由引理 4.3.1 得

$$I_{n2} - I_{n3} = \sum_{k=1}^K\sum_{i=1}^n\left(\frac{1}{G_n(Y_i)} - \frac{1}{G(Y_i)}\right)\left[\rho_{\tau_k}\left(\varepsilon_i - b_{\tau_k}^* - \frac{v_k + \mathbf{X}_i^T\mathbf{u}}{\sqrt{n}}\right) - \rho_{\tau_k}(\varepsilon_i - b_{\tau_k}^*)\right]$$

$$= \sum_{k=1}^K\sum_{i=1}^n \frac{v_k + \mathbf{X}_i^T\mathbf{u}}{\sqrt{n}}\frac{1}{n}\sum_{j=1}^n\frac{W_j(Y_i)}{G(Y_i)}[I(\varepsilon_i \leqslant b_{\tau_k}^*) - \tau_k] + o_p(1)。\quad (4.3.15)$$

设 $\boldsymbol{\mu}_{nk}^{i}=\frac{1}{n}\sum_{j=1}^{n}\frac{W_j(Y_i)}{G(Y_i)}\mathbf{X}_i^T[I(\varepsilon_i\leqslant b_{\tau_k}^*)-\tau_k]$ 和 $\eta_{nk}^{i}=\frac{1}{n}\sum_{j=1}^{n}\frac{W_j(Y_i)}{G(Y_i)}[I(\varepsilon_i\leqslant b_{\tau_k}^*)-\tau_k]$。通过中心极限定理，可以证明

$$\sum_{k=1}^{K}\frac{1}{\sqrt{n}}\sum_{i=1}^{n}\boldsymbol{\mu}_{nk}^{i}\rightarrow_d \mathbf{W}_2^T \text{ 和 } \frac{1}{\sqrt{n}}\sum_{i=1}^{n}\eta_{nk}^{i}\rightarrow_d z'_k,$$

其中，z'_k 是一个均值为 0 的正态随机变量，$\mathbf{W}_2$ 是一个均值为 $\mathbf{0}$ 的 p 维正态随机变量向量。因此，从式(4.3.8)，式(4.3.14)和式(4.3.15)得出

$$\widetilde{L}_n(G_n,\boldsymbol{\theta})\rightarrow_d \sum_{k=1}^{K}(z_k+z'_k)v_k+(\mathbf{W}_1+\mathbf{W}_2)^T\mathbf{u}+\frac{1}{2\alpha}\sum_{k=1}^{K}f_\varepsilon(b_{\tau_k}^*)v_k^2$$
$$+\frac{1}{2\alpha}\Big(\sum_{k=1}^{K}f_\varepsilon(b_{\tau_k}^*)\Big)\mathbf{u}^T\mathbf{C}\mathbf{u}。$$

由于 $\widetilde{L}_n(G_n,\theta)$ 是一个凸函数，根据 Knight (1998) 和 Koenker (2005)，有

$$\widetilde{\mathbf{u}}_n\rightarrow_d \frac{\alpha}{\sum_{k=1}^{K}f_\varepsilon(b_{\tau_k}^*)}\mathbf{C}^{-1}(\mathbf{W}_1+\mathbf{W}_2)\sim N\left(\mathbf{0},\frac{\alpha^2}{\Big(\sum_{k=1}^{K}f_\varepsilon(b_{\tau_k}^*)\Big)^2}\mathbf{C}^{-1}\boldsymbol{\Sigma}\mathbf{C}^{-1}\right),$$

这里，$\boldsymbol{\Sigma}$ 是 $\mathbf{W}_1+\mathbf{W}_2$ 的方差矩阵。这样就完成了定理 4.3.1 的证明。

定理 4.3.2 的证明 设 $\sqrt{n}(\hat{\boldsymbol{\beta}}^{ACQR}-\boldsymbol{\beta}^*)=\hat{\mathbf{u}}_n$，$\sqrt{n}(\hat{b}_k-b_{\tau_k}^*)=\hat{v}_k$，则 $\hat{\boldsymbol{\theta}}=(\hat{\mathbf{v}},\hat{\mathbf{u}}_n)$ 是如下目标函数达到最小值的 $\boldsymbol{\theta}$。

$$\hat{L}_n(G_n,\boldsymbol{\theta})=\sum_{k=1}^{K}\sum_{i=1}^{n}\frac{1}{G_n(Y_i)}\left[\rho_{\tau_k}\left(\varepsilon_i-b_{\tau_k}^*-\frac{v_k+\mathbf{X}_i^T\mathbf{u}}{\sqrt{n}}\right)-\rho_{\tau_k}(\varepsilon_i-b_{\tau_k}^*)\right]$$
$$+\sum_{j=1}^{p}\frac{n\lambda}{|\tilde{\beta}_j^{CQR}|}\left[\left|\beta_j^*+\frac{\mu_j}{\sqrt{n}}\right|-|\beta_j^*|\right]。$$

对 $j>q$ 有 $\beta_j^*=0$，有

$$\begin{aligned}\hat{L}_n(G_n,\boldsymbol{\theta})&=\widetilde{L}_n(G_n,\boldsymbol{\theta})+\sum_{j=1}^{q}\frac{n\lambda}{|\tilde{\beta}_j^{CQR}|}\left[\left|\beta_j^*+\frac{\mu_j}{\sqrt{n}}\right|-|\beta_j^*|\right]+\sum_{j=q+1}^{p}\frac{n\lambda}{|\tilde{\beta}_j^{CQR}|}\left|\frac{\mu_j}{\sqrt{n}}\right|\\&\geqslant\widetilde{L}_n(G_n,\boldsymbol{\theta})+\sum_{j=1}^{q}\frac{n\lambda}{|\tilde{\beta}_j^{CQR}|}\left[\left|\beta_j^*+\frac{\mu_j}{\sqrt{n}}\right|-|\beta_j^*|\right]\\&\geqslant\widetilde{L}_n(G_n,\boldsymbol{\theta})-\sum_{j=1}^{q}\frac{n\lambda}{|\tilde{\beta}_j^{CQR}|}\left|\frac{\mu_j}{\sqrt{n}}\right|\\&\geqslant\widetilde{L}_n(G_n,\boldsymbol{\theta})-O_p(\|\mathbf{u}\|)。\end{aligned}\tag{4.3.16}$$

上述表达式中的最后一个不等式是因为 $\sqrt{n}\lambda=O_p(1)$，并且 $\tilde{\beta}_j^{CQR},j=1,\cdots,q$ 收敛于 β_j^*。定理 4.3.1 的结果表明 $\mathbf{W}_1,\mathbf{W}_2,z_k$ 和 z_k 是渐近正态的，这意味着

$\sum_{k=1}^{K}(z_k + z'_k)v_k = O_p(\|\mathbf{v}\|)$ 和 $(\mathbf{W}_1 + \mathbf{W}_2)^T\mathbf{u} = O_p(\|\mathbf{u}\|)$。

如果 $\|\boldsymbol{\theta}\| = M$ 足够大，$\hat{L}_n(G_n, \boldsymbol{\theta})$ 由 $\frac{1}{2\alpha}\sum_{k=1}^{K} f_\varepsilon(b_{\tau_k}^*)v_k^2 + \frac{1}{2\alpha}\left(\sum_{k=1}^{K} f_\varepsilon(b_{\tau_k}^*)\right)\mathbf{u}^T\mathbf{C}\mathbf{u}$ 控制。因此，对任何 $\eta > 0$，随着 n 变大，有

$$P\{\inf_{\|\theta\|=M} \hat{L}_n(G_n, \boldsymbol{\theta}) > 0\} > 1 - \eta,$$

这意味着 $\hat{\boldsymbol{\theta}}$ 是 $\sqrt{n}$ 一致性的。

定理 4.3.3 的证明　(i)选择一致性的证明。首先对 $\hat{L}_n(G_n, \boldsymbol{\theta})$ 在每个可导点 θ 上关于 u_j 求导数，$j = q+1, \cdots, p$。接下来证明当 n 很大时，$\|\boldsymbol{\beta} - \boldsymbol{\beta}^*\| \leqslant \frac{M}{\sqrt{n}} = \epsilon_n$，并且对于 $j = q+1, \cdots, p$，如果 $-\epsilon_n < \beta_j < 0$，$\frac{1}{\sqrt{n}}\frac{\partial}{\partial u_j}\hat{L}_n(G_n, \boldsymbol{\theta})$ 为负，如果 $0 < \beta_j < \epsilon_n$，$\frac{1}{\sqrt{n}}\frac{\partial}{\partial u_j}\hat{L}_n(G_n, \boldsymbol{\theta})$ 为正。由于 $\hat{L}_n(G_n, \boldsymbol{\theta})$ 是 $\boldsymbol{\theta}$ 的分段线性函数，因此它在某个断点处达到最小值。根据定理 4.3.2，最小值 $\hat{\boldsymbol{\theta}}$ 是 $\sqrt{n}$ 一致的，这样对足够大的 n，$\hat{u}_j$ 的每个分量必须包含于区间 $(-\epsilon_n, -\epsilon_n)$ 中，这意味着 $P(\hat{u}_j = 0) \to 1$，即 $n \to \infty$，$P(\hat{\boldsymbol{\beta}}_b^{\mathrm{ACQR}} = \mathbf{0}) \to 1$。

为此，对于 $j = q+1, \cdots, p$，有

$$\begin{aligned}
&\frac{1}{\sqrt{n}}\frac{\partial \hat{L}_n(G_n, \boldsymbol{\theta})}{\partial u_j} \\
&= -\frac{1}{\sqrt{n}}\sum_{k=1}^{K}\sum_{i=1}^{n}\frac{X_{ij}}{G_n(Y_i)}\left[I\left(\varepsilon_i \leqslant b_{\tau_k}^* + \frac{v_k + \mathbf{X}_i^T\mathbf{u}}{\sqrt{n}}\right) - \tau_k\right] + \frac{\sqrt{n}\lambda\,\mathrm{sign}(u_j)}{x\,|\tilde{\beta}_j^{\mathrm{CQR}}|} \\
&= -\frac{1}{\sqrt{n}}\sum_{k=1}^{K}\sum_{i=1}^{n}\left(\frac{1}{G_n(Y_i)} - \frac{1}{G(Y_i)}\right)X_{ij}\left[I\left(\varepsilon_i \leqslant b_{\tau_k}^* + \frac{v_k + \mathbf{X}_i^T\mathbf{u}}{\sqrt{n}}\right) - \tau_k\right] \\
&\quad - \frac{1}{\sqrt{n}}\sum_{k=1}^{K}\sum_{i=1}^{n}\frac{X_{ij}}{G(Y_i)}\left[I\left(\varepsilon_i \leqslant b_{\tau_k}^* + \frac{v_k + \mathbf{X}_i^T\mathbf{u}}{\sqrt{n}}\right) - \tau_k\right] + \frac{\sqrt{n}\lambda\,\mathrm{sign}(u_j)}{|\tilde{\beta}_j^{\mathrm{CQR}}|} \\
&= \frac{\sqrt{n}\lambda\,\mathrm{sign}(u_j)}{|\tilde{\beta}_j^{\mathrm{CQR}}|} - \sum_{k=1}^{K}\frac{1}{\sqrt{n}}\sum_{i=1}^{n}\frac{X_{ij}}{G(Y_i)}\left[I\left(\varepsilon_i \leqslant b_{\tau_k}^* + \frac{v_k + \mathbf{X}_i^T\mathbf{u}}{\sqrt{n}}\right) - \tau_k\right] \\
&\quad - \sum_{k=1}^{K}\frac{1}{\sqrt{n}}\sum_{i=1}^{n}\frac{1}{n}\sum_{l=1}^{n}\frac{W_l(Y_i)}{G(Y_i)}X_{ij}\left[I\left(\varepsilon_i \leqslant b_{\tau_k}^* + \frac{v_k + \mathbf{X}_i^T\mathbf{u}}{\sqrt{n}}\right) - \tau_k\right] + o_p(1) \\
&= \frac{\sqrt{n}\lambda\,\mathrm{sign}(u_j)}{|\tilde{\beta}_j^{\mathrm{CQR}}|} - \sum_{k=1}^{K}[V_{n,j}^1(\Delta_k) + V_{n,j}^2(\Delta_k)] + o_p(1),
\end{aligned}$$

这里，$\Delta_k = (v_k + \mathbf{X}_i^T\mathbf{u})/\sqrt{n}$，

$$V_{n,j}^1(\Delta_k)=\frac{1}{\sqrt{n}}\sum_{i=1}^{n}\frac{X_{ij}}{G(Y_i)}[I(\varepsilon_i\leqslant b_{\tau_k}^*+\Delta_k)-\tau_k],$$

$$V_{n,j}^2(\Delta_k)=\frac{1}{\sqrt{n}}\sum_{i=1}^{n}\frac{1}{n}\sum_{l=1}^{n}\frac{W_l(Y_i)}{G(Y_i)}X_{ij}[I(\varepsilon_i\leqslant b_{\tau_k}^*+\Delta_k)-\tau_k]。$$

定义 $\mathbf{V}_n^1(\Delta_k)=\frac{1}{\sqrt{n}}\sum_{i=1}^{n}\frac{\mathbf{X}_i}{G(Y_i)}[I(\varepsilon_i\leqslant b_{\tau_k}^*+\Delta_k)-\tau_k]$，则：

$$\mathbf{V}_n^1(\Delta_k)=(V_{n,1}^1(\Delta_k),\cdots,V_{n,D}^1(\Delta_k))^T。$$

如定理 4.3.1 的证明所示，通过 Cramér—Wold 法则和中心极限定理，$\mathbf{V}_n^1(0)$ 在分布上收敛到均值为 $\mathbf{0}$ 且协方差矩阵为 $\mathbf{\Lambda}_1$ 的 p 维正态随机向量。注意到 $\max_{1\leqslant k\leqslant K}\Delta_k\to 0$，类似于 Wang 等(2015)中引理 5.1 的证明，有

$$\sup_{\|\mathbf{u}\|\leqslant M}\|\mathbf{V}_n^1(\Delta_k)-\mathbf{V}_n^1(0)+\mathbf{\Lambda}_1\Delta_k\|=o_p(1)。$$

这蕴含了 $V_{n,j}^1(\Delta_k)=O_p(1)$。因此，$\sum_{k=1}^{K}V_{n,j}^1(\Delta_k)=O_p(1)$。同理，也可以证明 $\sum_{k=1}^{K}V_{n,j}^2(\Delta_k)=O_p(1)$。这样，对 $j=q+1,\cdots,p$，有

$$\frac{1}{\sqrt{n}}\frac{\partial\hat{L}_n(G_n,\theta)}{\partial u_j}=O_p(1)+\frac{n\lambda\,\mathrm{sign}(u_j)}{\sqrt{n}\,|\tilde{\beta}_j^{\mathrm{CQR}}|}。$$

由定理 4.3.1 得估计量 $\tilde{\beta}^{\mathrm{CQR}}$ 是 $\sqrt{n}$ 一致的，所以对 $j=q+1,\cdots,p$，$\sqrt{n}\,|\tilde{\beta}_j^{\mathrm{CQR}}|=O_p(1)$ 根据假设条件 $n\lambda\to\infty$，当 n 很大时，$\frac{1}{\sqrt{n}}\frac{\partial}{\partial u_i}\hat{L}_n(G_n,\boldsymbol{\theta})$ 的符号由 β_j 决定。因此，随着 n 变大时，对于 $j=q+1,\cdots,p$，当 $-\epsilon_n<\beta_j<0$ 时，$\frac{1}{\sqrt{n}}\frac{\partial}{\partial u_i}\hat{L}_n(G_n,\boldsymbol{\theta})$ 为负；当 $0<\beta_j<\epsilon_n$，$\frac{1}{\sqrt{n}}\frac{\partial}{\partial u_i}\hat{L}_n(G_n,\boldsymbol{\theta})$ 为正。这意味着 $P(\hat{u}_j=0)\to 1$，即当 $n\to\infty$，$P(\hat{\boldsymbol{\beta}}_b^{\mathrm{ACQR}}=\mathbf{0})\to 1$。

(ii) 渐近正态性的证明。基于定理 4.3.2 和定理 4.3.3 的(i)中建立的结果，得到当 $n\to\infty$ 时，$\hat{\boldsymbol{\beta}}^{\mathrm{ACQR}}$ 是 $\sqrt{n}$ 一致的，并且 $P(\hat{\boldsymbol{\beta}}_b^{\mathrm{ACQR}}=\mathbf{0})\to 1$。因此，为了导出非零系数估计量的渐近分布，只需要建立以下函数的渐近表达式：

$$\widetilde{L}_n\{G_n,[(\boldsymbol{\beta}_a^T,\mathbf{0})^T,\mathbf{v}]\}=\sum_{k=1}^{K}\sum_{i=1}^{n}\frac{1}{G_n(Y_i)}\left[\rho_{\tau_k}\left(\varepsilon_i-b_{\tau_k}^*-\frac{v_k+\mathbf{X}_{ai}^T\mathbf{u}_a}{\sqrt{n}}\right)-\rho_{\tau_k}(\varepsilon_i-b_{\tau_k}^*)\right],$$

这里，$\mathbf{u}_a=\sqrt{n}(\boldsymbol{\beta}_a-\boldsymbol{\beta}_a^*)$，$\mathbf{X}_{ai}=(X_{i1},\cdots,X_{iq})^T$，$i=1,\cdots,n$。继类似如定理 4.3.1 证明中的推导，可以证明

$$\widetilde{L}_n\{G_n,[(\boldsymbol{\beta}_a^T,\mathbf{0})^T,\mathbf{v}]\}$$
$$=\sum_{k=1}^{K}(z_k+z'_k)v_k+\frac{1}{2\alpha}\sum_{k=1}^{K}f_\varepsilon(b_{\tau_k}^*)v_k^2+\frac{1}{2\alpha}\Big(\sum_{k=1}^{K}f_\varepsilon(b_{\tau_k}^*)\Big)\mathbf{u}_a^T\mathbf{C}_a\mathbf{u}_a$$
$$+\mathbf{u}_a^T\sum_{k=1}^{K}\frac{1}{\sqrt{n}}\sum_{i=1}^{n}\frac{\mathbf{X}_{ai}}{G(Y_i)}[(I(\varepsilon_i<b_{\tau_k}^*)-\tau_k)]$$
$$+\mathbf{u}_a^T\sum_{k=1}^{K}\frac{1}{\sqrt{n}}\sum_{i=1}^{n}\frac{\mathbf{X}_{ai}}{n}\sum_{j=1}^{n}\frac{W_j(Y_i)}{G(Y_i)}[I(\varepsilon_i\leqslant b_{\tau_k}^*)-\tau_k]+o_p(1),$$

这里，$\mathbf{C}_a=\lim_{n\to\infty}\frac{1}{n}\mathbb{E}[(\mathbf{X}_a\mathbf{X}_a^T]$ 是正定矩阵。另外，有

$$\sum_{k=1}^{K}\frac{1}{\sqrt{n}}\sum_{i=1}^{n}\frac{\mathbf{X}_{ai}}{G(Y_i)}[(I(\varepsilon_i<b_{\tau_k}^*)-\tau_k)]\to_d\mathbf{W}_1^a,$$
$$\sum_{k=1}^{K}\frac{1}{\sqrt{n}}\sum_{i=1}^{n}\frac{\mathbf{X}_{ai}}{n}\sum_{j=1}^{n}\frac{W_j(Y_i)}{G(Y_i)}[I(\varepsilon_i\leqslant b_{\tau_k}^*)-\tau_k]\to_d\mathbf{W}_2^a,$$

其中，$\mathbf{W}_1^a$ 和 $\mathbf{W}_2^a$ 都是均值为 $\mathbf{0}$，协方差矩阵有限的 q 维正态随机向量。因此，有

$$\widetilde{L}_n\{G_n,[(\boldsymbol{\beta}_a^T,\mathbf{0})^T,\mathbf{v}]\}\to_d\sum_{k=1}^{K}(z_k+z'_k)v_k+\frac{1}{2\alpha}\sum_{k=1}^{K}f_\varepsilon(b_{\tau_k}^*)v_k^2$$
$$+\frac{1}{2\alpha}\Big(\sum_{k=1}^{K}f_\varepsilon(b_{\tau_k}^*)\Big)\mathbf{u}_a^T\mathbf{C}_a\mathbf{u}_a+(\mathbf{W}_1^a+\mathbf{W}_2^a)^T\mathbf{u}_a,$$

沿用 Knight(1998)和 Koenker(2005)的方法，有：

$$\hat{\mathbf{u}}_a\to_d\frac{\alpha}{\sum_{k=1}^{K}f_\varepsilon(b_{\tau_k}^*)}\mathbf{C}_a^{-1}(\mathbf{W}_1^a+\mathbf{W}_2^a)\sim N\left(\mathbf{0},\frac{\alpha^2}{\Big(\sum_{k=1}^{K}f_\varepsilon(b_{\tau_k}^*)\Big)^2}\mathbf{C}_a^{-1}\boldsymbol{\Sigma}_a\mathbf{C}_a^{-1}\right),$$

这里，$\boldsymbol{\Sigma}_a$ 是 $\mathbf{W}_1^a+\mathbf{W}_2^a$ 的协方差矩阵。

参考文献

[1] 王江峰,梁汉营,范国良. 左截断相依数据下非参数回归的局部M估计[J]. 中国科学(A辑),2012, 42(10): 995-1015.

[2] 王江峰,裘良华,张慧增. 删失数据下回归函数的加权局部复合分位数回归估计[J]. 高校应用数学学报, 2019, 34(1): 11-24.

[3] 王江峰,田晓敏,张慧增,等. 左截断数据下非参数回归模型的复合分位数回归估计[J]. 高校应用数学学报, 2015, 30(1): 71-83.

[4] 姚梅,王江峰,林路. 左截断相依数据下条件分位数的双核局部线性估计[J]. 数学学报, 2018, 61: 963-980.

[5] BAI Z D, RAO C R, WU Y. M-estimation of multivariate linear regression parameters under a convex discrepancy function [J]. Statist. Sinica, 1992, 2: 237-254.

[6] BICKEL P J. One-step Huber estimates in linear models[J]. J. Amer. Statist. Assoc, 1975, 70: 428-433.

[7] BOENTE G, FRAIMAN R. Robust nonparametric regression estimation for dependent observations[J]. Ann. Statist, 1989, 17: 1242-1256.

[8] BRESLOW N, CROWLEY J. A large sample study of the life table and product-limit estimates under random censorship [J]. Ann. Statist, 1974, 2: 437-453.

[9] CAI J, KIM J. Nonparametric quantile estimation with correlated failure time data[J]. Lifetime. Data. Anal, 2003, 9: 357-371.

[10] CAI T, WEI L J, WILCOX M. Semiparametric regression analysis for clusetered survival data[J]. Biometrics, 2000, 87:867-878.

[11] CAI Z W. Estimating a distribution function for censored time series data[J]. J. Multivariate. Anal, 2001, 78: 299-318.

[12] CAI Z W. Regression quantiles for time series[J]. Economet. Theor, 2002, 18:169-192.

[13] CAI Z W, OULD-SAÏD E. Local m-estimator for nonparametric time

series[J]. Statist. Probab. Lett, 2003, 65: 433-449.

[14] CAI Z W, WANG X. Nonparametric estimation of conditional VaR and expected shortfall[J]. J. Econometrics, 2008, 147: 120-130.

[15] CAI Z W, XU X. Nonparametric quantile estimations for dynamic smooth coefficient models[J]. J. Amer. Statist. Assoc, 2009, 104: 371-383.

[16] CHAO M T, LO S H. Some representations of the nonparametric maximum likelihood estimators with truncated data [J]. Ann. Statist, 1988, 16:661-668.

[17] CHAUDHURI P. Nonparametric estimates of regression quantiles and their local Bahadur representation[J]. Ann. Statist, 1991a, 19: 760-777.

[18] CHAUDHURI P. Global nonparametric estimation of conditional quantile functions and their derivatives[J]. J. Multivariate Anal. 1991b, 39: 246-269.

[19] CHAUDHURI P, DOKSUM K, SAMAROV A. On average derivative quantile regression[J]. Ann. Statist, 1997, 25:715-744.

[20] CHEN J, ZHANG L. Asymptotic properties of nonparametric M-estimation for mixing functional data [J]. J. Statist. Plann. Inference, 2009, 139: 533-546.

[21] CLEVELAND W S. Robust locally weighted regression and smoothing scatterplots[J]. J. Amer. Statist. Assoc, 1979, 74: 829-836.

[22] DOUKHAN P. Mixing: Properties and Examples [M]. Berlin: Springer, 1994.

[23] EL GHOUCH A, VAN KEILEGOM I. Local linear quantile regression with dependent censored data[J]. Statist. Sinica, 2009, 19: 1621-1640.

[24] FAN J. Local linear regression smoothers and their minimax efficiencies [J]. Ann. Statist, 1993, 21: 196-216.

[25] FAN J, GIJBELS I. Censored regression: local linear approximations and their applications [J]. J. Amer. Statist. Assoc, 1994, 89: 560-570.

[26] FAN J, GIJBELS I. Local Polynomial Modelling and Its Applications [M]. London: Chapman & Hall, 1996.

[27] FAN J, HU T C, TRUONG Y K. Robust nonparametric function estimation[J]. Scand. J. Statist, 1994, 21: 433-446.

[28] FAN J, JIANG J. Variable bandwidth and one-step local M-estimator[J]. Science in China, Ser. A, 2000, 43: 65-81.

[29] FAN J, LI R. Variables selection via nonconcave penalized likelihood and its oracle properties[J]. J. Amer. Statist. Assoc, 2001, 96: 1348-1360.

[30] FAN J, YAO Q, TONG H. Estimation of conditional densities and sensitivity measures in nonlinear dynamical systems[J]. Biometrika, 1996, 83: 189-206.

[31] FEIGELSON E D, BABU G J. Statistical Challenges in Modern Astronomy[M]. Berlin, Heidelberg, New York: Springer, 1992.

[32] FERRATY F, RABHI A, VIEU P. Conditional quantiles for dependent functional data with application to the climatic El Niño phenomenon[J]. Sankyhà, 2005, 67: 378-398.

[33] GANNOUN A, SARACCO J, YU K. Nonparametric time series prediction by conditional median and quantiles [J]. J. Statist. Plann. Inference, 2003, 117: 207-223.

[34] GORODETSKII V V. On the strong mixing property for linear sequences[J]. Theor. Probab. Appl, 1977, 22: 411-413.

[35] GÜRLER U, STUTE W, WANG J L. Weak and strong quantile representations for randomly truncated data with applications[J]. Statist. Probab. Lett, 1993, 17:139-148.

[36] HALLIN M, LU Z, YU K. Local linear spatial quantile regression [J]. Bernoulli, 2009, 15: 659-686.

[37] HALL P, HEYDE C C. Martingale Limit Theory and Its Application[M]. New York: Academic Press, 1980.

[38] HALL P, JONES M C. Adaptive M-estimation in nonparametric regression[J]. Ann. Statist, 1990, 18: 1712-1728.

[39] HÄRDLE W. Robust regression function estimation [J]. J. Multivariate. Anal, 1984, 14:169-180.

[40] HÄRDLE W, GASSER T. Robust non-parametric function fitting [J]. J. Roy. Statist. Soc., Ser. B, 1984, 46: 42-51.

[41] HE S, YANG G. Estimation of the truncation probability in the

random truncation model[J]. Ann. Statist, 1998, 26: 1011-1027.

[42] HE S, YANG G. Estimation of regression parameters with left truncated data[J]. J. Statist. Plann. Inference, 2003, 117: 99-122.

[43] HONDA T. Nonparametric estimation of a conditional quantile for a-mixing processes[J]. Ann. Inst. Statist. Math, 2000, 52: 459-470.

[44] HONDA T. Quantile regression in varying coefficient models[J]. J. Statist. Plann. Inference, 2004, 121: 113-125.

[45] HORVÁTH L, YANDELL B S. Asymptotics of conditional emprical Processes[J]. J. Multivariate. Anal, 1988, 26: 184-206.

[46] HUBER P J. Robust estimation of a location parameter[J]. Ann. Math. Statist, 1964, 35: 73-101.

[47] HUBER P J. Robust Statistics[M]. New York: Wiley, 1981.

[48] JIANG J C, MACK Y P. Robust local polynomial regression for dependent data[J]. Statist. Sinica, 2001, 11: 705-722.

[49] JIANG R. , QIAN W, ZHOU Z. Variable selection and coefficient estimation via composite quantile regression with randomly censored data[J]. Statist. Probab. Lett, 2012, 82: 308-17.

[50] KAI B, LI R, ZOU H. Local composite quantile regression smoothing: an efficient and safe alternative to local polynomial regression[J]. J. Roy. Statist. Soc. Ser. B, 2010,72: 49-69.

[51] KAI B, LI R, ZOU H. New efficient estimation and variable selection methods for semiparametric varying-coefficient partially linear models[J]. Ann. Statist, 2011, 39: 305-332.

[52] KANG S S, KOEHLER K J. Modification of the greenwood formula for correlated response times[J]. Biometrics, 1997, 53:885-899.

[53] KLEIN J P, MOESCHBERGER M L. Survival Analysis: Techniques for Censored and Truncated Data[M]. Berlin: Springer-Verlag, 1997.

[54] KNIGHT K. Limiting distributions for L_1 regression estimators under general conditions[J]. Ann. Statist, 1998, 26: 755-770.

[55] KOENKER R. Quantile regression [M]. Cambridge: Cambridge University Press, 2005.

[56] KOENKER R, Basset G. Regression quantiles[J]. Econometrica, 1978, 46: 33-50.

[57] KOENKER R, ZHAO Q. Conditional quantile estimation and

inference for ARCH models[J]. Economet. Theor, 1996, 12: 793-813.

[58] LEMDANI M. , OULD-SAÏD E, POULIN N. Strong representation of the quantile function for left truncated and dependent data[J]. Math. Meth. Statist, 2005, 14: 332-345.

[59] LEMDANI M, OULD-SAÏD E, POULIN N. Asymptotic properties of a conditional quantile estimator with randomly truncated data[J]. J. Multivariate. Anal, 2009, 100:546-559.

[60] LIANG H Y, BAEK J. Asymptotic normality of conditional density estimation with left-truncated and dependent data [J]. Statist. Papers, 2016, 57: 1-20.

[61] LIANG H Y, DE UÑA-ÁLVAREZ J. Asymptotic normality for estimator of conditional mode under left-truncated and dependent observations[J]. Metrika, 2010, 72:1-19.

[62] LIANG H. Y, DE UÑA-ÁLVAREZ J, IGLESIAS-PÉREZ M. Local polynomial estimation of a conditional mean function with dependent truncated data[J]. Test, 2011, 20: 653-677.

[63] LIANG H Y, DE UÑA-ÁLVAREZ J, IGLESIAS-PÉREZ M. A central limit theorem in non-parametric regression with truncated, censored and dependent Data [J]. Scand. J. Statist, 2015, 42: 256-269.

[64] LIANG H Y, LI D L, QI Y C. Strong convergence in nonparametric regression with truncated dependent data[J]. J. Multivariate. Anal, 2009, 100:162-174.

[65] LIEBSCHER E. Strong convergence of sums of α-mixing random variables with applications to density estimation [J]. Stochastic. Proc. Appl, 1996, 65: 69-80.

[66] LIEBSCHER E. Estimation of the density and the regression function under mixing conditions[J]. Statist. Dec, 2001, 19: 9-26.

[67] LIN Z, LI D, GAO J. Local linear M-estimation in nonparametric spatial regression[J]. J. Time. Ser. Anal, 2009, 30: 286-314.

[68] LYNDEN-BELL D. A method of allowing for known observational selection in small samples applied to 3CR quasars[J]. MonNotices. Royal. Astronomical. Soc, 1971, 155: 95-118.

[69] MASRY E, FAN J. Local polynomial estimation of regression functions for mixing processes[J]. Scand. J. Statist, 1997, 24: 165-179.

[70] MEHRA K L, RAO M S, UPADRASTA S P. A smooth conditional quantile estimator and related applications of conditional empirical processes[J]. J. Multivariate. Anal, 1991, 37: 151-179.

[71] NADARAYA E A. On estimating regression[J]. Theor. Probab. Appl, 1964, 9: 141-142.

[72] OULD-SAÏD E, LEMDANI M. Asymptotic properties of a nonparametric regression function estimator with randomly truncated data[J]. Ann. Inst. Statist. Math, 2006, 58:357-378.

[73] OULD-SAÏD E., YAHIA D, NECIR A. A strong uniform convergence rate of a kernel conditional quantile estimator under random left-truncation and dependent data [J]. Electronic. J. Statist, 2009, 3: 426-445.

[74] ROCKAFELLAR R T. Convex Analysis[M]. Princeton: Princeton University Press, 1970.

[75] RUPPERT D, CARROLL R J. Trimmed least squares estimation in the linear model[J]. J. Amer. Statist. Assoc, 1980, 75: 828-838.

[76] SHAO J. Mathematical Statistics[M]. New York: Springer, 2003.

[77] SHAO Q, YU H. Weak convergence for weighted empirical processes of dependent sequences [J]. Ann. Probab, 1996, 24: 2098-2127.

[78] SHOWS H, LU W, ZHANG H. Sparse estimation and inference for censored median regression[J]. J. Statist. Plann. Inference, 2010, 140: 1903-1917.

[79] STUTE W. Almost sure representations of the product-limit estimator for truncated data[J]. Ann. Statist, 1993, 21:146-156.

[80] SUN L, ZHOU X. Survival function and density estimation for truncated dependent data [J]. Statist. Probab. Lett, 2001, 52: 47-57.

[81] TSAI W Y, JEWELL N P, WANG M C. A note on the product-limit estimator under right censoring and left truncation [J]. Biometrika, 1987, 74: 883-886.

[82] VOLKONSKII V A, ROZANOV Y A. Some limit theorems for random functions[J]. Theor. Probab. Appl, 1959, 4: 178-197.

[83] WANG H, WANG L. Locally weighted censored quantile regression [J]. J. Amer. Statist. Assoc, 2009, 104: 1117-1128.

[84] WANG H J, ZHU Z, ZHOU J. Quantile regression in partially linear varying coefficient models [J]. Ann. Statist, 2009, 37: 3841-3866.

[85] WANG J F, LIANG H Y. Asymptotic properties for an M-estimator of regression function with truncation and dependent data [J]. J. Korean. Statist. Soc, 2012, 41: 351-367.

[86] WANG J F, LIANG H Y, FAN G L. Asymptotic properties of conditional quantile estimator under lefttruncated and α-mixing conditions [J]. Commun. Statist. Theor. Meth, 2011, 40: 2462-2486.

[87] WANG J F, MA W M, FAN G L, et al. Local linear quantile regression with truncated and dependent data[J]. Statist. Probab. Lett, 2015, 96: 232-240.

[88] WANG M C, JEMELL N P, TSAI W Y. Asymptotic properties of the product-limit estimate under random truncation [J]. Ann. Statist, 1986, 14: 1597-1605.

[89] WATSON G S. Smooth regression analysis[J]. Sankhyā, Ser. A, 1964, 26: 359-372.

[90] WITHERS C S. Conditions for linear processes to be strong mixing [J]. Z. Wahrsch. Verw. Gebiete, 1981, 57: 477-480.

[91] WOODROOFE M. Estimating a distribution function with truncated data[J]. Ann. Statist, 1985, 13:163-177.

[92] XIANG X. A Kernel estimator of a conditional quantile[J]. J. Multivariate. Anal, 1996, 59: 206-216.

[93] YAO M, WANG J F, LIN L, et al. Variable selection and weighted composite quantile estimation of regression parameters with left-truncated data[J]. Commun. Statist. Theor. Meth, 2018, 47(18): 4469-4482.

[94] YU K, JONES M C. Local linear quantile regression[J]. J. Amer. Statist. Assoc, 1998, 93: 228-237.

[95] ZHOU W. A weighted quantile regression for randomly truncated

data[J]. Comput. Statist. Data. Anal, 2011, 55: 554-566.

[96] ZHU L X, NG K W. M-type estimators of regression function with applications[J]. Statist. Probab. Lett, 1995, 25: 133-144.

[97] ZOU H. The adaptive LASSO and its oracle properties[J]. J. Amer. Statist. Assoc, 2006, 101: 1418-1429.

[98] ZOU H, YUAN M. Composite quantile regression and the oracle model selection theory[J]. Ann. Statist, 2008, 36: 1108-1126.